긍정심리치료
내담자 워크북

테이얍 라시드 · 마틴 셀리그만 지음 | 우문식 · 이미정 옮김

KB122102

물푸레 KPPI 한국긍정심리연구소

나보다 더 나를 믿어준 로버트 오스터먼과 마틴 셀리그만에게 이 책을 바친다.
- 테이얍 라시드

자신들의 작품이 잘 익은 열매로 맺히기도 전 저세상으로 간 세 명의 훌륭한 학자
크리스토퍼 피터슨, 존 아벨라, 수전 혹세마에게 이 책을 바친다.
- 마틴 셀리그만

긍정심리치료 내담자 워크북

초판 1쇄 인쇄 2023년 1월 15일
초판 1쇄 발행 2023년 1월 20일

지은이 테이얍 라시드 · 마틴 셀리그만
옮긴이 우문식 · 이미정
펴낸이 우문식
펴낸곳 물푸레
등록번호 제1072호
등록일자 1994년 11월 11일
주소 경기도 안양시 동안구 시민대로 230 아크로타워 B동 D1251호
전화 031-453-3211
팩스 031-458-0097
홈페이지 www.mulpure.com
이메일 ceo@kppsi.com

정가 23,000원

ISBN 978-89-8110-342-2 13180

일반적인 심리치료법은 내담자가 자신의 결점에 관해 상세히 이야기할 때 어느 정도 증상이 회복된다는, 검증되지 않은 가정에 기반을 두고 있다. 하지만 긍정심리치료(Positive Psychotherapy · PPT)는 그 반대다. PPT에서는 내담자가 자신의 삶에서 옳고 강하며 좋은 것을 완전히 인식하고, 그중에서 최상의 것을 활용해 심리적 증상을 완화하도록 격려해준다. 실례를 들면 다음과 같다.

과거의 심리적 외상 경험에 집착하는 젊은 여성 엠마(Emma)는 상대를 용서하는 용감성을 발휘해 용서가 아픔이 되기도 하지만 도움도 된다는 사실을 발견했다.

우울증과 자살 충동에 시달리는 중년 남성 알레한드로(Alejandro)는 정신과 병원 응급실에 앉아 있었다. 그 순간 응급실에 있는 다른 사람들이 대부분 자신보다 훨씬 상태가 심각해 보인다는 사실을 알아차렸고, 자신에게는 문제에 대처할 내적 자원이 충분하다는 것을 깨달았다.

20대 후반의 여대생 미리엄(Miriam)은 어떤 진단 범주에도 정확히 속하지 않는 환영과 환각을 경험하고 있다. 다시 치료를 받기 시작한 미리엄은 수많은 전문가를 만났지만 어느 누구도 진단을 내리지 못했다.

이들을 포함해 수많은 사람이 지난 15년 동안 PPT를 받았다. PPT에서는 내담자를 상처받은 영혼, 지친 몸뚱이, 무기력한 정신의 소유자로만 보지 않기 때문이다. PPT는 내담자의 고통을 최소화하지 않으면서도 그의 장점을 분석해 인정하고 증폭시켜 치유 수단으로 삼는다.

엠마는 PPT를 통해 자신의 심리적 외상을 살펴보면서 용서가 도움이 될 수 있지만 상처가 되기도 하는 그 미묘한 의미를 이해하게 됐다. 또한 자신이 용서라는 강점을 가진 친절하고 공감 능력도 뛰어난 사람임을 알아차렸다.

알레한드로는 PPT를 받으면서 자신의 대표강점 중 하나가 예견력이라는 것을 알게 됐다. 또한 다른 사람들의 상태가 자신보다 훨씬 나쁘다는 사실을 깨달았고, 그 덕분에인 상황에서도 긍정적인 면을 찾아볼 수 있는 힘이 생겼다.

미리엄은 외적 증상만이 아니라, 그 너머의 자신을 봐주고 자신이 창의성과 인내를 발휘해 뿐내는 학위를 취득할 것이라고 믿어주는 유일한 치료법이라서 (수많은 나른 서비스를 추천받았음에도) PPT를 받기 시작했다고 말했다.

지금까지 심리치료는 고치고 바로잡고 교정하는 훈련을 중심으로 진행됐다. 하지만 이 내담자 워크북에서는 그것과 반대로 친절, 사랑, 감사, 희망, 호기심을 찾아내 배양하는 데 중점을 두고 심리치료를 해나갈 수 있다는 사실을 보여주고자 한다.

스스로 심리 문제를 해결하고 행복을 만드는 '셀프 세라피스트'가 되라

지금까지 심리상담이나 심리치료는 내담자가 자신의 심리 문제를 진술하는 방식이었다. 이와 같은 치료는 어린 시절 트라우마를 파헤치고, 왜곡된 사고를 바로잡으며, 기능 장애 및 관계를 회복하는 것이 곧 치료라는 검증되지 않은 가정을 기반으로 한다. 물론 기존 심리치료는 내담자의 우울과 불안 감소 등 심리적 증상 완화 및 치료에 크게 기여했다. 하지만 내담자의 행복과 성장은 치료의 명시적 목적이 아니었다. 반면 PPT는 긍정심리학의 팔마스(PERMAS)를 기반으로 내담자가 행복을 만들어서 증상을 보이는 부정 정서를 완화하고 성장에도 이르게 하려는 노력이다.

심리치료의 역할은 우울증, 불안증, 분노 등을 완화하는 것으로 끝나지 않는다. 내담자가 행복할 수 있도록 도와야 한다. 심리치료의 사명도 정신 질환을 치료하고, 행복하게 만들며, 성장할 수 있게 해주는 것이어야 한다. 내담자는 자신의 심리적 문제를 해결하고 고통을 치료하는 것을 넘어 스스로 잠재력을 발휘하고 행복하며 성장하길 바라기 때문이다.

셀리그만은 심리치료자의 사명을 두 가지로 정리했다. 하나는 치료를 통해 내담자의 심리 장애를 없애는 것이고, 또 다른 하나는 행복을 만들어 성장하게 하는 것이다. 그리고 내담자가 "행복해지고 싶다. 우울하기 싫다"고 원한다면 심리치료자는 두 세트의 도구를 지녀야 한다고 강조했다. 첫 번째 세트는 우울증, 불안증 등을 치료하는 도구이고, 두 번째 세트는 행복을 만드는 도구다. 우울증에 관한 도구는 많다. 하지만 행복을 만들어주는 심리치료 도구는 아직 없는 것 같다. 행복을 만들어주는 도구가 바로 긍정심리학의 새로운 심리치료인 PPT다. PPT는 행복을 만들어 우울증, 불안증 등 심리적 증상을 치료하기 때문이다.

우울증을 겪는 내담자가 "선생님, 저는 행복해지고 싶어요. 제가 행복하게 살아갈 수 있도록 선생님이 만들어주시면 좋겠어요"라고 말한다면 어떻게 하겠는가? 지금까지 대다수 치료사는 행복을 만드는 방법과 만들어주는 방법은 몰라 부정적 요소에 십중했을 것이다. 하지만 증상이 없어진다고 행복해지는 것은 아니다. 행복은 만드는 것이기 때문이다.

내담자가 "저도 행복해지고 싶어요"라고 한다면 이제는 그 말을 무시해서는 안 된다. 그리고 그들에게는 지금까지 시도되지 않았던 방식이 필요하다. 그것은 바로 긍정심리학이고 PPT다. 긍정심리학은 질환과 고통의 부재 그 이상의 것을 원하는 이에게 줄 수 있는 해답이기 때문이다. PPT는 상담, 코칭, 치료, 행복, 성장을 동시에 통합할 수 있다. 상담과 코칭을 통해 내담자를 행복하게 만들어 치료하고 성장에도 이르게 하는 것이다.

그렇다면 이렇게 해야 행복을 만들 수 있을까? 지금부터는 심리적으로 어려움을 겪는 이들을 위해 옮긴이가 지난 20여 년간 연구하고 확장하고 있는 긍정심리학과 긍정심리학의 행복에 대해 간단히 설명하고자 한다.

긍정심리학의 이해

긍정심리학이 무엇인지 살펴보기 전 긍정의 진화 과정을 먼저 알아보자. 첫째는 긍정적 사고다. 긍정적 사고 운동은 1880년대 종교계에서 시작됐다. 당시 긍정적 사고는 하나님에게 가까이 나아가는 방식이자 하나님을 섬기는 방식으로 여겨졌다. 둘째는 긍정 마인드다. 이 단어는 주로 조직에서 "긍정 마인드를 가져라"라는 표현으로 쓰인다. 긍정 마인드는 하고자 하는, 변화하고자 하는 마음가짐, 즉 의지를 포함한다. 마지막으로 긍정심리다. 긍정심리는 사고와 의지뿐 아니라, 과학적으로 검증된 방법을 통해 행동으로 실천해 결과를 만들어내는 것이다. 이러한 긍정심리를 체계적으로 이론화한 것이 긍정심리학이다(우문식, 2016).

개인이나 조직은 항상 더 낫게, 더 새롭게 변화하기를 원한다. 이를 위해 새로운 기술을 배우고, 새로운 행동을 시도하며, 낡은 습관을 버리려 한다. 하지만 이러한 변화는 대부분 실패로 끝난다. 왜 그럴까? 사고와 마인드를 통제해 의지로만 하려고 들기 때문이다. 즉 긍정적 사고와 긍정적 마인드만 있으면 된다고 믿는 것이다. 긍정적 사고는 개인적인 생각이라 일관성이 없고, 긍정적 마인드는 의지를 포함하지만 습관이나 변화는 의지로만 되는 것이 아니다. 의지는 시간이 지나면 고갈된다는 한계가 있다. 성공적으로 변화하려면 검증된 과학적 방법을 통해 연습하고 실천해 습관화해야 한다. 그렇게 되도록 만들어주는 것이 바로 긍정심리학이다.

그렇다면 긍정심리학에서 '긍정'의 실체는 무엇일까? 바로 좋은 것, 올바른 것, 선한 것, 최상의 것을 가리킨다. 좋은 것은 정서적 기쁨, 인지적 만족, 좋은 관계 등을 말한다. 올바른 것은 자신의 양심을 따르는 것, 남의 물건을 훔치지 않는 것, 거짓말하지 않는 것, 남을 흉보지 않는 것, 피해를 주지 않는 것 같은 도덕적 개념이다(우문식, 2016). 선한 것은 타인에게 호의를 베푸는 것, 착한 일을 하는 것, 기부하는 것, 봉사하는 것 등 선행을 가리킨다. 최상의 것은 긍정심리학의 목표인 플로리시(Flourish)다. 플로리시란 인간의 모든 능력과 잠재 능력을 발휘하고 좋은 감정과 좋은 행동 등을 모두 포함하는 행복 이상의 것으로, 인간이 누리고 이룰 수 있는 최상의 상태를 뜻한다. 한마디로 긍정심리학은 막연하고 일시적인 생각과 의지가 아닌, 개인과 조직이 지속적으로 성장함으로써 최상의 결과를 만들어내게 하는 것이 목표다.

긍정심리학은 탄생과 죽음 그 사이에서 일어나는 모든 사건과 경험에서 좋은 삶, 올바른 삶, 선한 삶, 최상의 삶이 무엇인지 과학적으로 연구하는 학문이다(피터슨, 2014). 따라서 긍정심리학의 긍정은 어떤 현상을 엄격한 과학적 실험과 검증을 거쳐 그것이 신뢰할 만하고 또 반복적으로 입증이 가능하다는 사실을 보여준다. 다시 말해 어떤 것이 여러 차례 연구로 입증되면 동일한 상황에서 그것을 반복적으로 입증할 수 있기에 다음에도 그렇게 될 가능성이 크다는 의미다. 반면 긍정적 사고는 지극히 사적인 생각과 개인 차원의 권장 방식으로 이루어져 있다. 일관성도 부족해 상황에 따라 이랬다저랬다 변하기도 한다. 효과가 없을 경우 내담자가 긍정적이지 않았기 때문이라고 주장한다.

긍정심리학은 행복한 삶을 오랫동안 지속하고 싶은 사람들이 과학적 근거를 바탕으로 유용한 지식체계를 쌓은 것인 데 반해, 긍정적 사고는 자신의 잘못으로 자신에게 어떤 일이 일어났다고 믿게 만든다. 즉 무엇이 잘못됐을 때 긍정적으로 생각하지 않았기 때문이라고 여기게 된다. 이런 사람들은 일반적으로 자신에게 일어나는 일들을 자기 마음대로 조종할 수 있다고 생각한다. 긍정적으로 생각하면 긍정적으로 된다는 것이다.

말로만 수없이 긍정을 외치고 긍정적으로 생각하는 것으로는 부족하다. 의지가 있다고 되는 것도 아니다. 의지는 시간이 흐르면 사라지는 소모품과도 같다. 따라서 긍정이 어떻게 작용하고 어떤 결과를 만들어내는지 과학적 근거를 바탕으로 파악하고 관련 체계를 구축해 실천하는 것이 무엇보다 중요하다.

긍정심리학은 1998년 미국심리학회 회장이던 마틴 셀리그만 미국 펜실베이니아대학교 심리학 교수가 창시했다. 그는 1996년 미국심리학회 회장 선거 역사상 가장 큰 표차로 당선했는데, 이전부터 '무기력 학습'과 '낙관성 학습'의 발견으로 임상심리학계의 폭넓은 신뢰와 지지를 받고 있었다. 긍정심리학의 목표는 플로리시이고, 사명은 예방이다. 미국심리학회 회장이 된 이후 셀리그만은 자각 및 체험을 통해 이 목표와 사명을 찾았다.

긍정심리학이 탄생한 계기는 크게 세 가지다. 첫째는 심리학이 제2차 세계대전 이후 인간이 가진 문제와 그 치료를 중심으로 이루어지고 있다는 사실을 셀리그만이 자각한 것이고, 둘째는 회장 당선 이후 그렇게 찾으려 했던 '예방'이라는 사명을 딸 니키를 통해 발견한 것이다. 마지막으로 셀리그만이 '낙관성 학습' 중심의 펜실베이니아대학교 우울증·회복력 프로그램인(PRP)을 아이들에게 적용했을 때 우울증 발병률이 50퍼센트 감소한 것이다.

먼저 심리학의 부정적 측면인 불균형에 대한 자각이다. 제2차 세계대전 전까지 심리학은 세 가지 의무가 있었다. ①정신 질환을 치료하는 것, ②모든 사람이 생산적이고 충만하게 살도록 돕는 것, ③재능을 찾아내고 기르는 것이다. 제2차 세계대전 전까지만 해도 이러한 심리학의 의무는 긍정과 부정을 균형 있게 다루었다. 하지만 전쟁 발발 이후 이 균형이 깨지면서 부정 쪽으로 급격히 기울어, 심리학이 인간이 가진 문제와 그 치료 방법에 중점을 두게 됐다.

이런 병리학적 관점은 오랫동안 중요한 문제로 인식됐으며, 정신 질환을 이해하고 치료하고 예방하기 위한 많은 노력이 있어왔다. 하지만 질환 치료에만 관심을 두다 보니 또 다른 문제가 생겼다. 즉 심리학이 인간에게 올바르고 긍정적인 것이 무엇인지에 대한 연구를 간과한 것이다.

긍정심리학은 이러한 불균형을 바로잡고, 미국인 사이에 만연한 질병모델 가설에 도전할 때임을 역설하면서 인간의 긍정심리 측면과 미덕, 강점을 과학적으로 연구하기 시작했다. 인간의 잠재력 향상에 관심을 가지는 심리학자들은 질병모델과는 구분되는 다른 가설을 구상할 필요가 있었고, 질병모델만 연구하는 학자들과는 다른 질문을 던져야 했다.

이후 셀리그만은 인간에게 질병, 질환, 고통이 생기는 것과 마찬가지로 강점과 미덕, 탁월함도 주어진다고 주장했다. 이에 긍정심리학은 약점만큼 강점에, 인생에서 최악을 회복하는 것만큼 최고를 설계하는 것에, 불행한 이들의 삶을 치유하는 것만큼 건강한 사람의 삶을 충만하게 하는 것에 관심을 가져야 한다고 강조한다.

두 번째는 셀리그만의 딸 니키가 사명을 찾게 해주었는데, 회장에 취임하고 6개월 뒤 그는 시카고에서 예방 교육을 위한 특별위원회 소집과 함께 기획회의를 열었다. 이 회의에 참석한 위원 12명과 권위 있는 몇몇 연구자는 이구동성으로 예방학에서 정신 질환을 어떻게 규정할지에 대한 의견을 쏟아냈다. 하지만 그에게는 지겨우리만큼 따분한 시간이었다. 그런 이야기라면 지금까지 귀가 따갑도록 들어왔기 때문이다. 셀리그만이 기대했던 기획회의는 성과 없이 끝났다.

2주일 후 셀리그만은 다섯 살배기 딸 니키와 함께 정원에서 잡초를 뽑고 있었다. 그는 아이들에 관한 책과 논문을 여러 편 썼지만, 정작 자기 딸에 대해서는 아는 바가 별로 없었다. 그날도 정원을 가꾸면서 학회 수뇌부 구성에 몰두하던 그는 할 일은 많고 늘 시간에 쫓기다 보니 정원에서 잡초를 뽑을 때조차 여유를 부릴 새가 없었다. 하지만 니키는 잡초를 뽑아 하늘 높이 던지기도 하고, 노래를 부르거나 춤을 췄다. 딸아이의 그런 모습이 하도 어수선해 "니키, 조용히 좀 못 해!"라고 냅다 고함을 치자 니키는 집 안으로 들어갔다. 잠시 뒤 다시 정원으로 나온 니키가 그에게 다가와 말했다.

"아빠, 드릴 말씀이 있어요."

"무슨 말인데, 니키?"

"아빠는 제가 다섯 살이 되기 전까지 어땠는지 기억하세요? 그때 제가 굉장한 울보였잖아요. 날마다 징징거릴 정도로. 그래서 다섯 번째 생일에 결심했어요. 다시는 징징거리며 울지 않겠다고. 그런데 그건 지금까지 제가 한 그 어떤 일보다 훨씬 힘들었어요. 만일 제가 이 일을 해냈다면 아빠도 신경질 부리는 일을 그만두실 수 있잖아요?"

다섯 살밖에 안 된 딸이 셀리그만 자신도 미처 몰랐던 문제점을 정확히 짚어낸 것이다. 셀리그만은 망치로 머리를 한 대 맞은 듯한 충격을 받았다. 아이를 키운다는 것은 아이가 지닌 단점을 고치는 일이 아니고, 니키는 스스로 해나갈 능력이 있으니 아빠로서 딸의 조숙함을 강점으로 개발해주기만 하면 된다는 것을 깨달았기 때문이다. 그리고 사회성 지능이라는 성격강점이 니키에게 삶의 밑거름이 될 것이었다. 이렇듯 자신의 강점을 완벽히 개발한다면 그것은 자신의 약점이나 험난한 세상살이를 이겨낼 수 있는 힘이 될 것이 분명했다.

그는 비로소 아이를 키울 때 아이의 단점이나 약점을 고치는 것보다 훨씬 더 중요한 일이 있다는 사실을 깨달았다. 바로 자녀의 강점과 미덕을 간파하고 개발해줌으로써 아이가 자신에게 알맞은 일을 찾아 긍정 특징을 최대한 발휘하도록 이끌어주는 것이었다.

사회구성원이 자신에게 꼭 알맞은 자리를 찾아 저마다 강점을 최대한 발휘할 때 사회 전체에 이익이 돌아간다면 심리학의 임무는 더없이 막중하다고 할 수 있다. 어린 딸 니키가 그의 사명이 무엇인지 일깨워준 일화였다.

셋째, 셀리그만은 지난 10년간 낙관적인 아이들에 대해 연구했다. 그 결과 열 살짜리 아이들에게 낙관적 설명양식을 가르치면 그들이 사춘기에 접어들었을 때 우울증에 걸릴 확률이 반으로 줄어든다는 사실을 알아냈다.

셀리그만은 미국심리학회 회장에 당선하고 2년 뒤인 1998년 신년사에서 "손쓸 도리 없이 망가진 삶은 이제 그만 연구하고 모든 일이 잘될 것 같은 사람에게 초점을 맞춰야 한다"고 선포했다.

긍정심리학이란?

긍정심리학은 인간의 긍정적 측면과 성격강점을 과학적으로 연구해 개인과 조직, 사회의 플로리시를 지원하는 학문이다. 구체적으로 살펴보면 다음과 같다.

첫째, 긍정심리학은 긍정적 사고와는 다르다. 아직도 많은 사람이 긍정심리학에 대해 편견을 갖고 있다. "긍정은 다 같은 거 아냐? 긍정적으로 생각해라, 긍정은 힘이다, 이런 거 말이야!" 긍정심리학 교육 과정에 처음 참가하는 이들 중에도 이런 선입견을 가진 사람이 가끔 있다. 하지만 한두 시간만 지나면 자신이 긍정심리학에 대해 편견을 갖고 있었음을 시인하고, "긍정심리학이 이렇게 심오하고 실용적이며 과학적으로 체계를 잘 갖춘 학문인 줄 몰랐다"고 말한다.

우리는 '긍정(Positive)'이라는 단어를 많이 사용한다. 그러다 보니 긍정을 무조건 좋은 것으로 인식해 때, 장소, 대상과 상관없이 남용한다. 한때 '칭찬은 고래도 춤추게 한다'는 말이 유행하면서 칭찬이 홍수를 이룬 적도 있다. 하지만 캐럴 드웩(Carol Dweck) 미국 스탠퍼드대학교 교수가 '지나친 칭찬은 아이를 망친다'는 연구 결과를 발표하면서 교육

계는 물론 기업 조직에까지 큰 충격을 안겼다.

긍정도 마찬가지다. 부정의 노가 없다면 긍정의 돛은 목적 없이 펄럭이고 신뢰성을 잃는다. 지나친 긍정은 개인의 삶과 조직을 망칠 수도 있다는 얘기다.

둘째, 긍정심리학은 +2에 있는 사람을 +6으로 끌어올린다. 셀리그만이 1967년부터 2000년 초까지 미국 주요 신문 기사에 나오는 단어들을 분석한 결과, 압도적 비중으로 등장한 단어가 '화'였다. '걱정', '불안'이 그 뒤를 이었다. 최근 들어서는 '우울'이라는 단어도 많이 등장하는 추세다. 반면, '기쁨'이나 '즐거움'은 410번밖에 등장하지 않았고 행복은 좀 더 많은 1,710번, 삶의 만족은 2,580번 나왔을 뿐이다. 전체 비율을 보면 부정적 단어 3개가 긍정적 단어 3개보다 21배나 많았다. 비단 미국만의 이야기가 아니다. 우리나라는 물론 전 세계 대다수 나라도 사정은 비슷하다. 그리다 보니 지금까지 '실용주의' 창시자 윌리엄 제임스(William James)의 계보를 잇는 수많은 심리학자가 주로 '화', '걱정', '불안', '걱정', '우울'을 '제로(0)' 상태로 만들고자 노력해왔다.

부정 정서가 마이너스(-), 긍정 정서가 플러스(+)라면 마이너스 상태에서 벗어나 제로가 되는 것도 의미가 크다. 부정 정서가 워낙 지배적이어서 그것을 제로로 만드는 일은 그리 어렵지 않다. 또 부정 정서를 털고 제로 상태가 됐다고 행복한 것만도 아니다. 부정 정서에서 벗어나 불행하지 않더라도 그것이 곧 행복을 의미하지는 않는다는 얘기다. 제로에서 플러스 정서를 많이 느껴야 비로소 행복할 수 있다.

'화', '걱정', '우울', '불안' 등 부정 정서를 제로로 만드는 데 그치지 않고 플러스로 만들어주는 것이 바로 긍정심리학이다. 긍정심리학의 목표는 -5에 있는 사람을 0으로 끌어올리고, +2에 있는 사람을 +6으로 끌어올리는 데 있다. 즉 부정 정서를 완화해 불행하지 않은 상태로 만드는 것에 만족하지 않고 불행하지 않거나 조금밖에 행복하지 않은 사람을 좀 더 행복하게 하는 것이 곧 긍정심리학이다.

셋째, 긍정심리학의 사명은 '예방'이다. 질병모델을 이용해 연구하는 심리학자는 대부분 치료에 심혈을 기울이지만 셀리그만의 생각은 달랐다. 치료를 받을 정도면 이미 시기적으로 늦은 것이며, 건강하고 행복할 때 예방에 힘써야 나중에 닥칠지 모를 고통의 나락에서도 벗어날 수 있다고 생각했다. 이 경우 치료 결과는 불확실하지만 예방 효과는 굉장히 크다. 산파가 손을 깨끗이 씻으면 산모가 산욕열에 걸릴 가능성을 차단할 수 있고, 예방접종을 하면 소아마비를 퇴치할 수 있는 것과 같은 이치다(셀리그만, 2012).

과연 청소년기에 긍정심리학이 개입한다면 성인기의 우울증, 정신분열증, 약물중독 등을 예방할 수 있을까? 셀리그만에서는 지난 10년간 이에 대한 연구에 몰두했다. 그 결과 현 세대의 아이들에게 낙관적으로 생각하고 행동할 수 있는 방법을 가르치면 그들이 사춘기에 접어들었을 때 우울증에 걸릴 확률이 반으로 줄어든다는 사실을 밝혀냈다. 이에 따라 그는 예방에 대한 연구 및 임상실험이 자신이 해야 할 일이라고 생각했다. 긍정심리학은 불행, 분노, 비관성, 무기력, 우울증, 스트레스를 사전에 예방할 수 있으며, 아이가 성격(인성)강점을 미리 발견하고 발휘해 행복하면서도 건강한 미래를 스스로 만들 수 있도록 돕는다.

넷째, 긍정심리학은 과거에 지배당하지 않고 미래를 지향한다. 일반 심리학은 흔히 어린 시절 기억이나 상처가 성인기에도 영향을 미친다고 본다. 하지만 셀리그만은 어린 시절 경험이 실제로는 성인기 삶에 거의 혹은 전혀 영향을 미치지 않는다는 점을 입증했다. 유아기에 받은 깊은 상처가 성인기의 성격 형성에 영향을 미친다 해도 그것은 감지하기 힘들 정도로 아주 작을 뿐이다. 셀리그만은 성인기에 겪는 장애는 유년기의 불행한 경험 탓이 아니므로 성인기의 우울, 불안, 암울한 결혼 생활이나 이혼, 약물중독, 성적 장애, 자녀 학대, 알코올 중독, 분노 등의 원인을 어린 시절 불행에서 찾는 것은 타당성이 없다고 말한다. 이 놀라운 사실을 깨닫는 것만으로도 과거에서 자신을 해방시켜 더 행복한 삶을 만들 수 있다.

1950년대 말 인지치료 창시자 아론 벡(Aron Beck)이 프로이트학파의 정신분석학 과정을 마치고 우울증 환자의 집단 치료를 담당할 때였다. 정신역학 이론대로라면 우울증 환자들이 자신의 과거를 솔직히 털어놓으면서 자신을 괴롭히던 모든 상처와 상실감에 대해 상담하면 카타르시스를 느끼고, 그 결과 우울증을 치료할 수 있다. 벡은 우울증 환자로 하여금 과거 상처를 표출하고 곰곰이 되짚어보게 하는 데까지는 아무런 문제가 없다는 것을 알았다. 그런데 우울증 환자가 과거의 고통스러운 경험을 드러내다 이따금 혼란을 일으켰으며, 벡은 그들의 혼란을 바로잡아줄 방법을 찾을 수 없었다. 환자가 혼란을 일으키고 자살 기도 같은 치명적인 위기에 빠진 사례가 발생했던 것이다. 이에 그는 우울증 환자의 현재와 미래에 대한 생각을 바꿈으로써 불행한 과거에서 벗어나게 하는 데 목적을 두고 인지치료 심리학을 창시했다.

내게 상담을 원하는 내담자는 대부분 이미 상담을 받아본 경험이 있는 사람들이다. 그

중엔 2~3년 상담을 받아온 내담자도 있고, 자신의 심리적 증상을 치료하기 위해 상담 공부를 몇 년씩 한 내담자도 있다. 이들을 상담(치료)하다 보면 한결같이 과거에 얽매여 있고 과거에서 문제를 찾아 해결하려 한다는 것을 알 수 있다. 5월에 상담한 한 여성 내담자는 초등학생 때 겪은 사건 하나 때문에 50대 중반까지 심리적 고통을 겪고 있었다. 물론 문제 해결을 위해 과거에서 원인을 찾는 것은 중요하다. 하지만 더 중요한 것은 현재의 문제를 어떻게 해결하고 미래를 플로리시하게 만들 수 있는가 하는 점이다. 이것이 긍정심리학이 하는 일이다.

그만큼 과거에 지배당하지 않고 미래를 지향하는 것은 극도로 중요하다. 물론 이는 사회과학의 유산과 심리학 역사에 정면으로 배치되지만 긍정심리학의 기본적이고도 절대적인 전제다.

다섯째, 긍정심리학의 목표는 플로리시다. 플로리시란 좋은 생각이나 감정, 행동, 모든 능력이나 잠재 능력을 발휘해 번성시키고 활짝 꽃피우게 하는 것이다. 개인의 지속적인 행복 증진, 기업의 성장, 종교의 부흥, 나라의 번성도 플로리시다. 한마디로 인간이 누리고 이룰 수 있는 최고의 삶과 결과를 가리킨다. 플로리시라는 단어는 라틴어 'Florere(꽃이 피다)'에서 유래해 13세기 중세 프랑스어 'Florris(꽃)'로 쓰이다 14세기 중간부터 번성, 번영이라는 비유적 단어로 사용되며 오늘에 이르렀다.

최근 들어 인간의 플로리시에 대한 관심이 커지고 있는 가운데 셀리그만을 비롯한 주요 이론가인 펠리시아 후퍼트(Felicia Huppert), 티모시 소(Timothy So), 키이스(Keyes) 등은 플로리시에는 좋은 감정(쾌락 등)과 효율적 기능(행복, 웰빙 등)이 모두 포함되며, 그렇게 해야 우울증·불안증 같은 흔한 정신장애, 부정적 또는 평탄한 감정, 저하된 기능을 포함한 상태와 정반대 상태가 된다고 주장했다. 키이스와 동료들은 인간의 플로리시를 쾌락적 웰빙(Hedonic Well-being)과 자아실현적 웰빙(Eudaimonic Well-being)의 다차원적 결합이라고 개념화했다. 이를 기반으로 바버라 프레드릭슨(Barbara Fredrickson)은 인간의 플로리시를 좋은 감정(Feeling Good)과 좋은 행동(Doing Good)을 모두 포함하는 행복 이상의 것이라고 묘사하면서 "플로리시란 인간 기능의 최상의 범위에 속하는 삶이고, 그러한 삶은 선함, 후진 양성, 욕구, 성장, 회복력을 함축한다"고 말했다. 긍정심리학의 목표는 긍정 정서, 몰입, 관계, 의미, 성취, 강점 등 팔마스를 통해 플로리시를 증가시키는 것이다.

여섯째, 긍정심리학은 기존 심리학을 부정하지 않는다. 긍정심리학은 새로운 하문 영역이지만 다른 심리학 분야를 연구하는 학자를 역시 수복하고 있다. 특히 사회심리학, 성격심리학, 임상심리학, 조직심리학을 응용한 분야의 학자들이 관심을 보인다. 하지만 일부 심리학자는 긍정심리학에 대해 부정적 시각을 갖고 있다. 자신이 평생 연구해 온 결과들이 부정심리학으로 평가 절하됐다고 생각하는 것이다. 피터슨은 이렇게 자동으로 이분화하는 것은 불행한 일이며, 긍정심리학자들이 의도한 바도 아니라고 강조한다(2014). 셀리그만도 말했듯이, 긍정심리학자는 기존 심리학도 중요하고 또 필요하다고 생각한다. 긍정심리학을 이끄는 긍정심리학자도 기존 심리학자로, 긍정심리학 영역과 관련된 주제를 연구하는 사람일 뿐이다. 즉 긍정심리학자가 모두 행복하고, 재능 있으며, 덕망이 높은 긍정적 사람이라는 뜻은 아니며, 다른 심리학자들이 부정적 사람이라는 의미도 아니다. 긍정심리학자는 현상에 대한 사실을 가장 객관적 관점에서 파악해 당사자에게 어떤 상황에서 어떤 목표를 수행해야 할지 균형 잡힌 정보를 전달하고 결정을 내리게끔 도와준다. 원인보다 방법을 중요시하는 것이다.

또한 긍정심리학은 기존 심리학을 반대편 영역이라고 생각지 않는다. 심리학자들은 인간 행동에 대한 광범위한 이해와 정신질환 치료법을 개발해왔다. 한마디로 심리학 역사는 지식과 효과적인 치료법의 꾸준한 발전사다[스티브 바움가드너(Steve Baumgardner), 2009]. 다만, 긍정심리학은 지금까지 기존 심리학이 연구해온 부분이 아닌, 다루지 않은 영역에 관심을 갖는다. 기존 심리학이 주로 인간의 부정적 측면을 연구했다면 긍정심리학은 긍정적 측면을 연구해 균형을 맞추려 노력한다. 즉 심리학자들이 인간의 잠재력, 동기, 역량에 대해 좀 더 개방적이고 수준 높은 관점을 가지며 연구하도록 그들을 독려하는 것이다[셸던(Sheldon)과 킹(King, 2001)]. 긍정심리학은 기존 심리학의 반대편에 있는 것이 아니라, 인간 행동에 대한 심리학의 이해를 확장해준다(바움가드너, 2009).

일곱째, 긍정심리학은 면역체계를 강화한다. 우리의 심리체계는 원상태로 돌아가려는 경향이 있다. 셀리그만은 긍정심리학 연구를 통해 긍정심리학 도구에 대한 연습을 체계화했다. 그 내용은 다음과 같다.

①긍정심리학을 통해 많은 학생이 심리질환(스트레스, 무기력, 우울증 등)에 대처할 수 있었고, 미래를 낙관하게 됐다. ②긍정심리학이 학생들의 학업 성적과 사회 활동, 일반인의 업무 수행 능력에 많은 영향을 끼쳤다. ③긍정심리학으로 희망과 창의성, 자발성, 수

용력이 증가했다. ④긍정심리학이 분노, 화, 불안 등 부정 정서를 감소시켰다. ⑤긍정심리학으로 정직도와 일반 통찰력이 증가했으며, 역경을 극복하는 회복력이 높아졌다.

이를 통해 긍정심리학이 어른과 아이의 '우울', '화'를 막고 앞으로 일어날 수 있는 사고를 줄이는 효과가 있다는 것을 알아냈다. 셀리그만은 "이웃 젊은이가 약물 복용이나 우울감, 무기력에서 벗어나도록 도와주고 싶다면 그들에게 긍정심리학을 가르칠 필요가 있다"고 말했다.

이렇듯 긍정심리학은 10대 등 젊은이의 심리를 강화함으로써 최근 인터넷 등 미디어로 인한 피해와 약물 복용에 따른 위험을 감소시키는 데 기여할 수 있다. 긍정심리학 도구에 대한 연습이 자신이 가진 긍정적 요소들을 소중히 여기게 해주기 때문이다. 이때 핵심은 긍정적인 부분에 초점을 맞추고 좀 더 나은 상태를 추구하는 것이다.

효과가 없는 긍정은 없다. 이는 개인의 삶과 조직의 성과에 모두 적용되며, 심리적·신체적 면역체계 또한 강화된다. 면역체계가 강화된다는 것은 앞으로 전혀 아프지 않게 된다는 뜻이 아니다. 때론 아픈 경험을 할지라도 좀 더 신속히 회복될 수 있는 상태를 의미한다. 긍정심리학 훈련은 낙관성, 희망, 대인관계, 자기정체성, 자존감, 회복력을 강화하는 것이기 때문이다. 셀리그만은 "긍정심리학은 가장 나쁜 상태를 복구하는 일에 불과하던 것을 가장 최선의 삶을 구축하게 하는 방향으로 변화를 촉진하는 것"이라고 말했다.

여덟째, 긍정심리학의 연구 주제는 크게 긍정 경험, 긍정 특질, 긍정 제도로 나눌 수 있다. 먼저 긍정 경험은 기쁨, 평안, 감사, 만족, 자신감, 희망, 낙관성 같은 긍정 정서를 말한다. 긍정 특질은 긍정심리학에서 핵심인 강점과 미덕은 물론 몰입, 재능, 관심사, 가치, 운동성 같은 개인 '능력'까지 포함한다. 긍정 경험과 긍정 특질을 독려하는 긍정 제도는 가족, 학교, 기업, 조직, 언론, 민주주의 사회를 가리키는데, 이 긍정 제도를 통해 긍정 특질을 발현하고 발달시키며 긍정 경험을 유발하고 촉진할 수 있다.

사람은 좋은 성격이 아니어도 행복하고 만족할 수 있고, 긍정성을 갖게 하는 기관에 속해 있지 않아도 좋은 성격을 지닐 수 있다. 남아프리카공화국에서 인종 차별이 사라진 것은 억압적 폭군에 대항해 올바름을 주장할 수 있다는 점을 보여준 사례이며, 내부 고발자의 존재는 직원들이 직장 내 관례에 항상 순응하지만은 않는다는 사실을 보여준다. 예산이 부족한 학교에도 똑똑한 학생이 있을 수 있다는 점은 평범한 교육이 언제나 지적 호기심을 짓밟는 것은 아니라는 사실을 방증한다. 이는 긍정심리학의 핵심 연구 주제인 긍정 경험, 긍정 특질, 긍정 제도를 삶에 서용했을 때 플로리시를 성취할 수 있음을 뜻한다.

긍정심리학이 연구 주제를 구축하기 위해 초기 긍정 경험 연구는 에드 디너(Ed Diener), 긍정 특질 연구는 미하이 칙센트미하이(Mihaly Csikszentmihalyi)와 크리스토퍼 피터슨(Christopher Peterson), 조지 베일런트(George Vaillant), 그리고 긍정 제도 연구는 캐슬린 제이미슨(Katheleen Jamieson), 총괄은 셀리그만이 맡았다. 긍정심리학의 연구 주제를 좀 더 세분화하면 다음과 같다.

'잘 산다는 것(웰빙)은 무엇을 의미하는가? 행복한 삶이란 어떤 것인가? 행복에 영향을 미치는 요소는 무엇이며 어떤 심리적 과정을 통해 행복을 느끼는가? 지속적으로 행복을 증진해 플로리시하려면 어떻게 해야 하는가? 뛰어난 성취를 이루거나 성숙한 인성을 지닌 사람은 어떤 심리적 특성을 지녔는가? 그리고 어떤 심리적 과정을 통해 이런 상태에 이르렀는가? 인간은 어떤 상황에서 자신의 긍정적 품성과 능력을 가장 잘 발현하는가? 인간의 긍정적 품성과 미덕에는 어떤 것들이 있는가? 지독한 고난과 난관을 극복하게 만드는 인간의 특성은 무엇인가? 학교나 기업은 구성원이 좀 더 행복하게 각자의 강점과 미덕을 발휘하도록 어떻게 도울 수 있는가? 영리기업의 성과를 위해 어떻게 도울 수 있는가? 인류의 플로리시를 위해 무엇을 해야 하는가?' 등이다.

긍정심리학에서 초기 긍정 제도를 연구할 당시 셀리그만은 민주주의, 강한 가족 연대, 자유 언론 등을 긍정 제도로 꼽았다. 그때만 해도 상업적 조직보다 비상업적 조직인 사회적 기관을 더 많이 염두에 두었기 때문이다. 그러나 최근 긍정심리학이 인기를 끌면서 긍정심리학의 과학적 이론을 기반으로 한 긍정조직학 연구가 급속히 성장했고 상업 조직으로 빠르게 확산하고 있다.

아홉째, 긍정심리학은 이념적 활동이나 세속적 종교가 아니다. 최근 긍정심리학이 인기를 끌자 사회 각 분야에서 개별적으로 연구하거나 응용하는 사람이 늘고 있다. 이는 좋은 현상이다. 하지만 문제도 많다. 긍정심리학의 이론과 도구를 이용하면서도 교묘히 긍정심리학임을 밝히지 않거나 긍정심리학의 과학적 이론과 연구 결과를 무시한 채 긍정심리학화하는 것이다(피터슨, 2004). 팔마스가 없는 긍정심리학은 긍정심리학이 아니다. 피터슨은 이들을 "긍정심리학을 나쁘게 이용하는 사람들"이라고 말했다. 이들은 긍정심리학을 발전시키고 대중화하려는 사람들이 아니며, 오히려 긍정심리학의 발전 및 대중화와 달리 긍정심리학자들이 신중하게 연구해온 이론과 결과물을 토막 내 그것이 자기 것인 양, 진실인 양 변질시켜 간절히 원하는 대중에게 제시한다. 서점의 심리학, 자기개발, 행복 관련 책들이나 교육 프로그램, 강의를 들어보면 금방 알 수 있다. 이러한 행위는 긍정심리학의 발전을 저해한다.

긍정심리학은 또한 일확천금을 벌기 위한 책략이 아니며, 웅변가의 마법 같은 주문도 아니다. 이 세상은 이런 것들로 가득 차 있다. 정말 많은 사람이 긍정심리학이 탐구해야 할 플로리시한 삶에 대해 통찰력을 불어넣어준다. 하지만 긍정심리학으로 불리기 위해서는 통찰을 과학적인 심리학 도구로 연구해 어떤 아이디어가 문제의 현실과 맞는지 혹은 맞지 않는지, 어떻게 작용하는지를 탐구해야 한다. 그만큼 긍정심리학이 과학적이라는 의미다. 피터슨(2004)은 이런 과정을 거치지 않는 이들은 긍정심리학의 연구 설과를 무시하고, 이룰 수 없는 허황된 꿈을 심어주며, 많은 이가 겪는 실질적 문제들을 교묘히 숨김으로써 긍정심리학을 깎아내리거나 적어도 이 학문의 본질을 변질시킨다고 주장했다. 긍정심리학은 머리로 이해하는 것만도, 가슴으로 느끼는 것만도 아니다. 손과 발로 연습하고 실천하며 자기 것으로 만들어야 한다. 그러려면 기초 이론과 도구 개입 방법 등을 배워 자신이 실천한 후 그 결과를 토대로 상대에게 동기부여를 해줘야 한다.

긍정심리학의 팔마스

긍정심리학은 진화한다. 긍정심리학이 처음 발표된 2002년 '진정한 행복 이론'은 긍정 정서(즐거운 삶), 몰입(만족하는 삶), 삶의 의미(의미 있는 삶)에 중점을 두었고, 주제는 행복이었으며, 목표는 만족한 삶이었다. 즉 행복도를 측정해 삶의 만족도를 증가시키는 것이 목표였다.

2011년 셀리그만은 여기서 더 발전해 플로리시를 위한 새로운 '웰빙 이론'을 발표하면서 긍정심리학의 목표도 플로리시로 바꾸자고 제안했다. 이로써 긍정심리학의 새로운 주제는 웰빙이고 목표는 플로리시가 됐다.

플로리시를 위한 새로운 웰빙 이론은 긍정 정서(Positive Emotion), 몰입(Engagement), 관계(Relationship), 의미(Meaning), 성취(Accomplishment) 등 다섯 가지 핵심 요소로 구성되며, 이 핵심 요소를 각 요소의 머리글자를 따 팔마(PERMA: 영원, 영속)라고 한다. 성격강점(Character Strength)은 '진정한 행복 이론'에서는 몰입에 속했으나 새로운 이론에서는 다섯 가지 요소 전체의 기반이 됐다. 그래서 팔마(PERMA)에 가치을 ▽합해 펄마스(PERMAS)라고 한다.

플로리시를 위한 여섯 가지 웰빙 요소를 간단히 살펴보면 다음과 같다.

첫째, 긍정 정서다. 긍정 정서는 우리가 느끼고, 나타내고, 생각하고, 행동하는 것, 즉 사랑, 기쁨, 희열, 평안, 감사, 용서, 자신감, 신념, 낙관성 등을 말한다. 지속적으로 이러한 정서들을 이끌어내는 삶을 '즐거운 삶'이라고 부른다.

우리는 어떤 기획이나 목표를 세울 때 의식적으로든 무의식적으로든 판단을 하는데, 이때 자동으로 유발되는 것이 정서다. 이 정서는 다시 긍정 정서와 부정 정서로 나뉘며 긍정 정서에는 과거, 현재, 미래 긍정 정서가 있다. 긍정 정서는 시간과 환경이 바뀌어도 지속적으로 나타난다는 특성을 지닌다. 긍정 정서 경험은 기분을 좋게 하고, 기분이 좋으면 머리가 맑아지면서 아이디어가 많이 떠올라 창의성이 향상된다. 긍정 정서가 사고를 유연하게 하고 확장해주는 것이다. 긍정 정서 경험은 수용성과 자발성을 증진해 일시적으로는 생각과 행동 목록을 확대하고, 지속적으로는 자원을 구축해준다. 이 자원에는 △유산소 운동 등을 통해 스트레스 같은 부정 정서로 인한 감염성 질환을 예방하는 신체적 자원 △분노, 불안, 무기력, 우울증 등을 완화하고 회복력을 키우는 심리적 자원 △친밀감, 신뢰감, 소통, 상호작용을 증진하는 사회적 자원이 있다. 이러한 긍정 정서의 확장 및 구축은 지속적으로 상향적 선순환을 일으켜 조직 전체에 긍정 정서를 확산함으로써 개인과 조직을 변화시킨다. 그래서 프레드릭슨은 긍정 정서 경험을 나선형 상승이라고 했다.

둘째, 몰입이다. 몰입(관여)은 어떤 활동에 깊이 빠져 시간이나 공간, 타인의 존재, 심지어 자신에 대한 생각까지 상실한 무아지경 상태를 가리킨다. 몰입에 빠지면 마치 하늘을 자유롭게 날아가는 느낌, 물이 잔잔하게 흐르는 것 같은 편안한 느낌이 든다. 이렇게 몰입하는 삶을 '만족하는 삶'이라고 한다.

몰입은 헝가리 출신 긍정심리학자 칙센트미하이가 체계적으로 이론화했다. 그는 전 세계 곳곳을 다니며 몰입 경험 사례를 수집했는데 대표적인 예로 자신의 사촌 형 이야기를 들려줬다.

"얼마 전 부다페스트에 있는 사촌 형을 찾아갔어요. 형은 정년퇴임 후 소일거리로 광물을 관찰하세요. 그런데 형이 이런 얘기를 하더군요. 며칠 전 아침을 먹은 후 수정을 꺼

내 현미경으로 살펴보는데, 내부 구조가 갈수록 어두워 보이길래 구름이 해를 가린 모양이라고 생각했다는 거예요. 그래서 고개를 들어 하늘을 보니 벌써 날이 저물어 있었다고 하더라고요."

몰입은 더 창조적이고 적극적이며 만족감까지 더해줘 평범한 사람이 비범한 능력을 발휘하도록 도와준다. 몰입도가 높으면 만족감도 커지고 창의성과 학습 능력이 향상되며 자발적으로 조직에 충성하게 돼 조직 성과 역시 좋아진다. 칙센트미하이가 말한 몰입 경험 방법으로는 정확한 목표, 신속한 피드백, 기회와 능력의 균형, 집중하기 등이 있다.

셋째, 긍정 관계다. 가장 행복한 사람과 성공한 사람의 특징은 인간관계가 폭넓다는 것이다. 긍정 관계는 긍정 정서나 몰입, 의미, 성취를 수반하기 때문이다. 마지막으로 큰소리로 웃었을 때가 언제인가? 말할 수 없이 기뻤던 순간은? 당신의 삶에서 '설성'의 순간들을 떠올려보자. 그 모든 순간은 타인과 함께 있을 때 이루어졌을 것이다. 이렇게 타인과 함께하는 삶을 '좋은 삶'이라고 한다.

인간 진화에 관한 대표적인 두 가지 최신 이론은 모두 긍정 관계 자체와 자발적 관계의 중요성을 언급한다. 약 50만 년 전 인간의 뇌는 600시시(세제곱센티미터) 정도 크기였지만 현대에 이르러 1,350시시로 두 배 이상 커졌다. 인간의 뇌가 이렇게 커진 이유는 무엇일까? 이에 관한 가장 인기 있는 이론은 도구와 무기를 만들기 위해 커졌다는 것이다. 도구를 사용해 물리적 세계를 다루려면 정말로 똑똑해야 하기 때문이다. 그런데 영국 이론심리학자 닉 험프리(Nick Humphrey)는 다른 이유를 내놓았다. 두뇌는 물리적 문제가 아닌 사회적 문제를 해결하기 위해 커졌다는 것이다.

현대 사회에서 집단 토론이나 상담을 할 때 어떻게 하면 영미의 주장이 말도 안 된다는 사실을 알려주고, 민성이가 불쾌해하지 않게 지적하며, 수정이가 창피해하지 않으면서도 자신의 오류를 인정하게끔 설득할 수 있을까? 이것은 극도로 복잡한 문제다. 이러한 문제들은 순식간에 무기와 도구를 설계하는 컴퓨터도 풀지 못한다. 하지만 인간은 매일, 매순간 사회적 문제들을 해결해야 하고 또 해결해낸다. 두뇌의 거대한 전전두엽은 수십억 개 신경망을 쉬지 않고 이용해 발생 가능한 사회적 문제들을 모의실험한 다음, 가장 적절한 행동 방침을 선택한다. 한마디로 뇌는 사회적 관계를 모의실험하는 장치이며, 진화는 조화로우면서도 효과적인 관계를 고안하고 실행하는 바로 그 기능 때문에 커다란 뇌를 선택했다.

좋은 삶을 위해 사회적 문제를 해결하는 긍정 관계 기술에는 멋진 나 만들기, 상대방
을 깜짝 놀라게 하기, 칭찬과 감사하기, 용서와 이해하기, 함께 있으며, 애미 친절 모으고 관심
시간 선물하기, 적극적이고 건설적인 반응 기술, 확신에 찬 의사소통 방식이 있다.

넷째, 삶의 의미다. 삶의 의미는 행복에 어떤 영향을 미칠까? 셀리그만은 수천 명을 대
상으로 15번이나 반복해서 무엇을 추구했을 때 삶이 가장 만족스러웠는지를 조사했다.
결과는 놀라웠다. 쾌락 추구, 긍정 감정 추구, 즐거운 삶 추구, 관여 추구, 자신을 위한 시
간 멈춤도 아니었다. 의미 추구가 삶에 만족감을 느끼는 데 가장 중요한 역할을 한 것으
로 나타났다. 셀리그만은 처음에 이런 결과가 나오자 믿지 않았다. 하지만 15번을 반복
해서 조사해도 같은 결과가 나오자 비로소 결과를 인정했다.

의미란 자아보다 더 중요하고 믿는 어떤 부분에 소속되고 거기에 기여하는 것을 말
한다. 인생의 의미와 목적을 추구하는 삶을 '의미 있는 삶'이라고 한다. 자신의 욕구보다
더 높은 것을 추구하는 의미 있는 삶을 위한 네 가지 요소로는 친절, 기부, 종교 생활, 직
업이 있다. 셀리그만은 자신이 가르치는 대학원생들을 대상으로 친절과 재미의 만족도
를 조사했다. 남에게 친절을 베푸는 것과 쇼핑, 게임 등 재미있는 행동을 했을 때 어느
쪽이 더 만족도가 높은지 질문한 것이다. 그 결과 80퍼센트 이상이 재미를 선택했다. 다
음에는 두 가지를 경험해보고 리포터를 써 오라고 했다. 어떻게 됐을까? 반대로 80퍼센
트 이상이 친절을 베푼 일이 더 만족스러웠다고 답했다. 리포트를 작성한 한 대학원생의
고백이다.

"땀을 뻘뻘 흘리면서 초등학교 3학년인 조카에게 수학을 가르쳤어요. 그날 내내 나는
평소보다 다른 사람의 말을 호의적으로 들었고 마음도 넉넉해졌어요. 그리고 사람들이
나를 훨씬 많이 좋아한다고 느꼈죠. 돈 버는 법을 배워 행복해지려고 펜실베이니아대학
교 경영학과에 지원했지만, 결국 쇼핑하면서 돈을 쓸 때보다 다른 사람을 도울 때가 훨
씬 더 행복하다는 사실을 깨달았어요."

직업의 정체성에는 생계직, 전문직, 천직 등이 있다. 의미 있는 삶을 살아가는 사람은
어떤 곳에서 어떤 역할을 맡든 그 직업을 천직으로 생각한다. 병원 의사라고 모두 직업
을 천직으로 여기고, 청소부라고 모두 생계직이라고 여기지는 않는다. 돈만 생각하는 의
사가 있고, 환자 생명을 더 중요하게 생각하는 청소부도 있다.

다섯째, 성취다. 성취란 성공, 승리, 정복을 모두 아우르는 말이다. 우리는 오직 이기

기 위해서나 물질을 얻기 위해서만이 아닌, 그 자체가 좋아서 그것을 추구하기도 한다. 일시적 상태로는 업적이며 확장된 형태로는 성취다. 성취를 위해 업적에 전념하는 삶을 '성취하는 삶'이라고 한다.

게임에서 승리하기 위해 실력을 키우고 문제를 해결하며 몰입하는 사람들이 있다. 이들은 게임에서 이기면 굉장한 희열을 느낀다. 그것을 '아름다운 승리'라고 부른다. 게임을 잘했다면 지더라도 기분이 좋다. 반면 오직 이기기 위해서만 게임을 하는 전문 플레이어도 있다. 패배할 경우 게임을 아무리 잘했어도 그들은 극도의 실망과 슬픔에 빠진다. 만일 승리한다면 비록 '추악한 승리'라 해도 그것은 굉장한 일이다. 어떤 사람은 이기려고 속임수를 쓰기도 한다. 그런 경험은 의미를 부여하지 못한다. 게임이 자아보다 더 중요한 것은 결코 아니기 때문이다.

성취의 삶을 사는 사람은 자신이 하는 일에 자주 몰두하면서 종종 즐거움을 추구하고, 승리할 때 긍정 정서를 느끼며, 더 중요한 것을 얻기 위해 승리하기도 한다. "신은 저를 빨리 달릴 수 있게 만드셨어요. 그래서 달릴 때마다 저는 신께서 기뻐하시는 걸 느낍니다." 영화 〈불의 전차〉에서 영국 육상 국가대표로 제8회 파리올림픽에 출전한 주인공 에릭 리델이 한 말이다. 나는 2년 전 이 영화를 봤다. 영화를 보면서 주인공에 비해 나 자신이 너무 작은 것 같아 많이 울컥했던 기억이 난다.

지금까지 성취 공식은 '성취=기술×노력'이었다. 기술은 대부분 속도와 느림, 학습 속도에 의한 인지적 지능이며, 노력은 투자된 시간을 말한다. 그래서 1만 시간의 법칙이 설득력을 얻은 바 있다. 하지만 긍정심리학이 밝혀낸 놀라운 사실은 노력에 성격 특성인 자기 통제력과 집념(끈기, 열정)이 들어간다는 점이다. 이 집념을 그릿(GRIT)이라고 한다. 그릿이란 장기적인 목표를 달성하기 위한 끈기와 열정의 결합체다.

여섯째, 성격강점이다. 개인의 성격적·심리적 특성으로 긍정성을 띠는 성격강점은 시간과 환경이 바뀌어도 변하지 않으려는 경향이 강하지만, 학습과 환경에 의해 바뀔 수 있다. 성격강점은 6가지 미덕과 24가지 강점으로 이루어졌다. 미덕은 전 세계에 두루 퍼진 철학적, 종교적 미덕 200가지 중 6가지를 선정한 것이고, 24가지 강점은 1만 6,000개 강점 가운데 24가지를 선정한 것이다. 이 강점은 6가지 미덕을 정의하고 함양한다.

24가지 성격강점을 선정한 기준은 ①대다수 문화권에서 중요하게 여기는가? ②목적을 위한 수단으로서가 아니라 그 자체로 가치가 있는가? ㉠학습으로 변화할 가능성이 있느냐? 둘이나, 예를 들어 시간개념을 기본수의 두기에서 이주 중요한 깊임이지만 인도나 아프리카 문화권에서는 그리 중요하지 않기에 제외됐다. 그렇다면 6가지 미덕에는 어떤 강점들이 있는지 살펴보자.

- **지혜와 지식**: 더 나은 삶을 위해 지식을 습득하고 활용하는 것과 관련된 인지적 강점들이다. → 창의성, 호기심, 학구열, 개방성(판단력), 예지력
- **용기**: 내적·외적 난관에 직면하더라도 목표를 성취하고자 하는 의지를 실천하는 정서 강점들이다. → 용감성, 정직, 끈기, 열정
- **사랑과 인간애**: 사람을 보살피고 친밀해지는 것과 관련된 대인관계 강점들이다. → 사랑, 친절, 사회성 지능
- **정의감**: 개인과 집단의 상호작용을 건강하게 만드는 공동체 생활에 대한 사회적 강점들이다. → 협동심, 공정성, 리더십
- **절제력**: 지나침으로부터 보호해주는 긍정 특성들로 독단에 빠지지 않고 무절제를 막아주는 중용적 강점들이다. → 용서, 겸손, 신중성, 자기 통제력
- **영성과 초월성**: 현상과 행위에 의미를 부여하고 커다란 세계인 우주와 연결성을 추구하는 초월적 또는 영성적 강점들이다. → 감상력, 감사, 희망, 유머, 영성

긍정심리학의 행복

국내외 많은 학자는 한국인이 행복하지 않은 원인으로 과도한 물질만능주의, 지나친 경쟁, 과정과 결과의 그릇된 인식을 꼽는다. 그런데 더 중요한 문제는 사회적 문제에 앞서 각 개인이 지닌 행복에 대한 인식 오류다. 행복은 막연하게 기대하거나 맹목적으로 집착한다고 해서 오는 것이 아니다. 또 완벽한 것도 아니며, 불행의 반대 개념도 아니다. 불행하지 않다고 행복한 것은 아니라는 뜻이다.

다음은 우리가 가진 행복에 대한 네 가지 인식 오류로, 행복을 느끼지 못하는 원인이기도 하다.

첫째, 막연한 기대다. 행복을 원한다면 현실을 직시하고, 왜 행복이어야 하는지, 행복이 무엇인지, 행복하려면 어떻게 해야 하는지에 관심을 가지고 행복해지기 위해 노력해야 한다. 하지만 대부분 "열심히 살다 보면 행복해질 거야", "이 일만 잘되면 행복할 거

야", "내년에는 행복해질 수 있을 거야", "몇 년 지나면 행복해지겠지"와 같이 막연한 기대만 하고 있다. 막연한 기대는 현실 회피인 동시에 사람을 무기력하고 지치게 만든다. 지나치면 사람을 죽음으로 몰고 가기도 한다.

둘째, 맹목적 집착이다. 미국 하버드대학교 긍정심리학과 교수인 탈 벤 샤하르(Tal Ben Shahar)는 행복의 역설을 강조했다. 행복에 너무 집착하면 행복하지 않다는 것이다. 그는 행복을 태양에 비유했는데, 햇빛을 보고 싶다고 뜨거운 태양을 직접 바라보면 자외선 등으로 눈이 손상될 수 있다. 그럼 어떻게 해야 할까? 샤하르는 무지개를 보라고 권한다. 무지개 색깔이 곧 태양 색깔이기 때문이다. 행복도 마찬가지다. 행복을 원한다고 행복에만 집착하면 오히려 행복에 해가 될 수 있다. 햇빛을 보기 위해 무지개를 보듯이, 행복에 맹목적으로 집착하지 말고 행복을 과학적으로 만들어주는 긍정 정서, 몰입, 관계, 의미, 성취, 강점 같은 요소들을 봐야 한다. 그 안에는 행복을 만들어주는 연습 도구들이 있다.

셋째, 완벽한 행복 추구다. 미국 심리학자이자 버지니아대학교 교수인 에드 디너(Ed Diener)와 동료들은 완벽한 행복 추구는 일상적인 활동을 하는 데 가장 좋은 상태는 아니라고 주장했다. 특히 가치 있는 자기 성찰, 사랑하는 이의 죽음 또는 산산이 깨진 꿈같은 정상적인 삶의 변화를 헤쳐 나가도록 도와주는 슬픔과 죄책감 등 평범한 감정을 무시하거나 억누르려고 애쓸 경우 오히려 부작용이 크다는 것이다. 그냥 자신에게 닥친 현실을 솔직하게 인정하는 편이 좋다는 뜻이다. 불행한 사건으로 슬픔에 잠겨 괴로운 표정을 짓고 있으면 이런 모습이 주위 사람들에게 신호를 보내 역경을 이겨내는 데 필요한 도움을 받을 수도 있고, 이는 결국 지속적인 행복을 유지하는 데 없어서는 안 될 사회적 지원을 강화하게 된다. 어떤 문제가 생겼다면 자신이 겪는 현실(역경)을 진솔하게 이야기하고 이겨내는 모습을 보여야 한다.

디너와 동료들은 69개국 11만 8,519명을 대상으로 행복이 경제적 수입이나 교육 수준, 정치 참여, 자원봉사 활동, 건설적인 관계 등과 얼마나 밀접한 관련이 있는지를 연구했다. 그리고 "적당한 수준 이상으로 행복이 증가하면 삶의 몇몇 부분에 오히려 해가 될 수도 있다"고 결론 내렸다. 또한 자신의 행복을 9나 10이 아닌 8로 평가한 사람은 자기 삶에서 느끼는 약간의 불만이 교육이나 지역사회, 직장 환경을 개선하고자 하는 동기로 작용할 개연성이 컸다. 이에 디너는 계속해서 10점만 받으려고 애쓰는 사람보다 8점이나 9점이 목표인 사람이 더 건강하고 행복하며 돈이 더 많은 것도 이런 이유에서일 수 있다고 지적했다. 디너는 동료들과 함께 이 연구 결과를 분석한 뒤 핵심 내용만 추려 논문을 학술지 〈심리학 조망(Perspectives on Psychological Science)〉에 기고했다. 행복하면 창의성이 향상되고, 직장에서 성과가 뛰어나 연봉도 많이 받게 되며, 학교에서 성적이 오르고, 역경을 극복하는 회복력이 증진될 뿐 아니라, 인간관계나 건강 등도 좋아진다는 내용이다.

넷째, 행복은 불행의 부재가 아니다. 프로이트는 평생 불안의 부재에 초점을 맞춰 연구를 진행했다. 행복은 불안의 부재에서 온다는 것이다. 정말 그럴까? 행복은 이분법이 아니다. 불행하지 않다고 행복한 것도 아니고, 행복하지 않다고 불행한 것도 아니다. 지금으로부터 100여 년 전 프로이트가 생존해 있을 당시엔 심리학에 과학이 전무했다. 하지만 긍정심리학이 탄생한 19세기 말과 20세기 초에는 과학기술 발달로 측정 도구와 기법들이 개발됐고, 그 도구들로 연습하고 노력하면 행복도 만들 수 있게 됐다.

이렇게 행복에 대한 네 가지 인식 오류를 파악했다면 이제는 인식의 전환이 필요하다.

첫째, 행복은 조건이 아니다. 한국인은 조건을 좋아한다. 그래서 "성공하면 행복할 거야"처럼 행복에서도 조건을 찾는다. 미국 캘리포니아대학교 리버사이드캠퍼스 심리학과 교수인 소냐 류보머스키(Sonja Lyubomirsky)는 논문 225개를 종합 분석해 행복 공식을 연구했고, "행복한 사람이 성공한다. 거꾸로 된 화살표도 맞는 말이다"라는 결론을 도출해냈다. 즉 "성공하면 행복할 거야"라는 우리의 통념은 그야말로 반쪽짜리 조건인 셈이다. 성공하면 모두 그런 것은 아니어도 행복을 느낄 수 있지만, 행복해야 성공 확률이 높아진다는 사실은 많은 연구 결과와 논문이 증명하고 있다.

둘째, 행복은 만드는 것이다. 고전적인 행복론을 주장하는 이들은 반론을 제기할 수도 있다. 그러나 셀리그만은 행복은 좋은 유전자나 행운으로 얻어지는 것이 아니라, 바이올린 연주나 자전거 타기 등과 같이 부단한 연습과 노력으로 만들 수 있음을 과학을 통해 입증했다. 그리고 이 새로운 긍정심리학 이론을 2011년 저서 《플로리시》에 발표하면서 "나는 이제 당신의 플로리시를 만들어줄 수 있다"고 말했다. 일시적 행복이 아닌 지속적인 행복을 누구나 만들 수 있다는 의미다.

셋째, 행복은 경쟁력이다. 1543년 폴란드 천문학자 니콜라우스 코페르니쿠스(Nicolaus Copernicus)는 "우주는 태양을 중심으로 돈다"는 지동설을 발표했다. 하지만 사람들은 믿지 않았고, 오히려 그를 핍박했다. 하지만 지동설은 결국 사실로 밝혀졌다.

이 같은 일들이 최근 심리학에서도 일어나고 있다. "행복이 성공을 만든다"는 주장이 그것이다. 긍정심리학 분야를 이끄는 최고 연구자이자 학자인 류보머스키와 디너, 로라 킹(Laura King)은 수많은 데이터를 조직적으로 검토하고 연구했다. 그리고 실제로 우리 가운데 가장 행복한 사람이 직업부터 교우관계에 이르기까지 다양한 분야에서 성공할 수 있고, 일상적 기준에서 조금이라도 더 행복하게 사는 것이 삶의 각 부분에서 목표를 달성하는 데 긍정적 영향을 미친다는 결론을 내렸다. 이들이 말한 목표는 만족스러운 직업이나 안정된 교우관계, 건강 등 누구나 목록에 담아둘 법한 것들이다.

지금까지는 행복의 개념이 추상적이거나 관조적이고 감정적이었다면, 긍정심리학에서 말하는 행복은 과학을 기반으로 하고 또 만들 수도 있다. 물론 어떤 사람들은 행복은 환경에 따라 각자 주관적으로 판단할 문제인데 어떻게 기계적으로 결정하고 과학으로 만들 수 있느냐고 반문할 것이다. 하지만 과학이 발달하면서 우리의 사고, 감각, 감정, 행동, 성격 특성을 측정하는 도구들이 개발되고 발전했기에 이것들이 가능해졌다.

또 행복을 과학적으로 분석하고 객관적으로 설명할 수 있다고 하면 철학자나 종교 지도자들은 종종 우려를 표한다. 도덕성 문제 때문이다. 하지만 긍정심리학은 고대 그리스 사상가, 인본주의 운동가, 종교학 거장 등 수많은 학자의 주장으로부터 많은 영향을 받았다. 그들은 행복해지려면 반드시 도덕적 삶을 추구해야 한다고 강조했다. 긍정심리학 역시 도덕적 개념과 선한 품성을 기반으로 행복을 정의하고 과학적으로 설명한다. 집요하게 쾌락을 쫓고, 문란한 성생활이나 약물 중독, 약자에 대한 착취를 통해 자신이 원하는 바를 얻는 사람을 행복한 자라고 하지 않는다. 셀리그만은 "진정한 행복이란 수단과 방법을 가리지 않고 쌓은 부나 명예, 권력이 아닌, 성격강점을 일상에서 발휘하면서 참되게 사는 것 그 자체"라고 정의했다.

나는 이 내용을 기초로 행복의 네 가지 핵심 요소를 찾아냈다. 바로 △긍정 정서인 정서적 기쁨 △인지적 만족 △성격강점인 참된(도덕적) 삶 △역경을 극복하는 회복력이다. 이것들은 긍정심리학의 핵심 요소인 팔마스를 통해 키울 수 있다.

결론적으로 행복은 각 개인이 어떠한 환경에 처했든, 어떠한 조건을 가졌든 행복 연습 도구들을 이용해 연습하고 노력하면 충분히 만들 수 있다. 이렇게 만들어진 행복은 자신이 원하는 삶, 자신이 주도하는 삶을 살아가는 데 경쟁력이 된다. 긍정심리학에서 말하는 행복은 하위 욕구가 충족되어야 상위 욕구도 충족할 수 있다는 미국 심리학자 에이

브러햄 매슬로(Abraham Maslow)의 '인간 욕구 5단계 이론'(사람은 누구나 생리저 욕구, 안전 욕구, 소속과 애정의 욕구, 존경 욕구, 자아실현 욕구 등 나섯 가지 욕구를 가지고 태어나며 이것들은 우선순위가 있어 단계가 구분된다는 이론)과도 다르다. 즉 생리적 욕구, 안전 욕구를 충족하지 못해도 행복을 만들 수 있다.

긍정심리학 도구: 감사 일기(잘됐던 일 세 가지)

긍정심리학의 팔마스와 PPT에는 긍정 개입 도구, 즉 행복 연습 도구가 있는데, 이것들을 이용하면 행복을 만들고 심리적 증상도 치료할 수 있다. 그중에서도 효과가 가장 좋은 것으로 입증된 도구인 감사 일기(잘됐던 일 세 가지)에 대해 살펴보자.

감사는 항우울제라고도 한다. 그만큼 신경전달물질인 세로토닌을 생성해 우울증이나 불안증 같은 심리적 증상을 완화해주기 때문이다. 감사하기에는 많은 방법이 있다. 중요한 것은 지속적인 긍정 정서를 배양하려면 과학적으로 검증된 방법을 사용해야 한다는 점이다. 일시적으로 기분만 좋게 해주는 감사 방법은 지속적으로 실천하기 어렵고 큰 도움이 되지도 않는다. 감사 방법 중 비교적 쉽게 실천할 수 있고 과학적으로 효과가 검증된 방법에는 '감사 일기(잘됐던 일 세 가지)'와 '감사 방문'이 있다. 긍정심리학에서는 이 두 가지 도구를 적극적으로 추천한다.

2005년 미국 〈타임(TIME)〉은 긍정심리학을 커버스토리로 다루었는데, 셀리그만이 심각한 우울증 환자 50명을 대상으로 우울증 정도와 행복도를 검사한 다음 감사 일기를 쓰게 한 내용이 소개됐다. 이들의 평균 우울증 점수는 34점이었다. 그 정도면 '극단적' 우울증 범주에 속하는데, 이런 사람들은 가까스로 침대 밖으로 나와 컴퓨터 앞에 앉았다가 다시 침대 속으로 들어가는 일상을 반복한다. 그들은 각자 감사 일기 쓰기를 실천해 일주일 동안 매일 그날 있었던 감사한 일 세 가지와 왜 감사한지 이유를 함께 적었다. 그 결과 그들의 평균 우울증 점수는 34점에서 17점으로, 즉 극단적 우울증에서 경미한 우울증으로 크게 내려왔고, 행복 백분위 점수는 15점에서 50점으로 올라갔다. 50명 중 47명이 이제 덜 우울하고 더 행복해했다. 셀리그만은 "지난 40년 동안 심리치료와 약물로 우울증을 치료했지만 이런 결과를 목격한 적은 한 번도 없었다"고 말했다.

인천 어느 병원 정신건강병동에 40대 중반 여성이 입원해 있었다. 이 여성은 전업주부로 사업가 남편과 행복한 나날을 보냈다. 그러던 어느 날 남편이 교통사고로 갑자기

사망하자 그녀는 "이제 내 인생도 끝이야"라고 선언했다. 이후 우울증, 불안증이 깊어지면서 결국 정신분열 증세로 정신건강병동에 입원하게 됐다. 여러 처방과 치료를 시도했지만 차도가 없자 긍정심리학을 배우고 강사 과정까지 마친 병원 수간호사가 그녀에게 감사 일기 쓰는 방법을 알려주었다. 그녀는 처음에는 거절했지만 간곡한 설득에 결국 시작했고, 몇 개월 후 증상이 완화돼 드디어 퇴원할 수 있었다.

많은 사람이 하루하루를 무의미하게 보내거나 우울하게 살아간다. 그렇다면 이제부터 하루 중 잘 안 된 일보다 잘됐던 일, 즉 감사한 일을 의식적으로 생각해보자. 꼭 거창한 것이 아니어도 감사한 일은 얼마든지 있다. 혹시 잊고 있던 친구로부터 전화를 받지 않았는가? 며칠 동안 밤을 새워가며 준비한 프레젠테이션을 성공적으로 끝마치지 않았는가? 누군가에게 도움을 주거나 받지 않았는가? 친구가 무사히 건강한 아이를 출산하지 않았는가?

아마 한두 가지는 좋은 일이 분명 있을 것이다. 그동안 당연하게 여겨온 것들이 실은 감사한 일이고, 모든 것이 축복과도 같은 일이다.

이런 감사한 일을 매일 세 가지씩 쓰고 이유까지 적으면 감사의 의미를 정서적으로 더 깊게 느낄 수 있어 효과적이다. 예를 들어 대학교에서 교수로부터 칭찬을 받았다면 '밤을 꼬박 새워가며 발표 준비를 열심히 한 것을 인정해주셨기 때문에'라고 적을 수 있다. 오늘 남편이 퇴근길에 치킨을 사 왔다면 '내가 치킨이 먹고 싶다고 말한 것을 잊지 않았기 때문에', 우문식 교수의 〈마음 근육 키우기〉 강의를 들었다면 '우문식 교수의 마음 근육 키우기 강의를 들어서, 셀프 세라피스트가 되는 방법을 배웠으니까'라고 쓰면 된다.

처음엔 다소 어색할 수 있다. 하지만 2주가량만 쓰면 익숙해지고 6개월 정도가 되면 중독될 것이다. 꾸준히 감사 일기를 쓴다면 설령 긍정 정서를 적게 가지고 타고난 사람일지라도 얼마든지 긍정 정서를 높여 심리적 증상을 치료할 수 있다.

이 《긍정심리치료 내담자 워크북》은 지난번 치료자(심리학자, 의사, 간호사, 사회복지사)를 위한 《긍정심리치료 치료자 매뉴얼》에 이은, 내담자(환자, 고객, 내담자)를 위한 책이다. 이 책을 선택한 독자는 대부분 치료자로부터 심리치료(상담)를 받은 경험이 있거나 심리치료(상담)에 관심이 있을 것이다. 과거 상처, 심리 증상, 약점, 부정 개입 중심의 심리치료(상담)를 경험한 내담자는 행복과 강점, 긍정 개입 중심의 PPT에 대해 "긍정심리치료로

나의 장기적인 심리 문제를 해결할 수 있을지 모르겠어요", "모두 좋은 이야기처럼 들려지지만 특정한 내 증상을 어떻게 다룰 건가요?"라며 혼란스러워하거나 확신이 없을 수 있다. PPT를 경험해보지 않은 내담자라면 더욱 그렇다. 심지어 일부 심리치료사나 상담사도 긍정심리치료에 대해 '깊이가 없다', '재발한다', '상담에서 긍정은 부산물이다' 등 부정적 시각을 가진 것이 현실이다. 하지만 긍정심리치료자로부터 치료(상담)를 받았거나 《긍정심리치료 치료자 매뉴얼》 또는 긍정심리학 책을 읽은 내담자라면 PPT를 통해 자신의 심리 증상을 치료하고 행복해질 수 있다는 믿음과 확신이 있을 것이다.

나는 다른 긍정심리학자들과 마찬가지로 PPT를 심리치료의 새로운 접근법이지 장르라고 생각지 않는다. 즉 전통 심리치료의 '잘못된 것 고치기' 중심의 부정적 접근법을 보충하는 '강점 키우기' 모델이라고 본다. 한마니로 PPT는 기존 심리치료를 대체하는 것이 아니라, 약점 개선에 치중해 치료의 균형을 맞추려는 점진적인 변화다. PPT는 내담자 경험의 내재적 복잡성을 균형 있게 이해하고자 증상과 강점을, 위험과 자원을, 약점과 가치를, 후회와 희망을 통합하기 때문이다. 긍정심리치료자는 내담자가 호소하는 문제를 무시하거나 최소화하지 않고, 트라우마와 연관된 내담자의 고통에 공감하면서 주의 깊게 살피는 동시에 행복과 성장 잠재력을 탐색한다.

심리적으로 고통받는 내담자는 생의 어려움을 헤쳐 나가기 위해 개인적이고 대인적인 최고 자원을 활용하는 방법을 배울 필요가 있다. 그럼 자신의 증상을 좀 더 깊이 이해하면서 증상이 완화되는 것을 느낄 수 있다. 개인 강점을 찾아서 사용하는 방법과 긍정 정서 배양에 필수적인 기술을 익히고, 부정 정서를 다루는 방법과 역경 및 트라우마에 대처하는 기술을 배우며, 긍정 관계를 강화하고, 자신의 삶에 의미와 목적을 부여한다면 엄청난 의욕과 힘을 얻으면서 치료 효과도 높일 수 있을 것이다.

PPT의 궁극적 목적은 내담자가 자신의 정체성을 찾아 자아 개념을 확장하는 것은 물론, 즐겁고 의미 있으며 만족한 삶을 추구하기 위해 강점과 자원을 최대한 발견하고 사용하는 적절한 기술을 배우도록 돕는 것이다. 독자 모두 이 기술을 배우고 적용해 자신의 심리 문제를 스스로 해결하고 행복도 만드는 '셀프 세라피스트(Self-Therapist)'가 되길 바란다.

-우문식 한국긍정심리연구소 소장(Ph.D)

긍정심리치료란 무엇인가?

긍정심리치료(PPT)는 강점으로 증상에, 장점으로 약점에, 기술로 결핍에 맞서고, 복잡한 상황과 경험을 균형 잡힌 시각으로 이해할 수 있도록 도와주는 치료적 접근 방식이다.

인간의 뇌는 긍정보다 부정에 더 많이 주의를 기울이고 강하게 반응한다. 하지만 PPT는 긍정을 키우는 법을 가르쳐준다. 인생에서 가장 힘든 역경을 헤쳐 나가려면 강인한 내면의 자원이 필요하고, 그 과정에서 회복력(Resilience)이 강해진다. 건강한 것이 아픈 것보다 낫듯이 통달이 스트레스보다, 협력이 갈등보다, 희망이 절망보다, 강점이 약점보다 낫다.

PPT의 긍정심리는 마틴 셀리그만(Martin Seligman)의 긍정심리학 웰빙 이론에 바탕을 두고 있다. 셀리그만은 행복(웰빙)을 과학적으로 측정 가능하고 가르칠 수도 있는 성격강점(Character Strengths)과 다섯 개의 요소로 구분했다. 그 다섯 개 요소는 △긍정정서(Positive Emotion) △몰입(Engagement) △관계(Relationship) △의미(Meaning) △성취(Accomplishment) 등으로, 이것들의 앞 글자를 따 '팔마(PERMA)'라고 한다(셀리그만, 2012). 이 요소들은 완전한 것도, 배타적인 것도 아니다. 하지만 이것들에 통달하면 고통이 감소하고 삶의 만족도가 높아진다.

PPT 실습은 내담자가 자신의 강점을 다양한 관점에서 평가할 수 있도록 도와주며, '실용지혜' 향상에 도움이 되는 내용들도 있다. 이 책에서는 위험하더라도 새로운 시도를 할지, 아니면 검증된 시도를 할지 결정하는 방법에 관한 사례들을 소개한다. 또한 공정성과 친절의 균형을 맞추는 법, 친구에게 공감하면서도 객관성을 유지하는 법 등과 관련된 사례들도 있다. 실용지혜의 목적은 어려운 상황에 좀 더 잘 대처하는 것이다. 다시 말해 실용지혜를 키우면 역경에 대처하는 가장 현명한 방법을 찾을 수 있다.

또한 PPT는 강점이 상황에 따라 어떻게 달리 작용하는지를 알려준다. 실제로 상황에 따라서는 슬픔과 불안, 분노 같은 부정 정서가 긍정 정서보다 훨씬 유용하기도 하다. 생존 문제가 걸렸을 때는 더더욱 그렇다. 이와 마찬가지로 분노는 좀 더 큰 선을 행하기 위한 항의의 표현으로서 순응보다 유용할 수 있다. 따라서 PPT 내담자는 자신의 고통과 상처를 이해하려고 노력하면서 그 고통의 의미 또한 살펴보게 된다.

구체적으로 PPT는 다음 세 단계로 나뉜다.

① 1단계에서 치료자는 내담자가 자신의 강점을 다양한 관점에서 살펴보고 균형 잡힌 이야기를 할 수 있도록 돕는다. 이 단계에서 내담자는 자신의 대표강점을 사용해 의미 있는 목표를 정한다.

② 2단계에서 치료자는 내담자가 부정 기억과 경험, 감정을 다룰 수 있게 지원하면서 긍정 정서를 배양하도록 돕는다. 부정 경험에 사로잡히면 그것에 갇혀 앞으로 나아가지 못할 수 있다.

③ 3단계에서 치료자는 내담자가 미래에 대한 희망을 찾고, 자신의 긍정 관계를 점검하며, 그러한 관계를 키워나가는 과정을 강화하도록 돕는다. 이 마지막 단계에서는 삶의 의미와 목적을 탐색할 수 있도록 내담자를 격려하기도 한다.

회기와 실습

'표1.1'은 PPT의 각 회기와 주요 실습을 요약해놓은 것이다. 모든 사람이 실습 과정을 다 완료하는 것은 아니다. 치료자는 내담자를 치료할 때 회기 순서를 바꿀 수 있다.

내담자는 전체 치료 과정 내내 감사 일기를 쓰는데, 하루 동안 자신에게 일어난 잘된 일 세 가지와 감사한 이유를 기록한다. 그럼 대부분 부산스러운 일상에서 놓치기 쉬운 긍정 경험을 의식적으로 주목하는 것이 유익하다는 사실을 깨닫게 된다. 이를 바탕으로 내담자는 회기 중 긍정 경험을 키워나가는 더욱 광범위한 경험적 의식을 유지할 수 있고, 부정 편향을 애호하는 인간 본성에도 계속 저항할 수 있다. 또한 내담자는 자신만의 독특한 강점들이 있으며 그것들을 다양한 방법으로 활용할 수 있다는 사실을 배운다.

다음은 PPT 회기별 내용이다.

표1.1: PPT의 회기별 내용

회기	주제	내용	주요 실습
1단계			
1	긍정 소개와 감사 일기	내담자의 치료 환경 적응, 내담자와 치료자의 역할 및 책임 정하기 등 치료를 구조화하는 방법, 긍정 경험을 기록해 긍정 정서를 키우는 방법, 감사하기가 행복에 미치는 영향을 평가하는 방법 등을 배우는 회기	• 긍정 소개: 역경을 극복해 최상의 자신을 표출한 사건을 떠올려보고 시작과 중간, 긍정 결말로 구성된 이야기를 한 장 분량으로 작성한다. • 감사 일기: 매일 저녁마다 크고 작은 잘된 일 세 가지와 그 이유를 기록한다.
2	성격강점과 대표강점	성격강점과 대표강점을 중점적으로 다루는 세 차례 회기 중 첫 번째로, 대표강점은 실습을 통해 개발할 수 있는 긍정 특성이며 개인의 성장과 행복에 기여한다는 것을 배우는 회기	성격강점: 강점 검사와 평가, 가족 구성원, 친구 등 다양한 출처를 통해 얻은 정보를 수집해 자신의 대표강점 프로필을 작성한다.
3	대표강점 실용시혜	대표강점 실용지혜 기술을 보여주는 회기, 자신의 대표강점을 균형 잡힌 방식으로 활용해 문제를 해결하는 방법을 배우는 회기	강점 사용 노하우: 세 가지 구체적인 상황을 해결하는 다섯 가지 실용지혜 전략(구체화하기, 적절성 찾기, 충돌 해소하기, 성찰하기, 조절하기)을 활용한다.
4	더 나은 버전의 나	긍정적이고 실용적이며 지속적인 자기 개발 계획을 명확히 작성하고 실행하는 회기	더 나은 버전의 나: 측정과 성취가 가능한 구체적인 목표를 정해 강점을 융통성 있게 사용하고 좀 더 나은 버전의 '나'라는 자기 개발 계획을 작성한다.
2단계			
5	종결되지 않은 기억과 종결된 기억	과거 기억을 떠올려 기록하고 처리하는 회기, 종결되지 않은 기억과 부정적인 기억을 다루는 기술을 배우는 회기	긍정 평가: 긴장을 풀고 고통스러운 기억, 즉 종결되지 않은 기억을 기록하고, 그러한 기억을 적절히 다루는 네 가지 방법을 탐색한다.
6	용서	용서가 하나의 사건이 아니라 변화를 위한 과정임을 알고, 용서인 것과 용서가 아닌 것을 배우는 회기	• 리치(REACH): 용서에 이르는 길을 배운다. • 용서 편지: 용서 편지를 쓰되 반드시 전할 필요는 없다.
7	최대자 vs 만족자	최대자(최상의 것을 선택하기)와 만족자("이 정도면 괜찮아"처럼 충분히 좋은 것을 선택하기) 개념을 제시하는 회기	만족자 지향: 최대자나 만족자의 생활 영역을 탐색하고, 만족을 증진하는 계획서를 작성한다.
8	감사	현재 생존해 있는 사람이나 과거에 긍정적인 도움을 받았지만 미처 감사를 전하지 못한 사람을 떠올려보고 그에게 편지를 써 감사 개념을 확장하는 회기	• 감사 편지: 어려울 때 도움을 받았는데 미처 감사 인사를 전하지 못한 사람에게 감사 편지를 쓴다. • 감사 방문: 감사 편지의 대상을 초대해 일대일로 만나기, 사전 설명 없이 감사 편지 직접 읽어주기 등을 실천한다.
3단계			
9	희망과 낙관성	가능한 한 최상의 현실적인 결과를 생각하고 낙관성을 키우는 법을 배우는 회기	문 하나가 닫히면 다른 문이 열린다고 생각하기: 닫혀 있는 문 세 개와 열려 있는 문 세 개를 생각해보고 기록한다.
10	외상 후 성장	트라우마를 겪은 후 계속 마음에 걸리는 충격적인 경험에 관한 내면의 깊은 감정과 생각을 탐색하는 회기	표현적 글쓰기: 충격적이고 고통스러운 경험을 종이 한 장에 옮기는 선택적 활동을 한다. 건전한 대처 기술을 익히고 키워 현재의 스트레스 요소에 짓눌리지 않을 때 이 실습을 종료한다.

11	느림과 음미하기, 마음챙김	속도를 늦추는 법을 배우고, 음미하는 법과 마음챙김을 의식하고 키우는 회기	느림과 음미하기: 자신의 성격 및 생활환경에 적합한 느림의 기법과 다섯 가지 음미하기 방법을 하나씩 선택하고, 마음챙김 명상을 한다.
12	긍정 관계	긍정 관계를 위해서는 사랑하는 사람들의 강점을 인정하는 것이 중요하다는 사실을 배우는 회기	긍정 관계 나무: 사랑하는 사람들과 각자 자신의 강점을 평가하고 서로의 강점을 칭찬해 관계를 강화하는 방법을 논의한다.
13	긍정 소통	긍정적인 소식에 대한 네 가지 반응 기술과 그중 관계 만족을 예견하는 기술을 배우는 회기	적극적·건설적 반응 기술: 자신에게 중요한 사람의 강점을 탐색하고 적극적이고 건설적인 반응 기술을 적용한다.
14	이타성	자신과 타인 모두에게 도움이 되는 이타적인 사람이 되는 법을 배우는 회기	시간 선물하기: 자신의 대표강점을 사용해 시간 선물하기 계획을 세운다.
15	의미와 목적	좀 더 나은 선을 추구하고 그것을 위해 노력하는 데 집중해 의미 있는 삶을 만드는 법을 배우는 회기	긍정 유산: 어떤 사람으로 기억되고 싶은지, 특히 어떤 긍정적인 발자취를 남기고 싶은지를 기록한다.

회기 구조

치료자가 융통성 있게 내담자 및 내담자의 필요에 맞게 회기 구조를 바꿀 수는 있지만, 회기를 시작하는 일반적인 양상은 존재한다. '표1.2'는 전형적인 PPT 회기를 요약한 내용이다.

표1.2: PPT의 일반적 회기 구조

핵심 개념	치료자가 이해하기 쉬운 말로 증거/기반의 핵심 개념을 설명하고 회기를 시작. 각 회기의 중요성을 설명하는 단계
이완 실습	이완 실습으로 각 회기 시작. 이완 실습 시간은 보통 3~5분
감사 일기	이완 실습 후 지난주 내담자가 감사 일기에 기록한 좋은 사건이나 경험을 이야기하기
검토	치료자와 내담자가 이전 회기의 핵심 개념과 실습 검토하기. 이전 회기에서 논의하고 실습한 개념과 관련된 경험, 반응, 성찰 등을 이야기해보라고 내담자를 격려하기
회기 중 실습	회기별로 내담자가 과정이나 회기 사이사이에 계속했으면 좋겠다 싶은 실습을 최소 하나씩 제시하기
성찰과 토의	내담자가 회기 중 실습을 성찰하고 논의할 수 있도록 치료자가 질문 던지기
이완	회기 시작과 종료 시 간단하면서도 동일한 이완 실습하기

PPT는 내게 맞는 치료법인가?

심리적으로 문제가 있는 사람에게는 심리치료가 큰 도움이 될 개연성이 높다. 심리치료 방법은 무척이나 다양하기 때문에 PPT가 자신에게 맞을까라는 생각이 드는 것도 어쩌면 당연하다. 이때 다음의 다섯 가지 질의응답을 참고하면 PPT를 할지 말지를 신중히 결정할 수 있다.

1. **PPT는 증거 기반 치료인가?** 대체로 이 책의 저자들과 관련 없는 임상연구자들이 실시한 열 개 이상의 무작위 대조군 연구에 따르면, PPT는 아무런 치료도 하지 않는 것보다는 효과가 있고, 인지행동치료 같은 적극적인 심리치료보다도 훨씬 효과적이다(라시드와 셀리그만, 2018).

2. **PPT가 나의 심리 문제에 적합한가?** PPT는 수많은 치료 환경에서 사용돼왔다. 또한 우울증[시질리크(Csillik), 아게르(Aguerre), 베이(Bay), 2012]과 중독[아흐타르(Akhtar), 보니웰(Boniwell), 2010], 경계선 성격장애[울리아셰크(Uliaszek), 라시드, 윌리엄스(Williams), 굴라마니(Gulamani), 2016], 외상 후 스트레스 장애[길먼(Gilman), 슘(Schumm), 처드(Chard), 2012], 정신병[마이어(Meyer), 존슨(Johnson), 파크스(Parks), 이반스키(Iwanski), 펜(Penn), 2012; 슈랭크(Schrank) 외, 2015]을 포함한 심리장애 치료에도 효과적이다.

3. **개인 치료와 집단 치료 중 어떤 것이 더 효과적인가?** 둘 다 유용할 수 있다. 내담자가 치료받고자 하는 심리적 문제를 얼마나 편하게 털어놓는지에 따라 치료 방법이 달라진다. 예컨대 개인 치료를 받으면 비밀이 지켜지는 안전한 일대일 환경에서 극히 사적인 문제도 이야기할 수 있다. 집단 치료에서는 강점과 회복력에 관해 다른 사람들의 이야기를 들을 수 있을 뿐 아니라, 서로 경험을 주고받으면서 자신의 심리적 문제를 전체 관점에서 검토하고 평가받는 것이 가능하다. 게다가 신뢰하는 환경이 조성되기 때문에 구성원들이 서로의 행복을 지원하는 치료적 에너지도 생겨난다. 개인 치료에서 집단 치료로, 아니면 그 반대로 전환할 수도 있다.

4. **나에게는 심각한 문제가 있는데 PPT는 긍정으로만 가득한 것 같은가?** PPT는 그 명칭 때문에 온통 긍정으로 가득한 것처럼 보일 수 있다. 하지만 명칭과 달리 고통스러운 경험을 경시하거나 무시하거나 최소화하지 않고 제대로 직시한다. 그리고 강점도 똑같이 중시한다. 예컨대 내담자가 고통스러운 기억을 털어놓을 때 PPT 방법을 배운 치료자는 온기와 진정성, 긍정 존중 같은 기본적인 치료 기술을 사용해 내담자의 생

각과 감정을 살핀다. 그리고 적절하다 싶을 때마다 내담자가 기쁘고 즐거우며 행복한 기억들을 회상할 수 있도록 돕는다. 또한 연결된 느낌뿐 아니라 소외감을 느낀 순간들에 대해서도 생각해보라고 격려한다. PPT는 내담자가 분노와 감사를 표현할 수 있도록 안전한 치료 환경을 마련하는 것은 물론, 내담자가 혹독한 비난에도 칭찬과 지지를 받았던 경험을 떠올려 감정의 균형을 잡을 수 있도록 돕는 것을 기본으로 한다.

5. **과제를 해야 하는가?** 너무 바빠서 치료받으러 갈 시간도 내기 어렵다거나 과제가 있으면 하나도 못 할 것 같다고 걱정하는 사람들이 있는데, PPT에는 기본적으로 과제가 없다. 각 회기 내에서 수행해야 하는 실습과 성찰, 토의가 있을 뿐이다. 이는 회기에서 배운 기술들을 일상생활에 적용하도록 도와주는 것이 목적이다. 예컨대 감사 일기는 잘됐던 일, 좋았던 일 등 긍정적인 일들을 찾아내 자신이 편리한 방법으로 기록하는 실습이다. 대표강점은 내담자가 이미 갖추고 있는 온전한 긍정 자원을 좀 더 집중적으로 사용할 수 있도록 돕는다. 적극적이고 건설적인 반응 기술은 사랑하는 사람의 좋은 소식에 공감하면서 긍정적으로나 건설적으로 반응하는 방법을 알려준다. 요약하자면 완전히 새로운 행동과 습관을 익혀야 하는 것이 아니다. 이미 가지고 있는 행동에 기술과 예견력을 더하면 된다.

여행을 시작하며

심리치료를 시작하는 것은 용기 있는 행동이다. 그리고 심리치료를 유지하는 것은 인내하는 행동이다. 용기와 인내는 변하고자 하는 동기와 의지, 다른 시도를 하는 개방성을 필요로 한다. PPT에서 치료자가 치료 환경에 대한 구체적인 규칙을 제시할 때 내담자는 그것과 관련된 심리적 문제가 있다면 털어놓고 의논하는 편이 좋다. 텅 빈 백지 상태에서 치료를 시작하는 내담자는 없다. 오히려 '무거운 짐(문제)'을 지고 있을 개연성이 크다.

내담자는 대부분 효과가 있다 싶은 방법들로 그러한 문제를 해결하려고 시도했을 것이다. 스트레스를 받으면 해소하려고 노력하듯이 말이다. 그러한 방법들은 효과가 있을 때도 있고, 그렇지 않을 때도 있다. 설령 효과가 없다 하더라도 부적절한 방법이라고 생각하지 말기 바란다! 심리치료법을 찾고 있는 것 자체가 바로 문제를 해결하려는 적절한 노력이기 때문이다. 다만, 이 여행을 시작할 때 다음을 유념하면 도움이 될 것이다.

1. **다소의 불편은 감수해야 한다.** 여느 심리치료와 마찬가지로 PPT도 쉽지는 않다. 심리치료는 내담자의 평정을 뒤흔들어 일시적인 혼란을 초래할 수도 있다. 그러니 처음부터 혼란을 예상하고 시작하는 것이 좋다. 하지만 심리치료를 계속하다 보면 자신과 주변 사람들에게 효과가 있는 균형점을 찾을 확률이 높다. 그러므로 내담자는 PPT 과정 내내 치료자와 긴밀한 관계를 유지하기 바란다.

2. **자발적 동기가 필요하다.** 이 여행을 시작할 때 심리치료란 강제하거나 강요할 수 없는 것임을 알아야 한다. 자발적으로 심리치료에 임한다면 스스로 변화 주도자가 되어 자신의 인생을 바꿔갈 수 있다. PPT 회기에서 배운 개념과 실습들은 처음부터 일상생활과 연계해나가야 한다. 예컨대 감사 일기 실습(PPT 1회기 참조)은 긍정 사건과 경험을 살펴보는 과정이다. 누군가가 문을 잡아주고 미소를 짓거나 예기치 못한 도움을 줬다면 잠깐이나마 멈춰 서서 그 일을 생각해본다. 그러한 멈춤과 성찰을 반복하다 보면 일상적인 삶의 변화를 좀 더 나은 쪽으로 굳건하게 다져나갈 수 있다.

3. **PPT는 만병통치약이 아니다.** 모든 심리치료 환경에 PPT를 보편적으로 적용할 수 있는 것은 아니며, PPT가 언제나 적절하고 적합한 것도 아니다. 만성적이고 복합적이며 심각한 정신건강 문제를 안고 있다면 정신과 치료와 다른 의학적 치료, 직업적 치료 등 적절한 치료법을 찾아보길 권한다. 긍정 정서를 키우고, 효과적인 성격강점 사용법을 배우며, 목적과 의미를 찾는 것만으로는 모든 심리적 문제를 충분히 혹은 적절히 해결할 수 없다. 따라서 처음부터 PPT의 유용성에 대한 현실적 기대치를 가지고 심리치료를 시작하는 것이 좋다.

4. **선형적 진척이 일어나지 않는다.** 수년 동안 굳어진 행동을 바꾸려면 시간이 걸린다. 내담자는 치료자와 함께 타당하고 신뢰할 만한 피드백 시스템을 이용해 자신의 심리치료 진척 상태를 주기적으로 점검할 필요가 있다. 게다가 내담자가 거의 혹은 전혀 통제할 수 없는 외적 요소도 많다. 직장 환경과 사랑하는 사람의 정신건강 문제, 혹은 사회적·경제적·정치적 어려움(경기침체, 예기치 못한 기후 재난, 바이러스 창궐, 사이버폭력, 각종 테러) 등이 이에 해당한다. 이러한 요소들은 내담자의 심리치료 진척 상태에 부정적 영향을 미치거나 방해가 될 수도 있다. 내담자는 자신의 진척 상태에 영향을 미칠 수 있는 요소들을 치료자에게 미리 알려야 한다. 이러한 소통을 이어나가면 서로에 대한 이해도가 높아지는 동시에, 치료자는 내담자의 환경을 좀 더 잘 파악할 수 있다.

때때로 긍정 평가(종결되지 않은 부정 기억을 들여다보는 것)와 표현적 글쓰기(외상 후 성장을 살펴보는 것) 같은 PPT 개입 실습들은 잠재적으로 불쾌한 기억을 불러일으키곤 한다. 그러므로 내담자는 자신의 상태에 대해 치료자와 정기적으로 논의해 필요한 변화를 이루어가는 것이 중요하다.

5. **PPT는 모두를 위한 것이 아니다.** 심각하고 빈도 높은 공황장애 같은 급성 심리 문제를 안고 있는 사람, 스스로가 피해자라는 뿌리 깊은 사고에 사로잡힌 사람, 혹은 심각하고 장기적인 학대를 경험한 사람은 약물이나 전문의의 도움을 받아 증상을 먼저 치료해야 할 수도 있다. 그 후 안정을 찾는다면 PPT를 고려해본다.

1장
1회기: 긍정 소개와 감사 일기

1회기에서 내담자는 치료적 환경에 적응하고, 내담자와 치료자의 역할 및 책임을 명확히 인지한다. 또한 긍정 경험 기록과 행복(웰빙)에 미치는 감사의 영향력 평가를 통해 감사의 마음을 키우는 실습 방법을 배운다.

이 회기에서 다루는 두 가지 PPT 실습은 '긍정 소개'와 '감사 일기'다.

긍정 소개의 세 가지 핵심 주제

1. **역경을 극복한 경험을 회상하고 성찰한다:** 심리치료는 지금까지 해보지 않은 방식으로 자신의 인생 경험담을 풀어놓을 수 있는 몇 안 되는 기회일 수 있다. 하지만 안타깝게도 종종 상처와 죄의식, 혹은 배신으로 가득한 경험담을 '풀어놓는' 과정으로 여겨지기도 한다. 긍정 소개는 역경을 극복했던 경험을 회상하고 성찰하며 그것에 대해 기록하고, 더 나아가 치료를 통해 재구성하는 실습이다.

2. **더욱 건전하고 회복력이 뛰어난 자아를 되찾는다:** 의미 있는 경험을 의식적으로 떠올려 이야기(시작과 중간, 결말이 있는 이야기)로 풀어내고 기록해 다른 사람과 공유한다. 그러면 개인적 강점을 끌어낼 수 있는 자아의 주요한 일부분을 재구성, 재평가, 재정리하는 것이 가능하다. 이때 긍정 소개 실습은 좀 더 건전하고 회복력이 뛰어난 자아 개념을 형성하거나 회복시키는 촉매가 되기도 한다. 이 실습을 통해 자기 성격의 전인적 면모를 파악할 수 있다.

3. **고통을 무시하거나 경시하지 않는다:** 긍정 소개 실습은 상처받거나 고통스러운 이야기에도 주의를 기울인다. 신경에 거슬리는 이야기라도 언제든 해도 좋다. 이 실습의

의도는 좋은 면만 보라는 것이 결코 아니다. 즉 내담자가 과거를 좀 더 깊이 들여다보고, 상당히 힘들었지만 어찌어찌해서 극복한 경험에 집중하도록 도와주는 것이 이 실습의 의도다. 그런 경험을 회상하다 보면 과거에 사용한 기술을 현재의 문제를 해결하는 데도 사용할 수 있다. 과거에 발휘한 회복력이 현재와 미래에 도움이 되기도 하는 것이다. 이와 같은 긍정 소개 실습은 자신의 삶을 주도적으로 이끌어나가는 데 활용할 수 있는 길잡이가 된다.

회기 시작 시 이완

각 회기는 내담자가 간단한 이완 운동으로 시작한다. 이 책 마지막에 수록된 '부록A: 마음챙김과 이완 실습'에서 확인할 수 있다.

회기 중 긍정 도구 실습: 긍정 소개

내담자는 치료자와 함께 회기 중 실습을 한다. 워크시트 1.1을 참고한다.

워크시트 1.1: 긍정 소개

힘든 상황을 긍정적으로 헤쳐 나갔던 때를 생각해본다. 인생을 바꿔놓은 크나큰 사건만 떠올릴 필요는 없다. 최상의 내 모습을 불러냈던 작은 사건도 괜찮다. 그 상황을 글로 써본다. 시작과 중간, 긍정적 결말이 분명한 형식으로 작성한다. 공간이 더 필요하다면 다른 종이에 이어서 써도 좋다.

_____

_____

_____

_____

_____

_____

성찰과 토의

다음 질문에 대해 생각해보고 토의한다.

- 당신 자신을 말해주는 경험담이 있다. 그 경험담이 당신의 자아 개념에 어떤 영향을 끼쳤는가?
- 무엇이 문제 상황 해결에 도움이 됐는가? 다음과 같은 세부적 요인을 기록해본다.
- 끈기나 낙관성 또는 신념을 비롯한 개인적 속성
- 친한 친구나 가족 또는 전문가의 지지 같은 환경적 속성
- 당신에게 중요한 사람들이 그 경험담을 당신이 이야기한 그대로 받아들이는가?

실생활 사례: 20세 백인 남성 케빈(Kevin)

나는 10학년 때 희귀 암 진단을 받았다. 주로 무릎에 생기는 암이 내 목에서 발견된 것이다. 정규 직원이던 부모님은 직장에 장기 휴가를 냈고, 나는 장장 14시간에 걸친 힘겨운 수술로 목을 완전히 뜯어고치다시피 했다. 치료와 회복, 재활을 거치면서 병원이 나의 집이 됐다. 처음에는 친구들과 같이 졸업하지 못할까 봐 두려웠는데, 아빠마저 말기 암 진단을 받았다는 소식에 그런 두려움 따위는 이제 심각하게 느껴지지 않았다. 나는 고등학교를 무사히 졸업했지만 아빠는 암과의 싸움에서 지고 말았다. 그로부터 2년 후에는 무술 훈련을 하다가 폐 한쪽이 망가져 또다시 수술을 받았다. 나는 불평을 늘어놓는 사람이 아니다. 문제를 정면으로 직시하는 사람이지만 이렇게 자문하지 않을 수 없었다. "왜 나만 이럴까?" 내성적인 기질 탓에 누구에게도, 심지어 엄마에게도 마음을 열기 어려웠다. 안 그래도 할 일이 많은 엄마에게 걱정을 끼치고 싶지 않았다. 게다가 목의 수술 흉터 때문에 데이트조차 힘들겠다는 생각이 들어 남 앞에 나서기가 꺼려졌고, 나 자신에 대해서도 이야기하고 싶지 않았다. 그런데 긍정 소개 실습에서 힘든 점을 글로 쓰고 그것에 대해 치료자와 이야기를 나누자 내 경험을 높이 평가할 수 있게 됐다. 이보다 더 중요한 변화는 내가 그런 큰 난관을 헤쳐 나갈 수 있으면 데이트 상대를 찾는 것이 그리 큰일도 아니라는 사실을 깨달았다는 점이다. "나보다 더 나쁜 상황에 처한 사람은 항상 있다."

진척 상태 유지 비결

내담자는 진척 상태를 유지하기 위해 다음 정보에 대해 치료자와 토의한다.

- 긍정 소개는 성장과 승리에 관한 내담자의 경험담을 이야기하는 데 도움이 될 수 있다. 여기서는 내담자가 다른 유사한 경험담을 이야기하는 것도 가능하다. 때로는 치료자가 내담자에 대해 더 많이 알고, 내담자는 치료 과정에서 훨씬 편안해진 후에야 가장 중요한 이야기가 나온다.

- 내담자의 이야기는 그 자신의 각기 다른 부분들을 보여준다. 이 실습의 이점을 극대화하려면 내담자가 다른 사람들에게 본인을 어떻게 묘사하는지 알아보는 것이 유효하다. 묘사에 근본적인 특징이 있는가? 예컨대 스스로 회복력이 뛰어난 사람이라고 생각하는가? 그렇다면 그러한 회복력은 어디에서 나오는가? 6개월 전이나 1년 전에도 그렇게 생각했는가? 시간이 지나면 환경도 변한다. 그 변화에 따라 자신에 대한 회상이나 묘사도 달라지는가?

- 내담자가 말하는 자신에 대한 이야기는 그 이야기가 전개되는 지역 문화로부터 영향을 받는다. 따라서 사랑하는 사람들에게 자기 이야기, 특히 회복력에 관한 경험담을 털어놓으면 그 문화를 깊이 이해할 수 있다. 이와 마찬가지로 다른 사람들이 자신의 이야기를 털어놓을 수 있도록 그들을 격려한다. 이로써 다른 사람들과의 관계가 공고해질 가능성이 커지고, 동일한 어려움에 대처하는 다양한 방법도 배울 수 있다.

감사 일기의 세 가지 핵심 주제

1. **긍정보다 부정을 더 잘 기억한다**: 인간의 뇌는 성공보다 실패를 더욱 잘, 오래 기억한다. 부정은 딱 달라붙어서 사람을 꼼짝 못 하게 만드는 반면, 긍정은 빠르게 스쳐지나가 관심을 그리 끌지도 못하고 기억에 오래 남지도 않는다. 그래서 불평과 비판은 쉽게 하시만, 칭찬과 감사는 하기가 힘들다. 감사 일기 실습의 목적은 정기적으로 감사하는 습관을 키워가는 것이다.

2. **감사가 예견력을 부른다**: 감사는 인생에서 긍정적인 부분을 관찰하고 의식하며 고맙게 여기기 위해 노력하면서 그 마음을 표현하고 행동으로 옮기는 것이다. 대다수 사람은 긍정적인 일이 그냥 생기는 것이라 생각하고 당연시 취급한다. 하지만 그런 것

들을 당연시하지 않아야 가치 있게 여길 수 있으며, 결과적으로 인생에서 마주치는 긍정과 부정을 전체 관점에서 인지하는 것이 가능하다.

3. **감사의 혜택이 많다**: 감사하면 많은 혜택이 따라온다. 부정이 상쇄되고, 가진 것에 고마움을 느낄 줄 알게 된다. 물질적 측면에서 남과 자신을 비교하는 일이 줄어든다. 또한 다른 사람들로부터 감사를 받게 되고, 특히 타인의 친절과 배려, 애정을 얻을 수 있다. 남에게 먼저 감사하면 자연스레 관계가 형성되고 돈독해진다.

회기 중 긍정 도구 실습: 감사 일기

내담자는 회기 내내 감사 일기 실습을 한다.

감사한 일(잘된 일) 세 가지	감사한 이유

성찰과 토의

감사 일기 실습 후 다음 질문에 대해 생각해보고 토의한다.

- 잘됐던 일을 떠올리기가 어려웠나? 그렇다면 구체적인 이유가 무엇인가?
- 잘됐던 일에 어떤 패턴이 있었는가? 가족이나 친구, 업무 또는 자연과 관련된 일이었나?
- 업무나 친구 등과 관련된 잘됐던 일에 명확히 드러나지 않은 당신의 인생 일면이 있는가?
- 잘됐던 일은 당신이 적극적으로 기여해서 일어났나? 아니면 대체로 그냥 저절로 일어났나?
- 이 실습 후 잘됐던 일을 좀 더 많이 떠올리게 됐는가?
- 잘됐던 일 떠올리기가 상황과 사람을 바라보는 새로운 방식이 됐는가?
- 잘됐던 일을 다른 사람들에게 이야기하는가?

• 잘됐던 일을 글로 쓰기가 어려웠나? 그렇다면 그 이유는 무엇인가?

실생활 사례: 19세의 다민족 여성 로잰(Roseanne)

고등학생 시절, 동유럽 출신인 엄마는 매일 나한테 발레리나가 되라고 엄청난 압박을 가했다. 게다가 학교 성적도 좋기를 바랐다. 나는 엄마가 원하는 그 모든 일을 잘해냈다. 하지만 주 경연대회에 나가라는 압박이 너무 커서 감당하기 어려웠다. 결국 섭식장애가 생겨 폭식을 하다가 관장까지 해야 했다. 폭식과 관장을 반복하면서 마음이 공허해졌다. 처음에는 기분 전환 약물로 공허함을 채웠다. 하지만 정기적으로 약물을 복용하면서 점차 내성이 생기고 말았다. 급기야 비행을 저지르기 시작했고, 1년 만에 거리를 떠돌았다. 집도 절도 없이 배고픔과 추위에 시달리는 신세가 됐다. 그러던 어느 날, 인도에 누워 있다가 문득 따뜻한 햇살에 잠에서 깨어났다. 하늘은 파랗고 깨끗했으며 상쾌하고 신선한 공기로 가득했다. 그날이 파란 하늘에 감사할 수 있는 마지막 날이 될 것 같아 눈물이 왈칵 쏟아졌다. 그 순간 언제라도 약물 남용이나 다른 이유로 죽을 수 있다는 사실을 깨달았다. 자리에서 벌떡 일어난 나는 집으로 돌아가 가족과 화해했고, 지금은 다시 학교에 다니고 있다.

진척 상태 유지 비결

매일 감사를 표현하면 행복이 지속되고 증진된다. 일상에서 아주 사소하게는 문을 잡아준 사람에게 "감사합니다"라고 진심으로 말하거나, 친구로부터 받은 긍정적인 이메일에 고마운 마음을 가질 수도 있다. 이렇게 감사를 키우는 습관을 하나의 루틴으로 만들면 좋다.

내담자는 진척 상태를 유지하기 위해 다음 정보에 대해 치료자와 토의한다.

• 감사하는 사람은 시기심이 적고, 자신의 성공을 물질적 이득이라는 잣대로 평가할 가능성이 낮다. 자기가 가진 것(가족, 친구, 건강)에 진심으로 감사할 때는 이웃이 가진 것에 그다지 신경 쓰지 않는다[핀레이(Finlay), 라이언스(Lyons), 2000; 프로 외 다수, 2011].

감사하는 사람은 다른 이들을 훨씬 더 많이 도울 것이다. 다른 이들의 친절하고 배려 있는 행동을 좀 더 잘 인지하면 자연스럽게 보답하고 싶어지는 것 같다[왓킨스(Watkins), 2010]. 이런 식으로 감사는 이로운 결과를 증진하고 강화한다. 감사 실습을 하고 난 후 또 어떤 좋은 변화가 있었는가?

- 감사는 널리 전파되는 속성이 있어서 삶에서 일어난 사건을 긍정적으로 해석하는 데 기여한다. 다시 말해 감사하는 사람은 삶에서 발생한 사건을 좀 더 긍정적으로 바라보는 경향이 있다. 내담자는 감사 실습(감사 일기 지속적으로 쓰기)을 하고 난 후 과거의 아픔과 고통스러운 기억을 감사 실습 전과 어떻게 다르게 해석하는지에 대해 치료자와 토의하는 것이 좋다.

- 내담자는 잘됐던 일이 자신의 강점과 자질 또는 재능과 관련 있는지 살펴본다. 감사하기가 친절과 사회성 지능, 개인 지성, 감상력 같은 자신의 다른 특성들을 인지하는 데 도움이 됐는가?

- 예술 활동(물감으로 그림 그리기, 스케치하기, 사진 촬영, 콜라주 또는 스크랩북 만들기)을 통해 감사를 표현할 수도 있다.

- 몇 주 동안은 잘됐던 일을 글로 쓰는 대신 배우자에게 말로 이야기할 수 있고, 반대로 배우자에게 잘됐던 일을 이야기해달라고 할 수도 있다.

- 며칠 동안 부정 감정이나 슬픔에 사로잡혀 감사 일기를 쓰고 싶지 않을 때는 그냥 예전에 기록해놓은 잘됐던 일들을 읽어본다.

긍정 소개 참고자료(Resources : 자원)

읽기 자료(Readings)

- Bauer, J. J., McAdams, D. P., & Sakaeda, A. R. (2005). Interpreting the good life: Growth memories in the lives of mature, happy people. Journal of Personality and Social Psychology, 88, 203-217

- Burns, G. (2001). 101 Healing Stories: Using Metaphors in Therapy. New York: Wiley

- McAdams, D. P. (2001). The psychology of life stories. Review of General

Psychology, 5, 100-122

- Pals, J. L. (2006). Narrative identity processing of difficult life experiences: Pathways of personalitydevelopment and positive self-transformation in adulthood. Journal of Personality, 74, 1079-1110

동영상(Videos)

- First author's positive introduction: Tayyab Rashid on Using Strengths at a Time of Trauma: https://youtu.be/Pucs6MUpKng

웹사이트(Websites)

- Readers' Digest section on true and inspiring stories: www.rd.com/true-stories
- Inspiring stories including amazing, short, moral, funny, positive, touching, positive, and spiritual stories: www.inspirationalstories.eu

감사 일기 참고자료

읽기 자료

- Emmons, R. A., & Stern, R. (2013). Gratitude as a psychotherapeutic intervention: Gratitude. Journal of Clinical Psychology, 69(8), 846-855
- Kaczmarek, L. D., Kashdan, T. B., Kleiman, E., Baczkowski, B., Enko, B., Siebers, A., et al. (2013). Who self-initiates gratitude interventions in daily life? An examination of intentions, curiosity, depressive symptoms, and life satisfaction. Personality and Individual Differences, 55, 805-810
- Krysinska, K., Lester, D., Lyke, J., & Corveleyn, J. (2015). Trait gratitude and suicidal ideation and behavior: An exploratory study. Crisis: The Journal of Crisis Intervention and Suicide Prevention, 36(4), 291-296. https://dx.doi.org/10.1027/0227-5910/a000320
- O'Connell, B. H., O'Shea, D., & Gallagher, S. (2017). Feeling thanks and saying thanks: A randomized controlled trial examining if and how socially oriented gratitude journals work. Journal of Clinical Psychology, 73(10), 1280-1300
- Wood, A. M., Froh, J. J., & Geraghty, A. W. A. (2010). Gratitude and well-being: A review and theoretical integration. Clinical Psychology Review, 30, 890-905

동영상

- Martin Seligman explains Three Blessing Exercise: https://youtu.be/RT2vKMyIQwc
- Robert Emmons on evidence-based practices of cultivating gratitude: https://youtu.be/8964envYh58
- Louie Schwartzberg's TED Talk on gratitude showing stunning time-lapse photography: https://youtu.be/gXDMoiEkyuQ

웹사이트

- Explore what good is happening in the world through these websites:
  www.selfgrowth.com/news
  www.happynews.com
  www.optimistworld.com

2장
2회기: 성격강점과 대표강점

2회기는 성격강점과 대표강점을 집중적으로 다루는 세 회기 중 첫 번째다. 성격강점과 대표강점은 실습을 통해 개발 가능하고, 개인의 성장과 건강에 기여할 수 있는 긍정 특성이다. 2회기부터 4회기까지는 강점 평가, 강점의 맥락적 사용과 상황에서 특수적 사용 이해, 구체적인 강점 사용으로 희망하는 자아상이나 더 나은 자신을 만드는 방법 등을 다룬다.

성격강점의 세 가지 핵심 특성

1. **성격강점과 재능은 다르다:** 성격강점은 생각과 감정, 행동으로 표현되는 긍정 특성이다. 또한 자신과 주변 사람들의 행복 증진에 기여할 수 있다. 다만, 강점은 재능과는 다르다. 재능은 천부적 능력(음악성과 재주, 민첩성 등)의 표현인 반면, 강점은 성격의 표현으로서 후천적으로 생기는 경향이 강하다. 대표적 인물로 예를 들면 말랄라 유사프자이(용감성)와 넬슨 만델라(용서), 오프라 윈프리(사회성 지능), 스티븐 호킹(학구열), 엘런 존슨 설리프(리더십), 가수 보노(친절)가 있다.

2. **강점과 증상은 다르다:** 스트레스 요인과 증상, 결핍, 기능 장애, 질환 등이 심리적 고통을 안겨준다면 성격강점과 긍정 정서, 의미는 당신의 성격을 뒷받침하는 정신적 지주가 된다. 성격강점은 선한 사람이 되어 선한 행동을 하기 위한 수단이다. 모든 조건이 동등할 경우 강점은 당신을 약화하기보다 고양하게 해준다.

3. **규모로서 강점과 범주로서 강점을 비교한다:** 각 강점은 뚜렷하게 구분된다. 창의성은 호기심과 다르고, 사랑과 친절, 공정성과 정직도 서로 다르다. 이러한 사실을 통해 각

성격강점은 본래 분리된 범주에 속한다고 볼 수 있다. 실제로 창의성은 여러모로 호기심과 다르다(부록D: 강점 키우기 참조). 하지만 강점은 종종 중복되기도 한다. 호기심은 창의성을 불러일으키고, 그 반대도 가능하다. 호기심과 창의성을 발휘해 아이디어를 현실로 바꾸려면 끈기와 자기 통제력이 필요하다. 공정성과 정직은 함께 움직이며, 종종 용감성의 지원을 받는다.

회기 시작 시 이완

각 회기는 내담자가 간단한 이완 운동으로 시작한다.

숨쉬기

1. 편안한 자세로 의자에 앉는다.
2. 머리와 목, 가슴을 나란히 정렬한 후 힘을 뺀 평온한 상태를 유지한다.
3. 어깨의 힘을 풀고 의자 등받이에 등을 댄다.
4. 손은 허벅지나 편한 위치에 둔다.
5. 편안한 상태가 되면 천천히 눈을 감는다.
6. 코로 숨을 깊게 들이마시고 6~8초간 유지한 후 아주 천천히 내쉰다.
7. 똑같은 과정을 두 번 더 반복하되 매번 전보다 좀 더 깊이 숨을 들이마신다.
8. 숨을 쉬는 동안 머리부터 발끝까지 온몸에서 힘을 빼고 평온을 유지한다.
9. 차분하게 끊김 없이 숨쉬기를 이어간다.
10. 자신의 숨쉬기 패턴을 만든다. 좋은 숨쉬기에는 차분함, 일정 간격, 고요함 등 세 가지 조건이 있다.
11. 숨쉬기 과정을 지나치게 의식하지 말고 온몸이 숨을 쉬듯 자연스럽게 유지한다.
12. 코로 숨을 들이마시고 내쉬는 것에 집중한다.
13. 차분하고 고요한 일정 간격의 숨쉬기를 열 번 반복하고 눈을 뜬다.

회기 중 긍정 도구 실습: 성격강점 평가

내담자는 치료자와 함께 회기 중 실습을 한다. 워크시트 2.1부터 2.6까지 참고한다.

워크시트 2.1: 당신의 '가슴' 강점은 무엇인가?

먼저 여기에 나열된 강점들을 보여주는 동영상(https://youtu.be/K-3IjNr1gCg)을 시청한다. 각각의 강점 명칭이 기록된 사진이 아주 빠르게 지나갈 것이다. 각 사진이 해당 강점을 잘 대변하는지를 보는 것이 아니라, 가능한 한 자신의 강점을 예리하게 찾아내길 바란다. 생각은 최소한으로 줄인 채 펜을 들고 준비하고 있다가 당신의 성격을 대변하는 강점이 나오면 오른쪽에 O나 × 표시를 한다. 당신을 가장 잘 묘사하는 강점을 다섯 가지만 고르려고 노력한다. 다섯 가지 이상을 골랐다면 동영상이 끝난 후 다섯 가지만 남기고 나머지는 줄을 그어 지운다.

성격강점	당신을 대변하는 강점
1. 창의성	
2. 호기심	
3. 개방성(판단력)	
4. 학구열	
5. 예견력(지혜)	
6. 용감성(용기)	
7. 끈기(인내)	
8. 정직(진정성)	
9. 열정(활력)	
10. 사랑	
11. 친절	
12. 사회성 지능	
13. 시민의식(팀워크)	
14. 공정성	
15. 리더십	
16. 용서	
17. 겸손	
18. 신중성	
19. 자기 통제력	
20. 감상력(심미안)	
21. 감사	
22. 희망(낙관성, 미래 지향성)	
23. 유머(쾌활함)	
24. 영성	

워크시트 2.2: 당신의 '머리' 강점은 무엇인가?

다음 스물네 가지 성격강점 설명을 읽어본다. 당신의 성격에 가장 가까운 다섯 가지를 골라 대표강점 열에 표시한다.

강점 설명	대표강점
1. 나는 새롭고 더 나은 방식을 잘 생각해낸다.	
2. 나는 탐구하고 질문하길 좋아하며, 색다른 경험과 활동에 개방적이다.	
3. 나는 융통성이 있고 개방적이다. 결정을 내리기 전 모든 측면을 충분히 생각하고 검토한다.	
4. 학교나 기업에서 또는 혼자서 아이디어와 개념, 사실 등 많은 것을 배우기를 좋아한다.	
5. 친구들이 나를 또래보다 현명하다고 생각해 중요한 문제를 나한테 상의한다.	
6. 나는 두려워도 역경이나 도전 앞에서 포기하지 않는다.	
7. 나는 산만해져도 일을 대부분 끝까지 해낸다. 과정에 다시 집중해 완성할 수 있다.	
8. 나는 진실하고 정직하며 신뢰할 수 있는 사람이다. 내 행동은 내 가치와 일치한다.	
9. 나는 활동적이고 쾌활하며 생기발랄하다.	
10. 나는 진실한 사랑과 애정을 자연스럽게 표현하고 받을 수 있다.	
11. 나는 종종 부탁받지 않아도 다른 사람에게 친절을 베풀길 좋아한다.	
12. 나는 사회적 상황에서 내 정서를 잘 관리하고 대인관계 기술이 좋다고 평가받는다.	
13. 나는 활동적인 지역 구성원이자 팀 구성원이며 내 집단의 성공에 기여한다.	
14. 나는 부당하게 대우받고 괴롭힘을 당하거나 조롱받는 사람들 편에 선다.	
15. 나는 리더십이 있다는 평가를 받으며, 다른 사람들이 종종 나를 리더로 선택한다.	
16. 나는 앙심을 품지 않는다. 내 기분을 상하게 한 사람을 쉽게 용서한다.	
17. 나는 주목받기 싫고 다른 사람들에게 빛나는 주역을 넘기는 것이 좋다.	
18. 나는 신중하고 조심스럽다. 내 행동의 위험과 문제를 예측해 그것에 따라 대응할 수 있다.	
19. 힘든 상황에서도 내 감정과 행동을 관리한다. 대체로 규칙과 일상적인 일과를 따른다.	
20. 자연과 예술(그림, 음악, 연극 등)이나 많은 인생 분야의 탁월함 앞에서, 또는 그 둘 모두 앞에서 아름다움에 깊이 감명받는다.	
21. 좋은 것들에 대한 감사를 말과 행동으로 표현한다.	
22. 나쁜 일보다 잘되는 일이 더 많이 일어나길 바라고, 또 그렇게 될 것이라고 믿는다.	
23. 나는 쾌활하고 재미있다. 유머로 다른 사람들과 관계를 맺는다.	
24. 더 큰 힘이 존재한다고 믿으며 종교나 영적 실습(기도, 명상 등)에 기꺼이 참여한다.	

워크시트 2.3: 당신의 성격강점 '가슴 대 머리'

성격강점	가슴	머리
1. 창의성		
2. 호기심		
3. 개방성(판단력)		
4. 학구열		
5. 예견력(지혜)		
6. 용감성(용기)		
7. 끈기		
8. 정직		
9. 열정(활기)		
10. 사랑		
11. 친절		
12. 사회성 지능		
13. 시민의식(팀워크)		
14. 공정성		
15. 리더십		
16. 용서		
17. 겸손		
18. 신중함		
19. 자기 통제력		
20. 감상력(심미안)		
21. 감사		
22. 희망(낙관성, 미래 지향성)		
23. 유머(쾌활함)		
24. 영성		

워크시트 2.4: 가족이 보는 당신의 성격강점

가족이 완성하기

다음의 스물네 가지 성격강점 설명을 읽어본다. _____의 성격에 가장 가까운 설명을 정확히 다섯 가지(이보다 많거나 적어도 안 됨) 골라 표시한다.

강점 설명	대표강점
1. 나는 새롭고 더 나은 방식을 잘 생각해낸다.	
2. 나는 탐구하고 질문하길 좋아하며, 색다른 경험과 활동에 개방적이다.	
3. 나는 융통성이 있고 개방적이다. 결정을 내리기 전 모든 측면을 충분히 생각하고 검토한다.	
4. 학교나 기업에서 또는 혼자서 아이디어와 개념, 사실 등 많은 것을 배우기를 좋아한다.	
5. 친구들이 나를 또래보다 현명하다고 생각해 중요한 문제를 나한테 상의한다.	
6. 나는 두려워도 역경이나 도전 앞에서 포기하지 않는다.	
7. 나는 산만해져도 일을 대부분 끝까지 해낸다. 과정에 다시 집중해 완성할 수 있다.	
8. 나는 진실하고 정직하며 신뢰할 수 있는 사람이다. 내 행동은 내 가치와 일치한다.	
9. 나는 활동적이고 쾌활하며 생기발랄하다.	
10. 나는 진실한 사랑과 애정을 자연스럽게 표현하고 받을 수 있다.	
11. 나는 종종 부탁받지 않아도 다른 사람에게 친절을 베풀길 좋아한다.	
12. 나는 사회적 상황에서 내 정서를 잘 관리하고 대인관계 기술이 좋다고 평가받는다.	
13. 나는 활동적인 지역 구성원이자 팀 구성원이며 내 집단의 성공에 기여한다.	
14. 나는 부당하게 대우받고 괴롭힘을 당하거나 조롱받는 사람들 편에 선다.	
15. 나는 리더십이 있다는 평가를 받으며, 다른 사람들이 종종 나를 리더로 선택한다.	
16. 나는 앙심을 품지 않는다. 내 기분을 상하게 한 사람을 쉽게 용서한다.	
17. 나는 주목받기 싫고 다른 사람들에게 빛나는 주역을 넘기는 것이 좋다.	
18. 나는 신중하고 조심스럽다. 내 행동의 위험과 문제를 예측해 그것에 따라 대응할 수 있다.	
19. 힘든 상황에서도 내 감정과 행동을 관리한다. 대체로 규칙과 일상적인 일과를 따른다.	
20. 자연과 예술(그림, 음악, 연극 등)이나 많은 인생 분야의 탁월함 앞에서, 또는 그 둘 모두 앞에서 아름다움에 깊이 감명받는다.	
21. 좋은 것들에 대한 감사를 말과 행동으로 표현한다.	
22. 나쁜 일보다 잘되는 일이 더 많이 일어나길 바라고, 또 그렇게 될 것이라고 믿는다.	
23. 나는 쾌활하고 재미있다. 유머로 다른 사람들과 관계를 맺는다.	
24. 더 큰 힘이 존재한다고 믿으며 종교나 영적 실습(기도, 명상 등)에 기꺼이 참여한다.	

워크시트 2.5: 친구가 보는 당신의 성격강점

친구가 완성하기

다음의 스물네 가지 성격강점 설명을 읽어본다. _____의 성격에 가장 가까운 설명을 정확히 다섯 가지(이보다 많거나 적어도 안 됨) 골라 표시한다.

강점 설명	대표강점
1. 나는 새롭고 더 나은 방식을 잘 생각해낸다.	
2. 나는 탐구하고 질문하길 좋아하며, 색다른 경험과 활동에 개방적이다.	
3. 나는 융통성이 있고 개방적이다. 결정을 내리기 전 모든 측면을 충분히 생각하고 검토한다.	
4. 학교나 기업에서 또는 혼자서 아이디어와 개념, 사실 등 많은 것을 배우기를 좋아한다.	
5. 친구들이 나를 또래보다 현명하다고 생각해 중요한 문제를 나한테 상의한다.	
6. 나는 두려워도 역경이나 도전 앞에서 포기하지 않는다.	
7. 나는 산만해져도 일을 대부분 끝까지 해낸다. 과정에 다시 집중해 완성할 수 있다.	
8. 나는 진실하고 정직하며 신뢰할 수 있는 사람이다. 내 행동은 내 가치와 일치한다.	
9. 나는 활동적이고 쾌활하며 생기발랄하다.	
10. 나는 진실한 사랑과 애정을 자연스럽게 표현하고 받을 수 있다.	
11. 나는 종종 부탁받지 않아도 다른 사람에게 친절을 베풀길 좋아한다.	
12. 나는 사회적 상황에서 내 정서를 잘 관리하고 대인관계 기술이 좋다고 평가받는다..	
13. 나는 활동적인 지역 구성원이자 팀 구성원이며 내 집단의 성공에 기여한다.	
14. 나는 부당하게 대우받고 괴롭힘을 당하거나 조롱받는 사람들 편에 선다.	
15. 나는 리더십이 있다는 평가를 받으며, 다른 사람들이 종종 나를 리더로 선택한다.	
16. 나는 앙심을 품지 않는다. 내 기분을 상하게 한 사람을 쉽게 용서한다.	
17. 나는 주목받기 싫고 다른 사람들에게 빛나는 주역을 넘기는 것이 좋다.	
18. 나는 신중하고 조심스럽다. 내 행동의 위험과 문제를 예측해 그것에 따라 대응할 수 있다.	
19. 힘든 상황에서도 내 감정과 행동을 관리한다. 대체로 규칙과 일상적인 일과를 따른다.	
20. 자연과 예술(그림, 음악, 연극 등)이나 많은 인생 분야의 탁월함 앞에서, 또는 그 둘 모두 앞에서 아름다움에 깊이 감명받는다.	
21. 좋은 것들에 대한 감사를 말과 행동으로 표현한다.	
22. 나쁜 일보다 잘 됐던 일이 더 많이 일어나길 바라고 그렇게 될 거라고 믿는다.	
23. 나는 쾌활하고 재미있다. 유머로 다른 사람들과 관계를 맺는다.	
24. 더 큰 힘이 존재한다고 믿으며 종교 실습이나 영적 실습(기도, 명상 등)에 기꺼이 참여한다.	

워크시트 2.6: 대표강점 프로필 작성

이 워크시트에는 채워 넣어야 하는 열이 있다. 각 열은 독립적이다.

- 2열과 3열: 워크시트 2.1과 2.2에서 당신이 알아낸 강점 다섯 가지를 표시한다.
- 4열과 5열: 워크시트 2.4에서 가족이 알아낸 당신의 강점 다섯 가지와 워크시트 2.5에서 친구가 알아낸 당신의 강점 다섯 가지를 표시한다.
- 6열: 대표강점 설문에서 알아낸 당신의 상위 5~6가지 강점을 표시한다.
- 7열: 각 행의 점수를 합산해 적는다.
- 8열: 부족하거나(사용 부족) 지나친(남용) 강점 다섯 가지를 표시한다.
- 9열: 소유하고 싶은 강점 다섯 가지를 표시한다.

대표강점 프로필

1열	2열	3열	4열	5열	6열	7열	8열	9열
강점	WS 2.1	WS 2.2	WS 2.4	WS 2.5	SSQ-72	총점	부족/남용	희망 강점
1. 창의성과 독창성								
2. 호기심, 세상에 대한 흥미								
3. 개방성, 판단력, 비판적 사고								
4. 학구열								
5. 예견력과 지혜								
6. 용감성과 용맹성								
7. 끈기와 성실, 근면								
8. 정직과 진실성, 진정성								
9. 활력과 열정, 열의, 에너지								
10. 사랑(사랑하고 사랑받는 능력)								
11. 친절과 관용								
12. 사회성 지능								
13. 시민의식과 팀워크, 충성심								
14. 공정성과 형평성, 정의감								
15. 리더십								

16. 용서와 자비							
17. 겸손과 겸허							
18. 신중성과 조심성, 분별력							
19. 자기 통제력							
20. 감상력, 심미안							
21. 감사							
22. 희망과 낙관성, 미래 지향성							
23. 유머와 쾌활함							
24. 영성과 초월성							

성찰과 토의

다음 질문에 대해 생각해보고 토의한다.

- 다양한 관점을 고려했을 때 당신의 대표강점이 자신의 성격을 얼마나 잘 반영하고 있는가? 당신의 대표강점이 당신을 전혀 모르는 사람에게도 당신을 적절히 묘사해 주는가?
- 당신의 가족과 친구, 설문지(SSQ-72)의 관점이 당신의 관점과 크게 다른가? 다수의 사람이 동일하고 구체적인 강점을 찾아냈는가? 그렇다면 그것에 대해 설명해본다.
- 대표강점 프로필을 작성하고 난 후 특정 강점을 특정한 사람과 함께 있을 때나 특정한 상황에서 발휘했는가? 그렇다면 그것에 대해 설명해본다.
- 당신 인생을 돌이켜봤을 때 어떤 강점이 항상 존재했는가? 어떤 강점이 새로운 것인가? 이 실습에서 무엇을 배울 수 있었는가?
- 당신의 강점들이 어떻게 동반 상승효과를 발휘하는가?

워크시트 2.7: 당신의 대표강점 표지자

가장 먼저 대표강점 프로필에 기록한 당신의 대표강점들을 아래 빈칸에 적는다. 이어서 그다음 질문에 따라 특정 경험을 간략히 서술한다. 이때 당신의 대표강점 중 한 가지나 그 이상에 관한 사례를 집어넣는다. 이 질문들은 대표강점의 핵심 표지자(진정성)를 밝혀준다.

대표강점 프로필에서 파악한 나의 대표강점은 다음과 같다.
1.
2.
3.
4.
5.
대표강점의 핵심 표지자를 밝혀주는 질문
1. 진정성: 나의 핵심 부분이 되는 강점인가?
2. 흥분: 사용할 때 흥분하게 되는 강점인가?
3. 학구열: 자연스럽게 힘들이지 않고 사용하는 강점인가?
4. 새로운 사용법 탐색: 새로운 사용법을 찾고 싶은 강점인가?
5. 끈기: 그만두기 어려워 한껏 사용하는 강점인가?
6. 고무: 사용할수록 지치는 것이 아니라 기운이 솟는 것 같은 강점인가?
7. 강점 사용 프로젝트 구상: 개인적인 프로젝트를 구상해서 사용하는 강점인가?
8. 열의: 사용할수록 즐겁고 열정과 열의가 느껴지는 강점인가?

성찰과 토의

다음 질문에 대해 생각해보고 토의한다.

- 구체적인 표지자(진정성, 학구열, 고무 등)를 적용했을 때 어떤 대표강점이 두드러지게 나타나는가? 그 이유를 설명해본다.
- 이 워크시트를 완성한 후 당신의 대표강점을 얼마나 자신하게 됐는가?
- 스물네 가지 성격강점을 모두 검토해본다. 워크시트 2.7의 핵심 표지자로 보아 반드시 있어야 할 것 같은 강점들이 대표강점 프로필에 빠져 있는가? 왜 그런 강점들이 당신의 상위 5~6가지 대표강점에 들어가지 않았는가?

워크시트 2.8: 강점 사용 부족과 남용

다음에 나오는 강점 설명을 읽어본다. 충분히 사용하지 못하는, 또는 완전히 부족한 강점 세 가지 옆에 '−' 표시를 한다. 남용하는 강점 세 가지 옆에는 '+' 표시를 한다(이런 강점들이 반드시 당신의 대표강점이어야 하는 것은 아니다). 이어서 당신의 대표강점 각각에 사용 부족이나 남용 여지가 있다면 표시한다.

성격강점	설명	사용 부족	사용 남용
1. 창의성과 독창성	새롭고 더 나은 방식을 잘 생각해낸다. 전통 방식에 만족하지 않는다.		
2. 호기심, 세상에 대한 흥미	모험심에 사로잡혀 질문하고 모호성을 잘 견디지 못한다. 색다른 경험과 활동에 개방적이다.		
3. 개방성, 판단력, 비판적 사고	결정을 내리기 전 모든 측면을 충분히 생각하고 검토한다. 신뢰할 수 있는 다른 사람들에게 상담한다. 필요하다면 융통성 있게 마음을 바꾼다.		
4. 학구열	학교나 기업에서, 또는 혼자서 아이디어와 개념, 사실 등 많은 것을 배우기를 좋아한다.		
5. 예견력과 지혜	근본적인 의미를 이해하려고 모든 것을 종합한다. 친구들 간 불화를 해소한다. 실수에서 교훈을 얻는다.		
6. 용감성과 용맹성	두려움을 극복하고 해야 할 일을 한다. 역경이나 도전 앞에서 포기하지 않는다.		
7. 끈기와 성실, 근면	일을 대부분 끝까지 해낸다. 산만해져도 다시 집중할 수 있으며, 불평하지 않고 과제를 끝낸다. 어려움을 극복해 과제를 완수한다.		

8. 정직과 진실성, 진정성	자신이 아닌 다른 누군가인 척하지 않는다. 진실되고 정직한 사람처럼 보인다.		
9. 활력과 열정, 열의, 에너지	활동적이고 쾌활하며 생기발랄하다. 다른 이들이 어울리고 싶어 하는 사람이다.		
10. 사랑(사랑받고 사랑하는 능력)	친구들 또는 가족과 따뜻하고 배려하는 관계를 맺는다. 진정한 사람과 애정을 자주 행동으로 보여준다.		
11. 친절과 관용	종종 부탁받지 않아도 다른 사람들에게 친절을 베푼다. 다른 사람들을 자주 도와준다. 친절한 사람으로 평가받는다.		
12. 사회성 지능	다른 사람들의 감정을 쉽게 이해한다. 사회적 상황에서 자신을 잘 관리하고, 뛰어난 대인관계 기술을 발휘한다.		
13. 시민의식과 팀워크, 충성심	팀원들이나 집단 회원들과 잘 어울리며, 집단의 성공에 기여한다.		
14. 공정성과 형평성, 정의감	부당하게 대우받고 괴롭힘을 당하거나 조롱받는 사람들 편에 선다. 매일 하는 행동에서 공정함이 드러난다.		
15. 리더십	다른 이들과 함께할 수 있는 활동 모임을 조직한다. 다른 이들이 따르고 싶어 하는 사람이 된다. 또래가 종종 나를 지도자로 선택한다.		
16. 용서와 자비	자기 기분을 상하게 한 사람을 쉽게 용서한다. 앙심을 품지 않는다.		
17. 겸손과 겸허	주목받는 것을 싫어한다. 특별하게 행동하지 않는다. 단점을 순순히 인정한다. 자신이 할 수 있는 일과 할 수 없는 일을 안다. 다른 사람들에게 빛나는 주역을 맡긴다.		
18. 신중성과 조심성, 분별력	신중하고 조심스럽다. 과도한 위험을 피한다. 외부 압력에 쉽게 굴복하지 않는다.		
19. 자기 통제력	자신의 감정과 행동을 잘 관리한다. 규칙과 일상적인 일과를 따른다.		
20. 감상력, 심미안	자연과 예술(그림, 음악, 연극 등)이나 많은 인생 분야의 탁월함 앞에서, 또는 그 둘 모두 앞에서 아름다움에 깊이 감명받는다.		
21. 감사	좋은 것들에 대한 감사를 말과 행동으로 표현한다. 좋은 것들을 당연시하지 않는다.		
22. 희망과 낙관성, 미래 지향성	나쁜 일보다 잘되는 일이 더 많이 일어나길 바라고, 또 그렇게 될 것이라고 믿는다. 실패해도 빨리 회복하고 실패를 극복할 구체적인 조치를 취한다.		
23. 유머와 쾌활함	쾌활하고 재미있다. 유머로 다른 사람들과 관계를 맺는다.		
24. 영성과 초월성	하나님이나 더 큰 영적 존재가 존재한다고 믿는다. 종교나 영적 실습(기도, 명상 등)에 기꺼이 참여한다.		

성찰과 토의

다음 질문에 대해 생각해보고 토의한다.

- 때로는 당신이 부정적이라고 생각하는 타인의 행동이 자신의 강점 사용 부족이나 남용의 결과일 수 있다. 다음과 같은 흔한 상황을 떠올려보고 그런 상황이 강점 사용 부족이나 남용을 반영하는 것은 아닌지 토의해본다.

  ① 우울하고 활력이 없다.

  ② 작은 일을 지나치게 걱정하거나 중요하지 않을지도 모르는 세부 사항을 걱정한다.

  ③ 항상 희희낙락하고 유머가 넘친다.

  ④ 친구의 부적절한 행동에 맞서지 못한다.

  ⑤ 너무 많은 프로젝트나 과제를 맡고 있다.

- 강점의 균형 잡힌 사용과 강점 사용 부족 및 남용을 명백하게 또는 간단하게 구별하기 어려울 때가 종종 있다. 호기심을 예로 들면, 호기심이 생긴 경우 새로운 경험을 개방적으로 받아들이고자 적극적으로 지식을 추구한다. 호기심 사용 부족(무관심, 냉담함, 따분함)은 쉽게 알아차릴 수 있지만 호기심 남용은 포착하기 어렵다. 십중팔구 참견질에 해당하는 '페이스북 스토킹'처럼 여러 가지 목적을 달성하려고 적극적으로 지식을 추구하기 때문이다. 이와 마찬가지로 열정에 사로잡히면 활력과 열의가 과도하게 표출돼 비이성적이거나 발작적인 행동이 나타날 수도 있다. 그러니 자신의 대표강점을 고려해 강점 사용 부족이나 남용을 암시하는 특정 행동과 태도가 나타나는지 생각해본다.

- 당신의 대표강점 사용 부족이나 남용을 강화하는 특정 상황 또는 환경이 있는가?

- 특정 강점의 사용 부족이나 남용을 부추기는 문화적 요소가 있는가? 예컨대 어떤 문화에서는 겸손을 훨씬 많이 강조하고, 또 어떤 문화에서는 팀워크나 사회성 지능을 강조하고 추구한다.

- 당신의 대표강점 중 하나인 창의성을 남용하고 있다면 대표강점은 아니지만 창의성의 균형 있는 사용에 도움이 되는 다른 강점(자기 통제력과 겸손, 신중함)을 생각해낼 수 있는가?

실생활 사례: 32세의 백인 여성 로셀(Rossell)

나는 상당히 심리적인 사고를 하는 축에 속한다. 감정적으로 불안한 친구들이 나에게 조언을 구하곤 한다. 나는 최고의 어린 시절을 보내지는 않았다. 내 주변 가까운 사람들의 인생과 선택이 많은 독소를 뿜어냈기 때문에 내 인생의 많은 영역이 그 영향을 받았다. 나는 그러한 독소에 대해 생각하느라 많은 시간을 보냈다. 이러한 '생각 여행'은 종종 좌절을 겪고 난 후에 시작됐는데, 그 여행에서 나는 스스로를 감정적으로 얼마나 약하고 상처받기 쉬운 존재로 느끼는지를 중점적으로 파헤쳤다. 그리고 친구들과 가족을 포함한 다양한 사람들로부터 나의 강점에 대한 더욱 깊고 미묘한 정보를 얻을 수 있었다. 덕분에 내가 약점과 과거의 실수로만 얼룩진 사람이 아니라는 확신이 생겼다. 나 자신이 약점과 강점이 복잡하게 뒤엉킨 사람이라는 깨달음은 아주 적절하게도 내 증상을 어느 정도나마 편하게 받아들일 수 있는 시기에 찾아왔다. 처음에는 이상하게 여겨지던 내 강점을 명확히 알고 내 것으로 만들면서 좀 더 인도적이고 전인적 차원에서 스스로를 인지할 수 있었다.

진척 상태 유지 비결

내담자는 진척 상태를 유지하기 위해 다음 정보에 대해 치료자와 토의한다.

인간은 자기 내부와 외부의 긍정성보다 부정성을 훨씬 더 날카롭고 고집스럽게 포착해 훨씬 깊이 파고든다. 이 같은 성향은 부정 사건을 경험할 때마다 강해진다.

이런 부정 편향을 어떻게 하지 않으면 부정성에 사로잡혀 결국 부정성을 떼어놓지 못하게 될 가능성이 크다. 그러다 만성 불안과 슬픔, 분노, 양가감정, 고립이 나타나는 경우도 흔하다. 사람은 대부분 심리치료가 그런 부정성에 대해 이야기하는 것이라고 생각하는데 실제로도 그렇다. 하지만 자신의 취약점을 무시하지 않고 회복력을 키우는 방법을 익힐 수 있는 심리치료가 있다. 절망과 환영을 경시하지 않고도 희망과 꿈을 찾아낼 수 있고, 약점을 경시하지 않고도 강점을 키우는 기술을 습득할 수 있다. 이런 노력을 지속적으로 해나가는 사람은 긍정성 렌즈의 초점을 다시 맞추는 것이 가능하다. 자신의 강점을 포착해 사용하는 체계적인 방법을 배우면 직장과 가정 등 다른 생활 영역에 적용할 수 있고, 삶을 바라보는 일반적인 관점도 넓힐 수 있다. 예를 하나 들면 다음과 같다.

젊은 여성 내담자 캐런(Karen)은 자신에게 강점이 있다고 믿기가 무척 어려웠다. 정서적 학대를 받았고 가까운 가족을 잃었을 뿐 아니라, 만성적 자살 충동과 정신착란, 과거의 부정 기억에 대한 집착으로 병원을 들락거린 '바람직하지 못한 패키지'가 자신이라고 생각했기 때문이다. 깊은 회의주의에 빠져 있던 캐런은 자신의 강점을 찾기 시작했다. 캐런의 대표강점은 학구열과 호기심, 창의성, 용감성, 리더십으로 나왔다. 각 강점과 관련된 구체적인 경험을 이야기해달라고 하자 이 젊은 여성은 지역에서 최우수 장학생으로 대학교에 입학해 전액 장학금을 받았다고 했다. 캐런은 힘든 상황에서도 우수한 성적을 유지할 수 있었고, 언제나 '우등생' 반열에 들었다. 또한 많은 여고생에게 직질한 도움을 청하는 것을 수치스럽게 여기지 말라고 조언한 적도 있었다. 이런 구체적인 일들을 이야기하자 캐런의 기분이 날아졌고, 결국 이렇게 말했다. "제 인생이 그렇게 나쁘지 않다는 걸 방금 깨달았어요. 저는 아직 뭔가를 할 수 있어요."

캐런의 이야기에 어느 정도 동질감을 느낄 수 있는가? 당신은 자신을 어떤 사람이라고 묘사하는지 자문해보자. 그 묘사에 깔려 있는 근본적 특징은 무엇인가? 긍정 소개 실습에서는 당신이 빛을 발한 최상의 경험담을 회상했고, 감사 일기 실습에서는 잘됐던 일을 매일 떠올려봤다. 이런 실습들처럼 당신의 강점을 인정하는 이 회기의 성격강점 평가 실습도 당신 내면과 외면의 좀 더 긍정적 측면을 바라보는 사고방식을 키워줄 수 있다. 사람들은 보통 부정성을 문제 요인으로 본다(예컨대 '그 사람은 정직하지 못해서 횡령했다'라고 생각한다). 하지만 강점을 알면 일상생활에서 긍정성을 찾을 수 있다(예컨대 '그 여자는 친절해서 학대받던 관계를 끊어버리고 머물 곳을 찾을 수 있었다'라고 생각한다).

PPT 실습은 당신의 강점을 깊이 파악하고 이해할 수 있도록 돕는다. 즉 단순한 강점 파악에서 시작해 자신의 강점을 내면화하는 법까지 배우게 된다.

다음은 내담자가 치료 시작 시와 강점 탐색 후 자신을 묘사한 사례들이다. 이런 묘사들은 내담자가 강점을 내면화해 자기 성격으로 만드는 방법을 보여준다.

내담자①

치료 시작 시

절망적이다. 나를 이해하는 사람을 한 명도 찾지 못할 것 같다. 첫 데이트가 끝나자마자 그 사람의 진짜 모습과 부정적 모습이 보이기 시작하다니…. 아무래도 나는 잘못된 사람만 끌어당기는 듯하다.

강점 탐색 후

다른 사람들이 내 강점을 몇 가지 찾아주자 기분이 훨씬 나아졌다. 도무지 제대로 된 상대를 만날 수 없는데도 나를 친절하고 사회성 지능이 높으며 신중하고 겸손한 사람이라고 생각하는 이들이 있을 줄은 생각도 못 했다. 그런 평가는 내게 큰 도움이 됐다. 데이트를 시작하면서 지나치게 걱정할 이유가 없고, 남을 너무 빨리 판단하지 않으려고 신중함을 남용할 필요도 없다는 사실을 깨달았다. 그 대신 친절과 사회성 지능을 사용해 다른 사람들을 이해할 것이다.

내담자②

치료 시작 시

나는 "이게 다야?"라고 수차례 자문했다.

강점 탐색 후

내가 자연의 경이로움에 깊이 감명받는다는 사실을 지금까지 깨닫지 못했다. 지난번 자연을 가까이에서 접했을 때 나는 절대적 경외감에 사로잡혔다. 몸과 마음, 영혼이 모두 평안해졌다. 아무래도 이 세상에는 내가 생각하는 것 이상의 것들이 존재하는 듯하다.

내담자③

치료 시작 시

나는 도전을 절대 피하지 않는 적극적인 사람이라는 소리를 듣는다. 그만큼 도전을 다 받아들인다. 하지만 최근에는 제대로 해내지 못하는 것 같다. 종종 의로운 행동을 좋지 않은 시기나 엉뚱한 대상에게 하고 있다.

강점 탐색 후

나는 시야를 넓힐 수 있다. 열정이 내 대표강점 중 하나이며, 다른 사람들도 그렇게 생각한다는 것을 잘 안다. 나는 쉽게 영감을 얻어 열정적으로 행동하고, 내가 맡은 일에 모든 것을 쏟아붓는다. 어쩌면 신중함을 좀 더 발휘하는 편이 나한테 훨씬 도움이 될 수도 있을 것 같다.

내담자④

치료 시작 시

나는 연인에게 사랑과 애정을 표현하고 싶은 마음을 일부러 억누른다. 데이트 상대에게 약하고 의존적이며 불안정한 사람으로 비칠까 봐 두렵기 때문이다.

강점 탐색 후

내가 지나치게 조심스럽다는 사실을 깨닫지 못했다. 사랑을 주고받으려면 내가 마음을 열어야 한다. 지금까지는 애정 표현이 내 강점이라는 것을 몰랐을뿐더러, 예전에는 사랑을 너무 많이 표현하면 내가 약해질 수 있다고 생각했다.

내담자⑤

치료 시작 시

나의 모든 결점을 없애지 않으면 성장할 수 없다.

강점 탐색 후

내 약점을 고치려고 치료자와 인생 코치, 뛰어난 동기 부여 연사, 영적 지도자들과 수천 시간은 아니더라도 수백 시간을 보냈다. 그럼에도 늘 내 약점을 고칠 수 없을 것만 같았다. 내 약점 때문에 성취욕 높은 아버지의 기대에 부응할 수 없다고 생각했다. 그런데 내 강점을 파악하자 생각이 크게 달라졌다. 내 약점을 제거하려 애쓰기보다 강점을 키우는 편이 훨씬 나을 것 같다.

참고자료

읽기 자료

- Joseph, S., & Wood, A. (2010). Assessment of positive functioning in clinical psychology: Theoretical and practical issues. Clinical Psychology Review, 30(7), 830-838
- Quinlan, D. M., Swain, N., Cameron, C., & Vella-Brodrick, D. A. (2015). How "other people matter" in a classroom-based strengths intervention: Exploring interpersonal strategies and classroom outcomes. The Journal of Positive Psychology, 10(1), 77-89. doi: 10.1080/17439760.2014.920407
- Rashid, T. & Ostermann, R. F. (2009). Strength-based assessment in clinical practice. Journal of Clinical Psychology, 65, 488-498
- Rashid, T. (2015) Strength-based assessment. In S. Joseph (Ed.), Positive psychology in practice (2nd ed., pp. 519-544). New York: Wiley. doi: 10.1002/9781118996874.ch31
- Scheel, M. J., Davis, C. K., & Henderson, J. D. (2012). Therapist use of client strengths: A qualitative study of positive processes. The Counseling Psychologist, 41(3), 392-427. doi: 10.1177/0011000012439427
- Tedeshi, R. G. & Kilmer, R. P. (2005). Assessing strengths, resilience, and growth to guide clinical interventions. Professional Psychology: Research and Practice, 36, 230-237

동영상

- What Are Your Character Strengths? A brief video to assess character strengths (Worksheet 1; Heart, page x): https://youtu.be/K-3IjNr1gCg
- TED Talk on importance of character strengths in psychotherapy by Tayyab Rashid: https://youtu.be/Q6W5IrZH7tc
- The Science of Character: an eight-minute documentary presenting a compelling case for character strengths toward a fulfilling life: https://youtu.be/p0fK4837Bgg

웹사이트

- The VIA Institute on Character offers invaluable resources on both the science and practice of character, with free measure of character strengths: www.viacharacter.org

3장
3회기: 실용지혜

3회기에서는 실용지혜 기술을 배운다. 이 기술은 대표강점을 균형 잡힌 방식으로 적절히 사용해 문제를 해결하는 방법을 알려준다. 이 회기에서 중점적으로 다루는 PPT 실습은 '강점 노하우'다.

실용지혜의 세 가지 핵심 주제

1. **강점을 적응적으로 사용한다:** 실용지혜는 성격강점을 적응적으로, 즉 건전하고 긍정적인 방식으로 사용하는 것이다. 이전 회기에서 파악한 강점들은 일상생활에서 하나씩 툭툭 튀어나오는 것이 아니다. 그보다는 오히려 비교적 단순한 상황부터 복잡한 상황까지 모든 상황에 내재되어 있다(내재되어 있어야 한다). 또 상황에 따라서는 강점(친절, 창의성, 낙관성, 용서, 용감성)을 많이 사용한다고 반드시 최상의 결과가 나오는 것은 아니다. 실용지혜를 활용하면 어떤 강점을 어떤 상황에서 가장 잘 사용해야 하는지를 알아낼 수 있다.

2. **성찰한다:** 실용지혜를 활용하려면 당신의 강점이 다른 사람들에게 어떤 영향을 미치는지 살펴봐야 한다. 당신이 대표강점을 크게 발휘하는 경우에 나타날 도덕적 파장도 고려해야 한다. 예컨대 특정 전통의 영성을 공공 분야에서 드러냈다가는 그러한 믿음을 따르지 않는 사람들을 소외시키는 결과가 나올 수 있다. 또 친절은 차별의 느낌을 불러일으키기도 한다.

3. **조절한다:** 상황을 잘 파악해야 한다. 상황을 주시해 변화를 감지해낸다면 그것에 맞게 강점 사용을 조절할 수 있다. 강점을 범주가 아닌, 규모로 생각할 필요가 있다. 다

시 말해 강점을 어느 정도 발휘해야 하는지는 상황에 따라 달라진다. 예컨대 특정 상황에서는 친절이나 자기 통제력이 어느 정도만 필요하다. 이와 마찬가지로 어떤 상황은 충동을 억눌러 해결할 수 있고, 또 집중해서 과제를 완수하기 위해 부적절한 요소들을 관리하거나 통제해야 하는 상황도 있다.

회기 시작 시 이완

각 회기는 내담자가 간단한 이완 운동으로 시작한다. 이 책 마지막에 수록된 '부록A: 마음챙김과 이완 실습'에서 확인할 수 있다.

회기 중 긍정 도구 실습: 강점 노하우

내담자는 치료자와 함께 회기 중 실습을 한다. 워크시트 3.1부터 3.3까지 참고한다.

워크시트 3.1: 강점 사용 부족과 남용 도해

자신의 강점을 강점 발휘 시 나타나는 행동과 활동, 습관 등으로 바꾸어 아래 그림에 채워 넣는다. 좀 더 큰 원은 남용하는 강점, 좀 더 작은 원은 충분히 사용하지 못하는 강점에 해당한다. 원이 교차하는 부분은 중복되는 강점을 뜻한다.

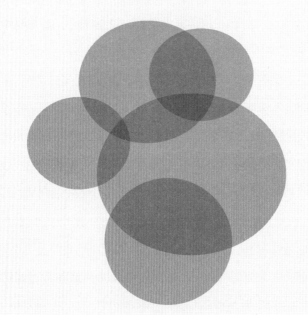

워크시트 3.2 : 실용지혜 향상 전략

실용지혜 또는 강점 노하우를 키우는 다섯 가지 전략은 다음과 같다.

1. **구체화하기**: 복잡한 실제 상황과 도전적 상황에서는 구체적인 강점을 가장 잘 대변하는 행동이 무엇인지 명확히 알 수 없다. 구체화하기 방법 중 하나는 결과를 고려하는 것이다. 예컨대 학구열을 발휘해 지식 증가라는 결과를 얻는다면 그런 결과를 책이나 잡지 읽기 같은 구체적인 행동으로 바꿀 수 있다. '부록D: 강점 키우기'는 대표강점의 미묘한 차이를 파악해 대표강점을 구체적인 행동으로 바꿀 수 있도록 도와준다. 이 부록은 이 책 마지막에 나와 있고, 강점을 사용하는 다수의 행동 방식을 제시한다.

2. **적절성 찾기**: 당신의 대표강점이 현 상황에 잘 맞는지 검토한다. 예컨대 친절과 용서는 공정성이나 용감성을 다루어야 하는 상황에는 적절치 않을 수 있다. 어떤 상황에서는 겸손이나 쾌활함이 잘 맞지만, 자신의 권리를 주장해야 할 때는 겸손이 효과적이지 않기도 하다. 심리적 외상을 겪은 지 얼마 안 된 사람에게 공감해야 하는 상황에서는 쾌활함이 적절하지 못할 수 있다.

3. **충돌 해결하기**: 두 가지 대표강점이 서로 충돌하는 상황을 해결하는 방법을 이해할 필요가 있다. 예컨대 당신이 프로젝트 하나를 맡아 최고로 잘해내고 싶다고 해보자. 당신은 창의성과 끈기라는 대표강점을 사용하려 한다. 그런데 친한 친구가 당신과 함께 시간을 보내고 싶어 한다(대표강점은 사랑). 또는 열정과 자기 통제력이 서로 충돌할 수도 있다. 이럴 때는 어떤 대표강점이 당신의 핵심 가치에 훨씬 가까운지, 또는 최적의 결과를 이끌어낼지를 파악해 충돌을 해결한다.

4. **성찰하기**: 실용지혜를 얻으려면 자신의 대표강점이 다른 사람들에게 어떤 영향을 미치는지 성찰해봐야 한다. 대표강점을 좀 더 광범위하게 발휘하면 어떤 도덕적 결과가 나타나는가? 예컨대 당신의 학구열 발휘가 선천적인 학습 장애로 학습을 힘들어하는 사람들의 자신감에 부정적 영향을 끼칠 수 있다.

5. **조절하기**: 실용지혜 기술을 배양하려면 정기적으로 상황에 맞춰 적응하고, 변화를 감지하며, 상황의 요구에 맞게 강점 사용을 조절하고, 미세한 부분까지 조정해야 한다. 많은 사람이 비효율적인 해결책을 계속 시도하거나 상황 변화에 적합하게 자신의 접근법을 바꾸지 않기 때문에 문제를 해결하지 못하는 것이다.

다음 세 가지 상황을 검토하고, 해주고 싶은 구체적인 조언을 각 상황의 아래에 적는다.
① 협조를 잘하고 사려 깊은 사람: 제인은 지미와 관계를 맺기 시작한 초창기에 지미가

불안정하고 질투심이 많다는 사실을 알았다. 제인이 다른 남자, 특히 지미의 눈에 자기보다 '훨씬 나아 보이는' 남자와 이야기할 때 지미의 반응을 보고 알아차린 사실이다. 하지만 제인은 자신이 '협조를 잘하고 사려 깊은 사람'으로 알려져 있어 지미와 헤어지기가 힘들다.

당신의 조언

_____

_____

_____

② 내가 원하는 건 행복뿐: 20대 중반의 남성 리는 치료 중 자주 같은 말을 반복했다. 연이어 긍정적인 이야기를 쏟아냈는데 그 내용은 이랬다. "저는 아주 열심히 일해요. 학사 학위를 받기도 전에 취직도 했고요. 잘생기고 재미있고 운동도 잘하고 남을 잘 돕는다는 소리를 들어요. 남을 해친 적이 결코 없죠. (어른이 된 후로) 누군가와 다툰 적이 한 번도 없어요." 그런데 리는 이렇게 이야기를 끝맺었다. "그런데 행복하지 않아요."

당신의 조언

_____

_____

_____

③ 이야기만 해도 도움이 돼: 21세 여성 히나는 (객관적이고 치료적인) 모든 지표로 봐도 치료에 진전이 없는 상태다. 히나는 자살을 시도한 적은 없지만 계속 자살하고 싶다는 생각을 한다고 했다. 그리고 모든 변화를 거부하면서도 치료를 계속 받고 싶어 했다. 히나는 "그냥 누군가에게 이야기하는 것만으로도 도움이 돼요"라고 말했다.

당신의 조언

_____

_____

_____

워크시트 3.3: 역경

당신이 현재 극복하려고 애쓰는 역경에 대해 적는다. 구체적으로 그 역경이 어떤 것인지, 언제 시작됐는지, 얼마나 오랫동안 지속됐는지, 어떤 점에서 어려운지를 구체적으로 쓴다.

역경	성찰 내용
현재 극복해야 하는 역경을 설명한다.	
언제 시작됐나? 얼마나 오래 지속됐나?	
이 역경이 당신에게 어떤 영향을 미치는가?	
강점 남용이 원인인가? 어떤 강점을 어떻게 남용했나?	
이 역경의 어떤 측면을 바꾸고 싶은가?	
적응적 변화를 꾀하기 위해 어떤 특정한 실용지혜 전략을 사용할 수 있는가?	

성찰과 토의

다음 질문에 대해 생각해보고 토의한다.

- 워크시트 3.3에서 파악한 문제를 실용지혜 전략 가운데 하나를 사용해 효과적으로 해결할 수 있다고 가정해보자. 그 문제가 해결된다면 어떨까? 당신은 어떤 구체적인 행동을 할 것인가? 또 어떤 행동을 그만둘 것인가? 가능한 한 구체적으로 대답한다.
- 먼저 바람직한 행동을 떠올린다. 그 행동을 의욕적으로 계속하기 위해 당신이 실천

할 수 있는 수준의 구체적이고 작은 단계들에는 어떤 것이 있을지 생각해본다.

• 한 가지나 그 이상의 실용지혜 전략을 알아냈다면 아마도 다른 사람들의 지지가 필요할 것이다. 누가 당신을 지지해줄까? 그런 지지를 얻을 수 없다면 다른 대안을 생각해낼 수 있는가?

실생활 사례: 42세의 백인 남성 제임스(James)

기술 회사에서 관리자로 일하는 제임스는 PPT 워크숍에 참가해 자기 개발에 집중했고, 자신의 대표강점 프로필을 작성했다. 자신의 모든 자원을 기록한 뒤 살펴보자 리더십 강점을 남용하고 있는 것 같았다. 그리고 직장에서 정직 강점을 어떻게 사용해야 할지 알 수 없었다.

다음은 제임스가 작성한 자기 개발 계획서 중 일부분이다. 실용지혜 전략을 활용해 자신의 대표강점을 적응적으로 사용해야 한다는 내용이다.

실용지혜는 상당히 흥미로운 기술인 것 같다. 그래서 다음과 같이 실용지혜를 사용하겠다.

• **적절성 찾기**: 내 상황에 유용하고 적절하게 사용하겠다. 진정성과 정직이라는 내 강점은 특정 스트레스 상황에서 공황 상태를 초래할 수 있다. 나는 강점인 진정성(정직)을 '언제, 어디서, 누구에게' 사용해야 하는지를 차츰차츰 터득하고 있다. 가장 친한 친구인 내 아내를 진정으로 대할 때 특히 마음이 편해졌다. 우리는 결혼한 지 5년 정도밖에 되지 않았지만 그 세월 동안 서로의 진정한 모습을 편안하게 내보일 수 있게 됐다. 하지만 직장에서 진정성을 완전히 드러내는 것은 도움이 되지 않는 듯하다. 그렇다고 직장에서 피상적으로 행동해야 하는 것은 아니다. 다만, 리더가 된다면 특정 기준을 정해놓고 지켜야 한다. 예컨대 몇몇 직원이 회사의 전략적 목적 달성에 적극적으로 동참하지 않는다면 강하게 반응할 필요가 있다. 기대 이상으로 실력을 발휘한 직원을 칭찬할 때는 진정성을 전적으로 내보여서는 안 된다. 나와 의견이 같은 사람을 편애한다는 인상을 줄 수도 있기 때문이다.

• **성찰하기**: 강점 사용 부족과 남용을 살펴보고 대표강점 프로필을 작성한 덕분에

내가 가끔씩 리더십 강점을 문제 해결 상황이 아니라, 부정적인 결과를 가져오는 상황에서 발휘하고 있음을 깨달았다. 내가 회사에서 리더이긴 하지만 나보다 훨씬 오랫동안 이 분야에 몸담아온 직원들이 있다. 또한 내가 새로운 기술과 뛰어난 일처리 방식을 알고 있더라도 나의 리더십 때문에 고위 간부들은 자신의 역할이 줄어들었다고 느낄 수 있다는 사실을 성찰을 통해 깨달았다. 나는 이러한 성찰을 바탕으로 강점을 사용해 회사에 기여하는 방법과 계획을 진척해나가는 방법에 대해 직원들과 상의하기 시작했다. 이와 마찬가지로 크리스마스와 부활절 가족 모임을 앞두고도 많은 준비를 혼자 떠맡지 않고 가족과 나눠서 하기 시작했으며, 앞으로도 계속 그렇게 할 계획이다. 특히 조카들이 성장해 스스로 계획을 짜고 실행할 수 있게 되면서 일을 분담하기가 훨씬 수월해졌다.

- **조절하기**: 조절하기는 가장 중요한 기술이자 가장 습득하기 어려운 기술인 것 같다. 집과 회사에서 급박한 상황에 처하면 즉각적으로 반응하기 일쑤인데, 상황 변화에 따라 내 강점들을 조절하는 기술을 습득해야 한다. 예컨대 언제, 어디서 상황을 주도해야 하는가? 또 언제, 어디서 남을 따를 줄 알아야 하는가? 휴가가 필요한 직원들에게 친절과 신중성을 보여야 하는 상황은 언제인가? 직원들이 너무 많이 쉬고, 보충형 민간의료보험 혜택처럼 회사에서 제공하는 다른 자원들을 충분히 활용하지 않은 채 가족과 집에 머물고 싶어 하는 것 같다면 언제 그들의 휴가 요구에 반박해야 하는가?

진척 상태 유지 비결

블레인 포워스(Blaine Fowers, 2005)는 실용지혜 강화에 도움이 되는 구체적인 전략들을 제시했다. 내담자는 다음 내용에 대해 치료자와 토의함으로써 진척 상태를 유지한다.

- 당신의 대표강점은 때때로 서로 충돌할 수 있다. 예컨대 용감성은 위험을 감수하고서라도 미지의 길을 탐험하라고 하지만, 신중성은 조심할 것을 요구한다. 친구에게 친절하고 싶은데 공정성은 다른 사람들을 해치는 그 친구의 윤리 위반에 맞서라고 한다. 부하 직원의 사정에 공감해주고 싶지만 어쩔 수 없이 해고 사실을 통보해야 하는 경

우도 있다. 또는 정직한 자신을 드러내고 싶으나, 사회적·문화적 규범 때문에 그러지 못할 수도 있다. 워크시트 3.2에 언급된 실용지혜 전략을 활용해 이런 충돌을 해결하자. 또는 대표강점(그 밖에 다른 강점)을 사용해 단순하게 규칙과 규정을 따르기만 해서는 얻을 수 없는 예견력을 키우자.

- 특정 맥락에서 어떤 대표강점을 사용해야 할지 모르겠다면 먼저 자신의 감정을 주시해 상황적 요구를 파악한다. 행동하기 전에 감정을 이성의 파트너로 만든다. 다시 말해 다른 강점을 사용해 감정을 단련하는 것이다.

- 당신의 대표강점을 사용해 옳은 일을 하고 있는지 반드시 확인한다. 현명한 사람들에게 그 상황에 맞는 옳은 일이 무엇인지 물어본다.

- 대표강점으로 모든 상황을 해결할 수 있는 것은 아니라는 사실을 이해한다. 대안적 강점과 기술, 능력, 재능을 두려워하지 말고 실험적으로 사용해본다.

참고자료

읽기 자료

- Allan, B. A. (2015). Balance among character strengths and meaning in life. Journal of Happiness Studies, 16(5), 1247-1261. doi: 10.1007/s10902-014-9557-9

- Cassar, J., Ross, J., Dahne, J., Ewer, P., Teesson, M., Hopko, D., et al. (2016). Therapist tips for the brief behavioural activation therapy for depression - Revised (BATD-R) treatment manual practical wisdom and clinical nuance. Clinical Psychologist, 20(1), 46-53

- Vervaeke, J., & Ferrarro, L. (2013). Relevance, Meaning and the Cognitive Science of Wisdom: The Scientific Study of Personal Wisdom: From Contemplative Traditions to Neuroscience. Edited by M. Ferrarri & N. Weststrate. New York: Springer

- Walsh, R. (2015). What is wisdom? Cross-cultural and cross-disciplinary syntheses. Review of General Psychology, 19(3), 278-293

- Yang, S. (2013). Wisdom and good lives: A process perspective. New Ideas in Psychology, 31(3), 194

동영상

- TED Talk: Barry Schwartz: Using our Practical Wisdom: https://youtu.be/IDS-ieLCmS4
- TED Talk: Joshua Prager: Wisdom from Great Writers on Every Year of Our Life: www.ted.com/talks/joshua_prager_wisdom_from_great_writers_on_every_year_of_life

웹사이트

- Centre for Practical Wisdom: University of Chicago: https://wisdomresearch.org
- Podcast: A Word to the Wise: Canadian Broadcasting Cooperation's Program Ideas: www.cbc.ca/radio/ideas/a-word-to-the-wise-part-1-1.2913730

4장
4회기: 더 나은 버전의 나

1단계 마지막 회기인 4회기에서는 성격강점에 중점을 두면서 긍정적이고 실용적이며 지속적인 자기 개발 계획을 명확하게 작성하고 실행한다. 이 회기에서는 '더 나은 버전의 나'라는 PPT 실습을 중점적으로 다룬다.

'더 나은 버전의 나'의 세 가지 핵심 개념

다른 이들처럼 당신도 더 나은 사람이 되고 싶고, 난관을 극복하거나 자신의 행복과 웰빙을 증진시키고 싶을 것이다.

1. **자기 개선**: 자기 개선은 역사가 아주 오래된 목적이다. 다른 이들처럼 당신도 훨씬 행복하고 건강하고 편안하며, 좀 더 활기차고 창의적이고 사교적이며 또 현실적이면서도 사려 깊고 만족할 줄 아는 사람이 되고 싶을지 모른다. 이러한 자기 개선 열망은 명확한 비전과 어우러져 구체적인 동기와 행동으로 연결될 수 있다. PPT 실습은 강점과 기술, 능력을 적절히 사용해 더 나은 버전의 나를 만들어나가는 데 도움이 된다.

2. **가치와 행동**: '최고의 자아'는 개인적인 목표를 세워 달성하려고 노력할 때 생겨난다. 당신의 개인적인 목표와 직업적인 목표는 무엇인가? 목표 달성 계획을 세우기 전 자신의 가치와 일상적인 행동을 명확히 파악하는 것이 도움이 될 수 있다.

3. **절제**: 더 나은 버전의 나를 추구하는 것은 곧 긍정적이고 바람직한 행동을 키우고, 바람직하지 못한 오래된 습관을 절제하면서 줄여나가거나 대체하는 활동(불량식품 안 먹기, 금연하기, 금주하기, 너무 오래 앉아서 일하지 않기, 늦게 자지 않기, 집착하지 않기 등)이기도 하다. 오래된 습관을 절제하는 행동과 강점을 사용해 긍정 정서를 키우는 행동을 균

형 있게 맞춰나간다면 더 나은 버전의 나를 성공적으로 형성할 수 있다.

회기 시작 시 이완

각 회기는 내담자가 간단한 이완 운동으로 시작한다. 이 책 마지막에 수록된 '부록A: 마음챙김과 이완 실습'에서 확인할 수 있다.

회기 중 긍정 도구 실습: 더 나은 버전의 나

내담자는 치료자와 함께 회기 중 실습을 한다. 워크시트 4.1을 참고한다.

워크시트 4.1: 더 나은 버전의 나

계획서	
현실적인 목표 설정하기	
(몇 년 몇 월 며칠의) 더 나은 버전의 나는 어떤 모습일까?	
다음과 같은 목표 설정하기 • 태도와 행동, 습관을 통해 구체화하고 관찰할 수 있는 목표 • 현재 자신의 생활과 잘 통합할 수 있는 목표 • 자신의 가치와 충돌하지 않는 목표 • 사회적 인맥의 지지를 받는 목표	희망하는 몇 가지 변화를 구체적으로 명시하기 • 더욱 여유로운 나? 더욱 현실적인 나? • 더욱 열정적인 나? 더욱 원기 왕성한 나? • 더욱 몰입하는 나? 더욱 창의적인 나? • 더욱 인맥이 좋은 나? 더욱 성찰을 잘하는 나? • 더욱 사회적인 나? 더욱 여유로운 나? • 더욱 행복한 나? 더욱 건강한 나?
다음 문장 완성하기	
더 나은 버전의 나가 되면 더욱 행복하거나 만족스러울 것이다. 그 이유는	
더 나은 버전의 나는 내게 이롭다. 그 이유는	
더 나은 버전의 나는 내가 늘 되고 싶었던 모습이다. 그 이유는	
더 나은 버전의 나가 되어야 한다. 그 이유는	
일정표 만들기	

계획 날짜 _____

예상 종료 날짜 _____

중간 평가 날짜(대략적인 날짜 정하기) _____

파트너 정하기

적극 지원해줄 친구 이름 _____

파트너에게 진척 상태를 보고하는 횟수 _____

소통 방법: 휴대전화? 이메일? 직접 만나서? _____

'더 나은 버전의 나' 실습의 목표 사례

정서적 회복력 더욱 여유로운 나 또는 더욱 현실적인 나	사회적 회복력 친구들과 더욱 깊은 관계를 맺는 나
• 일상적인 이완 활동 계획을 세워 실천한다(하루에 두 번 심호흡하기, 매주 요가나 명상 수업 듣기 등). • 아무것도 하지 않고 빈둥거리는 시간(매일 최소 15분)을 정한다. • 다음번에는 화가 나도 즉각 반응하지 않고 잠시 심호흡을 한 뒤, 공정한 시각을 갖게 해주는 사람과 상의한다. 아니면 그 맥락을 잘 이해하기 위해 더 많은 질문을 던진다. • 집중을 방해하고 생산성을 떨어뜨리는 요소를 적어도 한 가지는 제거한다. • 진짜로 즐거운 일이나 놀이를 할 수 있는 시간을 갖는다.	• 다른 사람들의 구체적인 강점과 능력, 기술을 포착해 칭찬한다. • 좋아는 하지만 정서적으로 잘 이해되지 않는 친구에게 더 좋은 관계를 맺을 수 있는 구체적인 방법을 물어본다. • 서로에게 끌리는 친구와 함께 의미 있고 재미있는 활동(눈신 신고 걷기, 암벽 타기, 보드게임 하기, 스포츠나 공연 보러 가기 등)을 한다. • 친구와 단둘이 만나 전자기기를 꺼놓은 채 점심이나 저녁을 같이 먹는다. • 부탁받지 않아도 친구에게 한 가지 친절한 (크거나 작은) 행동을 한다.
신체적 회복력 더욱 원기 왕성한 나 또는 더욱 건강한 나	**업무 회복력** 더욱 몰입하는 나
• 정기적(일주일에 세 번)으로 할 수 있는 일상적인 운동 계획을 세운다. • 몸에 좋은 간식을 적어도 한 개 이상 일일 식단에 넣는다. • 일정 시간 동안 앉아 있지 않고 신체를 움직이는 활동을 하겠다 맹세하고 계획을 짠다. • 수면의 질을 높이는 방법(잠들기 적어도 2시간 전에는 아무것도 먹지 않기, 수면에 지속적인 악영향을 끼치는 행사나 활동 거절하기 등) 중 적어도 한 가지를 지속적으로 실천한다. • 신체적 건강을 증진하는 습관(손 씻기, 정기검진 받기 등) 중 적어도 한 가지를 몸에 익힌다.	• 필수 과제와 마감 시한 등을 검토해 업무나 직장 측 요구 사항에 친숙해진다. • 각 프로젝트에 충분한 시간과 노력을 기울여 최적의 몰입 상태를 유지한다. • 일을 자꾸 미루게 된다면 다음과 같은 마음가짐 변화 중 적어도 두 가지를 시도한다. ① 내가 해야 하는 일이야. → 내가 선택한 일이야. ② 내가 반드시 끝내야 하는 일이야. → 어디서 언제 시작할 수 있을까? ③ 이 프로젝트는 규모가 너무 커. → 이 일을 작은 단위로 나눌 수 있어. ④ 내 프로젝트는 완벽해야 해. → 모든 프로젝트가 완벽할 수는 없어. 완벽하게가 아니라, 내 능력으로 할 수 있는 데까지 하려고 노력할 거야.

성찰과 토의

다음 질문에 대해 생각해보고 토의한다.

• 시각화 과정이 무척 길었다. 더 나은 버전의 나를 시각화하는 전반적인 경험이 어땠는가? 이 시각화 과정을 잘 따라갈 수 있었나, 아니면 몇 가지 힘든 점이 있었나? 이에 대해 이야기해본다.

• 시각화한 내용을 기록하는 경험은 어땠는가? 시각화한 것을 잘 포착해 쓸 수 있었나, 아니면 힘들었나?

• 시각화 연습을 통해 더 나은 버전의 나에 대한 구체적인 생각을 떠올릴 수 있었는가?

• 얼마나 구체적인 생각이 떠올랐는가? 이 실습은 현실적이고 합리적으로 잘 관리할 수 있는 생각을 구체적으로 떠올릴 때 더욱 효과적이다.

• 구체적인 생각을 떠올리기 힘든 경우에는 더 나은 버전의 나를 명확히 그려보는 것이 도움이 된다. 자신이 되고 싶은 사람을 명확히 그리거나 인지할 수 있으면 비록 구체적인 목표 달성 방법을 생각해내기 힘들다 해도 그 과정과 궁극적인 목표에 집중할 수 있다. 당신에게는 어떤 것이 도움이 됐는가? 더 나은 버전의 나를 명확히 그려낸 이미지인가, 더 나은 버전의 나를 향해 나아가는 구체적인 계획인가, 아니면 둘 다인가?

실생활 사례: 34세의 남아프리카 출신 남성 드 베일리에스(De Veillies)

나는 매번 최고의 나를 찾을 수 있을까 하는 기대로 많은 묵상과 워크숍, 강의에 참가했다. 그때마다 처음에는 넘쳐나는 낙관성에 젖어 있었다. 하지만 매번 예외 없이 내가 좋아하지 않는 나 자신의 새로운 면면만 발견하게 되면서 이도저도 아닌 상태로 끝을 맺었다. 나는 우울증과 조증을 오가며 언제나 모든 일에서 최고가 되고 싶었다. 최고에 못 미치는 것은 최악이라고 생각했다. 이처럼 극과 극을 달리는 사고에 사로잡혀 있어 나는 '더 나은 버전의 나'라는 개념이 무한한 가능성에 비해 그다지 만족스럽게 느껴지지 않았다. 하지만 치료자가 그 과정을 믿어보라고 했다. 나 자신을 신뢰한 적이 별로 없음에도 나는 마지못해 그 조언을 따랐다. 최고가 되려 하지 말고, 지난주와 지난달의 나보다 더 나은 사람이 되려고 노력하라는 조언을 따르기로 한 것이다. 나는 평생 나를 힘들게 했던 분노와 반응을 통제해 더 나은 버전의 나가 되고 싶었다. 치료받는 동안 매주 주간 진척 상태를 검토하고, 주간 목표를 세웠다. 심호흡과 1분 마음챙김 실습을 통해 들끓는 생각을 잠재우는 간단한 이완 기법들은 분노를 조절하는 데 도움이 됐다. 어떤 상황에서든 즉각적으로 반응하지 않겠다는 선택을 할 수 있다는 것도 알았다. 나 자신을 스스로 다스릴 수만 있다면 개방성 강점을 발휘해 나무가 아닌 숲을 보면서 창의적인 해결책을 찾아내는 일도 가능하다. 내가 사용하고 또 향상시킬 수도 있는 강점들을 치료자로부터 듣고 나자 내 강점들이 더욱 확고해졌다. 내 안에서 최고의 나를 발견할 수 있을지 확신은 서지 않지만, 지금은 더 나은 버전의 나를 찾아내 행복하고 크게 성공한 것도 같다. 그리고 지금도 나는 계속해서 노력하고 있다.

진척 상태 유지 비결

내담자는 진척 상태를 유지하기 위해 다음 정보에 대해 치료자와 토의한다.

- 모든 사람에게는 좋아해서 더 발전시키고 싶은 자아와 싫어해서 바꾸고 싶은 자아를 포함해 많은 자아가 있다[마르쿠스(Markus), 누루이스(Nuruis), 2008]. 더 나은 버전의 나는 자신이 원하는 자아를 개발하는 조직적인 방법을 제시한다. 자신이 지향하는 구체적인 자아가 명확하게 있다면 이 실습을 원하는 만큼 자주 반복하거나 수정할 수 있다.
- 더 나은 버전의 나가 되기 위해 현실적이고 적절하며 일정 기간 지속적으로 할 수 있는 활동을 선택한다(워크시트 4.1 마지막 부분의 사례 참조). 물론 상태를 유지한다는 것이 곧 이탈하지 말아야 한다는 뜻은 아니다. 어떤 상황에서는 일상적인 일과를 수정해야 할 수도 있다. 예컨대 친구를 돕기 위해 운동을 거른다거나 예산과 시간이 정해진 프로젝트를 완성하기 위해 창의성 비중을 낮추는 식이다. 또 오히려 혼란만 가중되는 상황이라면 용감한 행동을 줄여도 된다.

- 더 나은 버전의 나를 실현하려면 구체적인 세부 사항, 즉 언제, 어디서, 어떻게, 어떤 행동을 얼마나 자주 해야 하는지를 결정해야 한다. 물론 모든 세부 사항을 결정하지 않은 상태에서 더 나은 버전의 나가 되는 과정을 시작해도 괜찮다. 때로는 더 나은 사람이 되겠다는 단순한 다짐만으로도 충분하다. 그 다짐을 실행하면서 적절한 세부 사항을 추가할 수 있다. 다시 말해 결과 도출에 전념하기만 한다면 그 과정을 즐겨도 괜찮다.

- 때로는 자아 개념에 깊숙이 뿌리박힌 부정 편향 때문에 진전에 차질이 생기기도 한다. 게다가 부정 편향을 바꾸지 못할 수도 있다. 이때는 이 실습을 연기하고 부정 편향을 없애는 데 도움이 되는 다른 PPT 실습을 시도해도 좋다. 더 나은 버전의 나를 추구하는 도전에 응할 의욕이 생기길 바라면서 말이다.

- 더 나은 버전의 나는 '최상의 나'가 아닌, 더 나은 나를 실현하는 실습이라는 사실을 명심하길 바란다. 최상의 나를 실현하는 데는 상당한 시간이 걸린다. 그 정도 시간이면 더 나은 버전의 나를 다수 실현할 수 있다. 그런 버전들이 누적되면 가장 바람직한 버전의 나를 실현하고 유지하는 것이 가능하다.

- 이 실습을 하는 동안 좌절이나 갑작스러운 어려움에 직면해 더는 앞으로 나아갈 수 없을 때도 생긴다. 더 나은 버전의 나를 최종적으로 판단하는 사람은 바로 나 자신이라는 사실을 잊지 않길 바란다. 최선의 노력을 다한다면 더 나은 버전의 나를 반드시 실현할 수 있을 것이다.

참고자료

읽기 자료

- Meevissen, Y. M. C., Peters, M. L., & Alberts, H. J. E. M. (2011). Become more optimistic by imagining a best possible self: Effects of a two-week intervention. Journal of Behavior Therapy and Experimental Psychiatry, 42, 371-378

- Owens, R. L., & Patterson, M. M. (2013) Positive psychological interventions for children: A comparison of gratitude and best possible selves approaches. The Journal of Genetic Psychology, 174(4), 403-428. doi:

10.1080/00221325.2012.697496

• Renner, F., Schwarz, P., Peters, M. L., & Huibers, M. J. H. (2016). Effects of a best-possible-self mental imagery exercise on mood and dysfunctional attitudes. Psychiatry Research, 215(1), 105-110

• Sheldon, K. M., & Lyubomirsky, S. (2006). How to increase and sustain positive emotion: The effects of expressing gratitude and visualizing best possible selves. The Journal of Positive Psychology, 2, 73

동영상

• Barry Schwartz makes a passionate call for "practical wisdom" as an antidote to a society gone mad with bureaucracy. He argues powerfully that rules often fail us, incentives often backfire, and practical, everyday wisdom will help rebuild our world: www.ted.com/talks/barry_schwartz_on_our_loss_of_wisdom

• Elizabeth Lindsey, a fellow of the National Geographic Society, discusses indigenous wisdom and traditions: www.ted.com/speakers/elizabeth_lindsey

웹사이트

• The Max Planck Society's website. Eighty-three institutes of this Germany-based society, including a wisdom institute, conduct basic research in the service of the general public in the natural sciences, life sciences, social sciences, and the humanities: www.mpg.de/institutes

• The Science of Older and Wiser: www.nytimes.com/2014/03/13/business/retirementspecial/the-science-of-older-andwiser.html?_r=0

• Practical wisdom as the master virtue: www.artofmanliness.com/2011/12/19/practical-wisdom

• Ryan M. Niemiec: The Best Possible Self Exercise (Boosts Hope): https://blogs.psychcentral.com/character-strengths/2012/09/the-best-possible-self-exerciseboosts-hope

5장
5회기: 종결되지 않은 기억과 종결된 기억

PPT 2단계의 시작인 5회기에서 내담자는 종결되지 않은 기억과 종결된 기억을 회상하고 기록하며 처리하게 된다. '긍정 평가'라는 PPT 실습을 통해 부정적이거나 종결되지 않은 기억을 처리하는 기술을 배우고 단련할 것이다.

보통 사람들은 '심리치료'라는 말을 들으면 과거에 느꼈던 분노와 좌절을 표출하는 곳, 또는 문제가 많아 없애고 싶은데 그럴 수 없는 이들이 찾는 곳을 먼저 떠올린다. 실제로 처음 온 내담자는 종종 이렇게 말한다. "과거에 사로잡혀 앞으로 나아가지 못해요." 많은 형태의 전통 심리치료는 억눌린 분노를 풀어내거나 분노를 표출하자마자 자동으로 치료 통찰력이 생긴다는, 다소 검증되지 않은 가정을 기반으로 한다. 이런 가정은 심리치료에 크나큰 영향을 미쳤고, 대중문화에도 널리 퍼져 "다 날려버려", "다 털어놔", "가슴속에 있는 걸 다 꺼내"라는 표현이 만연해 있다.

하지만 부정 기억을 털어놓는다고 해서 우울증 내담자가 치료 변화를 경험하는 것은 아니라는 증거가 있다[앤더슨 외 다수(Anderson et al), 2006]. 어떤 경우 그것이 오히려 해가 되기도 한다. 참가자들이 샌드백을 쳐 분노를 표출하면 오히려 화가 더 많이 나고 공격적인 행동에 몰입할 수 있다는 증거도 존재한다. 더 나아가 분노 표출은 심장질환과 분노 감정을 심화하기도 한다. 과거의 부정 기억을 반복해서 중점적으로 다루면 우울증이 계속되고, 심지어 악화된다는 것은 부인할 수 없는 사실이다.

부정 기억을 떠올리면 비관적이고 파국적인 사고방식이 강해지고 스트레스도 증가한다. 이러한 감정은 적시에 적절히 표출되지 않으면 내면에 쌓인다. 남을 원망하는 마음을 갖기 시작한 사람은 구체적으로 무엇 때문에 자신이 그런 감정을 느끼는지 들여다보지 못하고 타인을 '나쁜' 사람으로 낙인찍을 수 있다. 또 모든 사람을 자기 잣대로 판단하려고 할 뿐 아니라, 왜 다들 내 기분을 상하게 하는지 이해하려고 쓸데없이 노력할지도 모른다. "저 사람은 나한테 왜 그러는 거죠?"라고 물을 수도 있다. 이런 이야기를 친구들에게 질리도록 한다면 이것이 바로 반추다. 반추를 통해 통찰력을 얻을 수 있다고 생각하지만 실제로는 자신이 상처를 받게 된다. 결국 자신에게 해로운 것이다.

부정 기억을 반추하면 우정과 사회적 지지를 잃기도 한다. 대다수 사람은 부정 기억에 사로잡혀 아무것도 하지 못하거나 부정적 과거에 집착하는 상대와는 어울리고 싶어 하지 않으니까 말이다.

원한 같은 부정 기억에 집착하는 성향은 성인이나 청소년의 고혈압과 연관성을 가진다는 증거도 있다. 또한 원한을 품은 사람은 심장질환과 심장마비, 만성통증 발병률이 훨씬 높은 경향이 있는 것으로 나타났다. 부정 기억과 응어리는 종종 주기적(반복적)인 억울한 생각에서 비롯된다. 이런 유형의 생각은 시간이 지날수록 점점 더 인지 자원을 고갈시킨다. 결국 문제 해결 능력이 제한되고 만다.

종결되지 않은 기억과 종결된 기억의 세 가지 핵심 주제

1. **종결되지 않은 기억과 종결된 기억**: 종결되지 않은 기억은 대부분 당신이 제대로 이해하지 못해 마무리되지 않은 것 같은 부정적 경험과 사건에 대한 기억이다. 반면 종결된 기억은 부정적 사건이지만 마무리 지은 것 같은 기억이다. 자신에게 종결되지 않은 기억이 많은지 알고 싶다면 이렇게 자문해보자. "내가 감정적 짐을 많이 지고 있는 것 같은가? 과거에 사로잡혀 앞으로 나아가지 못하는가?" 종결되지 않은 기억은 느닷없이 떠올라 감정적 고갈 상태를 초래하고, 일상적인 기능에도 영향을 미친다.

2. **표출하기**: 과거의 부정 기억에 훨씬 더 집중하고, 억눌린 분노는 표출되어야 한다고 가정하는 다른 많은 심리치료와 비교할 때 PPT는 분노를 표출하는 것만으로는 치료적 변화가 일어나지 않는다는 입장이다. 실제로 부정 경험을 세세히 떠올리다 보면 화가 치밀거나 더 깊은 절망에 빠지기도 한다. PPT는 부정 경험을 무시하지도, 최소화하지도, 지나치게 단순화하지도 않으면서 부정 기억에 집착할 경우 감정적·신체적 건강에 어떤 변화가 생기는지 평가하도록 도와준다.

3. **긍정 평가**: 긍정 평가 실습을 통해 종결되지 않은 기억을 적응적으로 다루는 구체적

인 전략들을 시험해볼 수 있다(워크시트 5.1 참조). 이러한 전략들의 목적은 부정 기억을 불러일으키는 상태나 사건을 바꾸는 것이 아니다. 그보다는 당신의 강점들(예견력, 개방성, 자기 통제력 등)을 사용해 감정적·심리적으로 고갈되지 않도록 부정 기억을 처리하는 것이 목적이다.

회기 시작 시 이완

각 회기는 내담자가 간단한 이완 운동으로 시작한다. 이 책 마지막에 수록된 '부록A: 마음챙김과 이완 실습'에서 확인할 수 있다.

회기 중 긍정 도구 실습: 종결되지 않은 기억

내담자는 치료자와 함께 회기 중 실습을 한다.

성찰과 토의

다음 질문에 대해 생각해보고 토의한다.

- 종결되지 않은 기억 또는 부정 기억이 타인으로부터 상처받고 해를 입은 경험과 관련 있다면 가해자를 떠올리거나 가해자의 행동 원인 및 결과에 대해 생각해보곤 하는가? 이러한 생각을 성찰하는 과정, 곱씹는 과정, 허우적거리는 과정, 결론짓는 과정 등으로 묘사하는가? 이 과정들의 이점과 단점은 무엇인가?
- 이 부정 기억을 다른 누군가와 나눈 적이 있는가? 그렇다면 결과는 어땠는가? 또 다른 예견력을 얻거나 감정을 분출했는가?
- 이런 부정 기억이 정서적 행복에 미치는 장기적 영향은 무엇인가? 그런 영향력을 줄이기 위해 무엇을 할 수 있는가?

회기 중 긍정 도구 실습: 종결된 기억

내담자는 치료자와 함께 회기 중 실습을 한다.

성찰과 토의

다음 질문에 대해 생각해보고 토의한다.

- 이 경험을 통해 어떤 이득을 봤는가?
- 이 경험에서 어떤 강점들을 얻었는가?
- 이 사건을 계기로 당신의 삶을 좀 더 폭넓게 바라볼 수 있게 됐는가?
- 이 사건 덕분에 당신 인생에서 진실로 중요한 사람과 일에 감사할 수 있었나? 요컨대 이 사건으로 생겨난 이로운 결과에 얼마나 감사할 수 있는가?

회기 중 긍정 도구 실습: 긍정 평가

내담자는 치료자와 함께 회기 중 실습을 한다. 워크시트 5.1을 참고한다.

워크시트 5.1: 긍정 평가

1. **심리적 공간 조성하기**: 쉽게 사라지지 않는 부정 기억과 거리를 둘 수 있는 심리적 공간을 만든다. 가슴 아픈 기억을 제삼자 관점에서 묘사하는 것이 한 가지 방법이다. 다시 말해 '나'를 사용하지 않고 3인칭인 '그', '그녀'를 사용하는 것이다. 이렇게 하면 종결되지 않은 기억과 어느 정도 거리를 둘 수 있다. 결과적으로 종결되지 않은 기억을 반복하기보다 그 기억의 의미와 자신의 감정을 수정할 기회가 생긴다.

실습 자신이 저널리스트나 사진작가 또는 다큐멘터리 영화 제작자라고 상상하면서 아래 빈칸에 종결되지 않은 기억이나 응어리를 제삼자 관점에서 묘사한다. 그다지 개인적이지 않고 좀 더 중립적인 3인칭 표현을 유지하려고 노력한다.

_____

_____

2. **재강화**: 부정 기억에 빠져 있을 때는 사고가 좁아져 상황의 모든 측면에 주의를 기울이지 못할 개연성이 크다. 현재의 스트레스 요인에 짓눌리지 않는 차분한 상태에서 다음 실습을 해본다.

실습 심호흡을 한다. 종결되지 않은 가슴 아픈 기억의 더욱 세세하고 미묘한 측면을 떠올려본다. 놓쳤을지도 모르는 모든 긍정적 측면을 의식적으로 떠올리면서 그 기억을 재해석해 아래 빈칸에 적는다. 이때 가능한 한 부정 기억을 차단한다. 이 실습은 초기에 놓쳤을지도 모르는 종결되지 않은 기억의 긍정적 측면을 인정하고 기록하는 데 중점을 둔다. 이 과정을 통해 당신 인생에서 가장 중요한 가치를 생각해보고 그것을 수정된 기억에 불어넣는다[폴크먼과 모스코위츠(Folkman & Moskowtiz), 2000; 반 딜렌 외 다수(Van Dillen et al.) 2007; 바즈케즈(Vazquez), 2015].

_____

_____

3. 의식적 자기 초점화(마음챙김): 이 실습은 종결되지 않은 기억이 떠오를 때마다 비판적이고 한결같은 정신 상태를 유지하도록 도와준다. 수용한다는 마음가짐을 갖춘 후 부정 기억에서 초래된 내외적 사건과 경험으로 관심을 돌린다. 종결되지 않은 부정 기억이 펼쳐지면 그것에 반응하기보다 관찰하려고 노력한다.

실습 뒤로 물러서서 종결되지 않은 부정 기억이 한 편의 영화처럼 눈앞에 펼쳐지게 놓아둔다. 그 기억의 감정에 휩쓸리기보다 관찰자가 되어 불쾌한 기억이 그냥 스쳐 지나가도록 내버려둔다. 이 실습을 몇 차례 반복하고 나서는 종결되지 않은 기억에 좀 더 익숙해지고 분노가 다소 누그러들었는지 관찰해 아래 빈칸에 적는다.

_____

_____

4. 전환 안테나를 예리하게 세워 종결되지 않은 가슴 아픈 기억을 떠올리게 하는 신호(감정, 감각)를 즉각적으로 인지한다. 그런 기억이 떠오르자마자 즉시 관심을 다른 데로 돌려 흥미로운 신체적·인지적·정서적 과제에 몰두한다. 어려운 과제로 관심을 빨리 돌리면 돌릴수록 종결되지 않은 기억의 회상을 차단하기가 수월하다. 그리고 관심을 자주 전환할수록 가슴 아픈 기억을 불러일으키는 외적 신호를 더 잘 인지하게 된다. 또한 그런 신호를 빠르게 포착할 수 있으며, 건전하고 적응적인 행동으로 관심을 돌리는 것도 가능하다.

실습 종결되지 않은 기억이 떠오르자마자 관심을 다른 데로 돌려 흥미롭고 긍정성이 강한 신체적·인지적·정서적 기억이나 과제에 몰두하려고 애쓴다. 부정 기억으로부터 관심을 돌려줄 경험적이고 몰입적이며 실무적이고 복합적인 활동 세 가지를 아래 빈칸에 적는다.

_____

_____

성찰과 토의

다음 질문에 대해 생각해보고 토의한다.

- 네 가지 긍정 평가 전략 중 당신의 종결되지 않은 기억과 가장 관련성이 깊은 것은 무엇인가?
- 네 가지 긍정 평가 전략을 검토하고 난 후 종결되지 않은 기억을 당신에게 유용하게 바꾸거나 수정하거나 재포장할 수 있을 것 같다는 느낌이 드는가?
- 종결되지 않은 기억을 곰곰이 생각해본다. 긍정 평가를 할 수 없을 것 같은 기억은 무엇인가? 종결되지 않은 기억을 반드시 긍정 평가해야 하는 것은 아니다.
- 한 가지나 그 이상의 긍정 평가 전략을 실행할 때 어떤 사회적 지지가 필요할 것 같은가? 그런 지지를 얻지 못할 때 대안을 생각할 수 있는가?
- 이도저도 아닌 복잡한 상황이나 충돌적인 상황에 부딪혔을 때 이 전략을 어떻게 사용해야 미래에 도움이 되겠는가?

실생활 사례: 26세의 동아시아 문화권 여성 시리아(Shyria)

대학원생 시리아는 부자연스러운 행동 때문에 또래들로부터 괴롭힘과 놀림을 당한 부정 기억에 시달렸다. 그는 자신을 '서툴고 어설픈 사람'이라고 생각했다. 반에서 가장 똑똑한 학생이었음에도 운동이나 공연예술에 참가할 수 없었다. 초등학생 시절부터 놀림과 괴롭힘을 당했지만 부모에게 말하는 대신 학년이 올라갈수록 부자연스러운 행동이 드러날 수 있는 활동들을 피했다.

안전한 치료 환경에서 시리아는 자신의 경험을 이야기했다. 긍정 평가 전략을 통해 자신의 부정 기억을 처리했고 그 경험을 글로 적었다. 또한 엄마에게 자신의 경험을 이야기하라는 치료자의 조언대로 했다. 시리아의 엄마는 그 이야기를 듣고 충격에 빠져 시리아가 일곱 살 때 감각운동 장애 진단을 받았다는 사실을 털어놓았다. 다만 시리아가 예민한 아이라는 생각이 들어 그 사실을 숨기기로 결정한 것이었다. 시리아가 또래들과 다르다고 느끼지 않기를 바랐기 때문이다. 한편 시리아는 자라면서 협응(協應) 능력이 호전되긴 했으나, 자신의 부자연스러운 행동을 숨기려고 소근육 활동이 필요한 운동과 활동을 회피했다. 엄마로부터 과거 이야기를 들은 시리아는 그제야 모든 일을 전체 관점에서 살펴볼 수 있었다. 그 사실을 일찍 알았더라면 그토록 자책하지 않았을 것 같았다. 그래도 시리아는 부정 기억의 속박에서 풀려난 것 같은 느낌이 들었다.

진척 상태 유지 비결

내담자는 진척 상태를 유지하기 위해 다음 정보에 대해 치료자와 토의한다.

- 종결되지 않은 기억이 계속 떠오를 때, 특히 가장 원치 않는 상황에서 예기치 않게 떠오를 때는 이 회기에서 배운 기술을 활용한다. 긍정 평가 실습이 도움이 됐다면 또 다른 종결되지 않은 기억을 처리한다. 정신적 외상이라고 부를 정도는 아니지만 여전히 떠올리기 괴로운 기억을 선택하는 것이 좋다. 그리고 편안하고 조용한 장소를 찾아 PPT에서 이미 해봤던 마음챙김 실습으로 시작한다. 그다음 종결되지 않은 기억을 떠올린다. 심호흡을 두 차례 하고, 자신의 감정 상태를 유심히 살핀다. 감당할 수 없을 것 같거나 정서적으로 멍해지지 않는다면 계속 진행한다. 부정 감정에 압도당하지 않고 그것에 집중하는 게 목적임을 명심한다. 그런 기억에 압도당하지 않는다면 성찰을 통해 과거(부정 경험과 연관된 당시 이유)와 현재(그 사건 이후로 변한 상황), 미래(그 사건이 재발할 가능성)를 고려하면서 그것에 대한 기억을 자세히 설명한다. 자신의 행복과 관련된 개인적인 경험에서 찾아낼 수 있는 의미를 기록한다. 그리고 그 부정 경험을 다르게 해석할 수 있는지 자문한다.
- 종결되지 않은 기억 때문에 계속 괴롭다면 여기서 소개한 기술을 사용해 사건 당시

에는 스트레스에 짓눌려 간과했을지도 모르는 긍정적 측면을 회상하려고 노력한다. 보통은 부정 편향 때문에 긍정적이거나 적응적인 측면을 포착하지 못한다. 긍정성을 간과하지는 않았는지 세부 기억을 떠올려본다. 유사한 상황을 떠올리면 간과한 긍정성을 포착해내는 데 도움이 된다.

• 스트레스가 심하거나 부정적인 상황에서도 좀 더 앞으로 나아가 긍정 평가 실습에서 논의했던 전환 전략을 사용한다. 전환이 항상 쉽지는 않지만, 몰입할 수 있는 적당히 복잡한 인지 과제(독서나 좋아하는 초콜릿 케이크 굽기 등)로 관심을 돌린다.

참고자료

읽기 자료

• Ayduk, Ö., & Kross, E. (2010). From a distance: Implications of spontaneous self-distancing for adaptive self-reflection. Journal of Personality and Social Psychology, 98(5), 809-829. doi: 10.1037/a0019205

• Denkova, E., Dolcos, S., & Dolcos, F. (2015). Neural correlates of 'distracting' from emotion during autobiographical recollection. Social Cognitive and Affective Neuroscience, 10(2), 219-230. doi: 10.1093/scan/nsu039

• Huffziger, S., & Kuehner, C. (2009). Rumination, distraction, and mindful self-focus in depressed patients. Behaviour Research and Therapy, 47(3), 224-230. doi: 10.1016/j.brat.2008.12.005

• Joormann, J., Hertel, P. T., Brozovich, F., & Gotlib, I. H. (2005). Remembering the good, forgetting the bad: intentional forgetting of emotional material in depression. Journal of Abnormal Psychology, 114(4), 640–648. doi: 10.1037/002-843X.114.4.640

• Messias, E., Saini, A., Sinato, P., & Welch, S. (2010). Bearing grudges and physical health: Relationship to smoking, cardiovascular health and ulcers. Social Psychiatry and Psychiatric Epidemiology, 45(2), 183-187

• Redondo, R. L., Kim, J., Arons, A. L., Ramirez, S., Liu, X., & Tonegawa, S. (2014). Bidirectional switch of the valence associated with a hippocampal contextual memory engram. Nature, 513, 426-430. doi: 10.1038/nature13725

동영상

- A role-play demonstration about dealing with negative memories and grudges: www.webmd.com/mental-health/features/forgive-forget
- Cognitive restructuring in cognitive behavioral therapy, a video from the Beck Institute for Cognitive Therapy: https://youtu.be/orPPdMvaNGA
- Quiet Positive Distractions-Explained by Crabtree Innovations: https://youtu.be/GhMaliATDNI
- Author and therapist Paul Gilbert explores how awareness of how our own minds work can help break negative thought patterns and help us to become more compassionate: https://youtu.be/pz9Fr_v9Okw

웹사이트

- MIT Technology Review: Repairing Bad Memories, June 17, 2013: www.technologyreview.com/featuredstory/515981/repairing-bad-memories
- The Science of Happiness-An Experiment in Gratitude: https://youtu.be/oHv6vTKD6lg?list=PL373A068F767AD185

6장
6회기: 용서

6회기에서는 용서가 하나의 사건이 아니라 변화를 위한 과정임을 배우게 된다. 또한 무엇이 용서이고, 무엇이 용서가 아닌지도 구분할 수 있다. 이 회기에서 중점적으로 다루는 PPT 실습은 '리치(REACH)'라는 용서 접근법과 '용서 편지' 쓰기다.

용서의 세 가지 핵심 주제

1. **용서는 선택이다**: 용서란 상처를 준 사람에게 복수하고 싶은 갈망을 끊어내겠다고 선택하는 것이다. 상처받고 모욕당한 일, 혹은 해를 입었던 일을 생각하면 그 가해자에게 복수하고 싶어진다. 그렇다면 복수할 수 있었던 때를 상상해보자. 보복 행위로 부정 순환을 끊어낼 수 있었을까? 그게 아니라면 용서로써 당신에게 상처를 준 사람들을 버리고 앞으로 나아가는 것이 어떨까? 용서를 통해 가해자에게 새로운 기회를 줄 수 있을 뿐 아니라, 복수에 대한 생각과 기억, 열망으로 사로잡힌 당신의 감정적·정신적 공간도 깨끗이 비워낼 수 있다.

2. **용서인가, 아닌가의 그 미묘한 차이를 이해한다**: 용서는 쉬운 선택이 아니다. 먼저 당신이 용서를 선택하고 유지해나갈 수 있는지부터 알아봐야 한다. 그러려면 용서와 비슷해 보이는 것들과 용서를 혼동하지 않도록 그 미묘한 차이를 이해할 필요가 있다. 용서는 많은 것을 의미하기도 한다. 따라서 내담자는 용서가 아닌 것이 무엇인지부터 확실히 알아야 한다. 다음과 같은 것들은 용서가 아니다.

   • 가해자의 가해 행위를 사해준다.
   • 사회적으로 수용 가능한 수단을 이용해 정의에 대한 요구를 완화한다.

- 잘못된 것을 잊어버린다.

- 용납하고 봐준다(가해자를 참고 견디거나 가해 행위를 못 본 척 넘긴다).

- 정당화한다. 즉 가해자가 옳은 일을 했다고 믿기 시작한다. 시간이 지나면 괜찮아질 것이라고 생각한다.

- 부정적 생각 또는 감정을 중립적이거나 긍정적인 것으로 대체해 가해 행위의 자연스러운 결과를 무시한다.

- 균형을 맞춘다. 즉 다른 무언가를 해 가해자에게 복수한다.

PPT 맥락에서 용서는 긍정 평가와 더불어 내담자가 부정 기억과 정서적 상처, 아픔을 다루기 위해 사용할 수 있는 심리적 기술이다.

3. 용서는 점진적이다: 복수와 관련된 강렬한 감정이 사라지지 않아 용서할 수 없다면 억지로 용서하려 들 필요는 없다. 용서란 스위치처럼 껐다 켰다 할 수 있는 것이 아니라 점진적인 과정임을 알아야 한다. 용서하더라도 그 결정을 전적으로 인정하고 받아들이며 지켜나갈 시간이 필요하다. 따라서 서두르지 말고 용서의 잠재적 혜택과 용서하지 않았을 때의 결과를 좀 더 깊이 생각해본다. 용서란 당신이 가해자에게 주는 선물이지만, 가해자를 용서했다고 해서 반드시 가해자의 인정이나 고백을 받을 수 있는 것은 아니다. 다만 용서할 수 있는 죄인지 확실히 알아봐야 한다. 상습적 학대와 지속적인 차별, 착취 같은 죄를 용서하는 것은 오히려 해가 될 수도 있다.

회기 시작 시 이완

각 회기는 내담자가 간단한 이완 운동으로 시작한다. 이 책 마지막에 수록된 '부록A: 마음챙김과 이완 실습'에서 확인할 수 있다.

회기 중 긍정 도구 실습: 리치(REACH)

내담자는 치료자와 함께 회기 중 실습을 한다. 워크시트 6.1을 참고한다.

워크시트 6.1: 리치(REACH)

1단계 R(Recall: 사건 기억하기): 편안한 상태라면 눈을 감아도 된다. 당신에게 상처를 준 사람을 떠올리고, 그때 받은 상처의 악영향을 계속 느껴본다. 단, 자기 연민에 젖어들지 않는다. 그 사건을 시각화하면서 깊이, 천천히, 차분하게 숨을 쉰다. 2~3분 동안 실시하고 눈을 뜬다. 그리고 아래 빈칸에 그 사건 또는 피해 상황을 적는다. 실명을 쓰지 않아도 된다. 기억할 수 있는 가명이나 머리글자를 사용할 수도 있다.

_____

_____

_____

_____

2단계 E(Empathize: 가해자 관점에서 감정이입하기): 감정이입이 용서의 핵심 요소라는 점을 명심하길 바란다. 감정이입은 다른 사람들을 평가하지 않고 당신 자신을 그들과 정서적으로나 경험적으로 동일시하는 것이다. 이에 도움이 되는 정보는 다음과 같다.

• 사람은 자신의 생존이 위협당할 때 무고한 이들을 해칠 수 있다.
• 남을 공격하는 사람은 대체로 불안과 걱정에 사로잡혀 있고 상처받은 경험이 있다.
• 사람은 자신이 처한 상황 때문에 남을 해칠 수도 있다. 이때 그들의 근본적인 성격이 원인이라고 단정할 수는 없다.
• 사람은 종종 자신이 언제 남을 해치는지 알지 못한다. 그냥 본능적으로 안에 쌓인 것을 쏟아내기만 할 뿐이다.

2단계는 실행하기가 쉽지 않지만, 가해자가 자신의 행동을 정당화해야 하는 상황에서 풀어놓을 것 같은 이야기를 상상해보자. 아래 빈칸에 가해자가 할 법한 생각을 적는다.

_____

_____

_____

_____

3단계 A(Altruistic: 용서라는 이타적 선물): 이 단계도 쉽지 않다. 먼저 당신 자신이 죄를 지어 죄의식을 느끼고 있을 때 용서받았던 순간을 떠올려본다. 그때 용서는 다른 누군가가 당신에게 나눠준 필요한 선물이었다. 당신은 그 선물을 고맙게 여겼다. 아래 빈칸에 그 사건에 대해 적는다.

_____

_____

_____

_____

4단계 C(Commit: 공개적으로 용서하겠다고 다짐하기): 공개적으로 용서하는 방법에는 용서 증서 쓰기, 용서 편지 쓰기, 용서 일기 쓰기, 시나 노래 가사 쓰기, 자신을 믿어주는 친구에게 말하기 등이 있다. 이 모든 것은 리치 과정의 마지막 단계로 나아가는 '용서 각서'에 해당한다. 이 중 어떤 방법으로 용서하겠다는 다짐을 공개적으로 표현할 것인가? 용서하겠다는 다짐을 어떻게 공개적으로 보여주고 싶은지 아래 빈칸에 적는다.

_____

_____

_____

_____

5단계 H(Hold: 용서하는 마음 굳게 지키기): 상처받았던 사건에 대한 기억은 분명히 반복적으로 떠오른다. 그래서 이 5단계도 실천하기가 쉽지 않다. 용서한다고 다 지워지는 것은 아니다. 떠오르는 기억의 꼬리표만 "나는 너를 용서했다"로 달라질 뿐이다. 단, 그 기억이 다시 떠오른다고 해서 당신이 가해자를 용서하지 않은 것이 아니라는 점을 명심할 필요가 있다. 그 기억에 사로잡혀 다시 앙심을 품거나 빠져들지 말고, 당신이 이미 용서했다는 사실을 떠올리면서 4단계에 써놓은 내용을 읽어본다. 그리고 아래 빈칸에 용서하는 마음을 굳게 지키는 데 도움이 되는 것들을 적는다. 이어서 방해가 되거나 용서를 지키겠다는 의지를 약화하는 것들도 쓴다.

_____

_____

_____

_____

용서하는 마음을 굳게 지키는 데 도움이 되는 것들

1. _____
2. _____
3. _____

용서하는 마음을 지키는 데 방해가 되거나 그런 의지를 약화하는 것들

1. _____
2. _____
3. _____

내담자는 리치 실습에 관해 궁금한 점이 있으면 치료자에게 질문한다.

성찰과 토의

다음 질문에 대해 생각해보고 토의한다.

- 얼마나 정직하고 철저하게 리치 실습 과정을 완수할 수 있는가?
- 앞서 언급한 단계를 밟아나가는 과정에서 분노와 실망, 적대감 또는 특정 감정을 느 꼈는가? 이 중 어떤 감정이라도 느꼈다면 구체적으로 어느 단계 또는 다른 무엇이 그 감정을 다스리는 데 도움이 됐는가?
- 어느 단계가 가장 어려웠는가?
- 용서하겠다는 결심을 바꿀 만한 경험을 했다면 그 경험은 무엇인가?
- 어떤 사람들은 용서하면서도 용서한 것 같은 행동을 하지 않는다. 당신의 용서는 어 떤 것 같은가?

- 피상적인 용서와 진정한 용서를 비교한다면 이 둘은 어떻게 다른가?
- 지금 이 시점에서 완전히 용서할 수 없다면 좀 더 많이 용서하기 위해 무엇이 필요할 것 같은가?

두 번째 실습: 용서 편지

PPT에서는 워크시트 6.2에 소개된 두 번째 용서 실습도 한다.

워크시트 6.2: 용서 편지 쓰기

이 실습에서는 과거 당신에게 잘못을 저질러 용서하지 못한 사람들을 떠올려본다. 그중 어떤 경험이 여전히 기억에 남아 있고, 벗어나고 싶은 부정 정서를 만들어내는가? 용서하고 싶은 한 명을 골라 그에게 용서 편지를 쓴다. 용서 편지를 전달하지는 않는다. 이 실습은 용서할 상대가 아니라 당신 자신을 위한 것이다. 이 세상에 없는 사람에게도 용서 편지를 쓸 수 있다.

용서 편지에는 당신이 그 가해 행위로부터 어떤 피해를 입었는지, 어떤 영향을 받았는지 구체적으로 쓴다. 그리고 그 기억 때문에 얼마나 고통받고 있는지를 쓰고, 잘되길 바란다고도 적는다. 편지 마지막에서는 그 가해자를 확실히 용서한다고 선언한다.

이 실습을 강화하는 두 가지 방법은 다음과 같다.

1. 가해자를 용서하고 당신의 분노나 응어리진 원한을 풀어내는 상징적인 의식을 계획할 수 있다. 예컨대 용서 편지를 큰 소리로 자신에게 읽어준 뒤 서랍에 깊이 넣어두거나 특별한 봉투에 넣어 봉할 수 있다.
2. 용서 실습을 지속적으로 하고 싶다면 용서 일기를 쓴다. 이 일기에는 현재까지 영향을 미치는 과거의 잘못된 행위에 대한 고통스러운 기억을 적는다. 그런 기억에 동반되어 나타나는 분노와 억울함에서 자유로워진다면 당신의 인생이 어떻게 달라질지도 생각해본다. 필요한 경우 일기를 활용해 용서 편지나 짤막한 용서 선언문을 써도 좋다.

성찰과 토의

다음 질문에 대해 생각해보고 토의한다.

- 힘들었던 기억과 어려웠던 상황을 기록하는 것은 힘든 과제지만, 궁극적으로는 치료에 도움이 된다. 이 과정이 어떤 점에서 당신의 치료에 도움이 됐는가?
- 용서 편지를 쓸 때 가장 힘들었던 점은 무엇인가?
- 이 글쓰기 과정이 당신 머릿속에 박힌 가해 행위에 대한 기억을 곱씹기만 하는 것과 어떻게 다른가?

실생활 사례: 43세의 남아메리카 출신 남성 니코(Nico)

니코는 용서 실습을 완료할 수 있도록 도와주는 PPT 워크숍에 참가했다. 용서 실습을 끝낸 후 니코는 다음과 같은 진척 보고서를 제출했다.

이 실습을 하는 동안 전 여자친구에게 용서 편지를 쓰기로 했다. 우리는 아주 돈독한 사이였지만 시간이 흐르면서 부정적인 방향으로 흘러갔고, 머지않아 분노로 점철됐다. 나는 그런 관계에 지쳐서 그녀와 나 자신에게 화를 냈다. 그리고 헤어졌다.

거의 10년이 지난 지금, 용서 실습을 하면서 차갑게 식어버린 그 기억을 다시 떠올리게 됐다. '리치'의 각 단계를 체험할수록 그 기억을 되살리고 싶다는 마음이 치솟았다. 상처를 돌이켜보는 일은 쉬웠다. 그러자 또다시 옛날 상처가 느껴졌다. 하지만 약간이나마 공감할 여지를 찾을 수 있었다. 전 여자친구와 헤어진 후 어이없는 관계를 많이 겪었고, 완벽한 관계란 없다는 사실도 배웠다. 그 후에 맺은 몇몇 관계는 예전의 관계와 비슷하거나 훨씬 나빴다.

결국 나는 상세한 편지를 쓰기로 했다. 편지를 쓰면서 감정적으로 변해갔다. 분노가 일었지만, 동시에 예상치 못한 연민도 샘솟았다. 전 여자친구에게 연민을 품게 될 줄은 상상도 못 한 일이었다. 연민이 생겨나자 어찌된 일인지 당시 우리가 순진하고 어리석었다는 생각이 들었다. 우리 둘 다 관습에 얽매이지 않는 성격이라서 처음에는 금세 가까워졌다. 하지만 결국에는 바로 그런 성격 때문에 헤어졌다. 나도 실수를

했다. 그 실수들 때문에 우리 관계가 돌이킬 수 없을 정도로 어긋나버렸다고 생각한다. 물론 장기적으로 봤을 때는 결국 그렇게 될 수밖에 없었다는 생각도 든다.

용서 편지를 쓴 후 봉투에 넣어 우표를 붙이고 밀봉했다. 우편함에 편지를 넣기 전 다시 봉투를 열어 이렇게 덧붙였다. "내가 가장 중요한 서류를 깜빡하고 두고 나온 날 다른 일을 모두 젖혀둔 채 제때 서류를 사무실로 가져다줘서 정말 고마워. 덕분에 당혹스러운 상황을 모면할 수 있었어. 그날 저녁에 내가 제대로 감사하지 않아서 서로 싸웠지. 그날 당신이 가져다준 서류 덕분에 직장에서 지금 이 자리에 오를 수 있었어. 정말 고마워." 그로부터 2주 후, 전 여자친구로부터 아주 긍정적인 내용의 답장을 받았다.

진척 상태 유지 비결

내담자는 진척 상태를 유지하기 위해 다음 정보에 대해 치료자와 토의한다.

- 용서의 마음을 유지할 수 있느냐는 가해자가 앞으로 관련 행위를 삼가는지 여부에 달렸다. 특히 내담자와 가해자가 계속 만날 가능성이 있을 경우 더더욱 그렇다. 간청에 못 이겨서 하는 약하고 진실되지 못한 사과는 용서받고 싶다는 인상만 준다. 하지만 그런 사과만으로는 용서의 마음을 유지하기 어려울 수 있다.
- 용서하지 못한 채 종결되지 않은 부정 기억이나 응어리진 마음에 계속 집착하면 고혈압과 심장질환, 심장마비, 만성통증에 걸릴 확률이 높아진다는 사실을 명심할 필요가 있다. 용서는 당신 자신의 전반적인 행복에 이롭다.
- 용서의 마음을 유지하려면 리치 5단계(워크시트 6.1 참고)를 주기적으로 재검토하고, 실행 의지를 재확인한다. 믿을 만한 친구와 함께하면 더 좋다.
- 용서의 마음을 유지하거나 용서의 이득을 확대하기 위해 당신이 앙심을 품고 있는 사람들 목록을 작성하고, 그 사람들을 개인적으로 만나 이야기를 나누거나 그들에게 리치 기술을 적용할 수 있는 방법을 시각화한다. 이때 가해 행위 자체를 적절한 맥락과 관점에서 살펴봐야 한다는 사실을 잊지 않길 바란다.
- 처음에는 가해 행위 자체나 가해자를 용서한다 해도 그 마음을 유지하지 못하고, 오

히려 앙심과 모욕감 또는 상처를 계속 키우는 소극적인 수단에 의지할 수도 있다. 따라서 지속적으로 변화하기 위해서는 용서 과정을 살펴보는 것이 중요하다.

참고자료

읽기 자료

- Baskin, T. W., & Enright, R. D. (2004). Intervention studies on forgiveness: A meta-analysis. Journal of Counseling and Development, 82, 79-80
- Harris, A. H. S., Luskin, F., Norman, S. B., Standard, S., Bruning, J., Evans, S., & Thoresen, C. E. (2006). Effects of a group forgiveness intervention on forgiveness, perceived stress, and trait-anger. Journal of Clinical Psychology, 62(6), 715-733. doi: 10.1002/jclp.20264
- Pronk, T. M., Karremans, J. C., Overbeek, G., Vermulst, A. A., & Wigboldus, D. H. J. (2010). What it takes to forgive: When and why executive functioning facilitates forgiveness. Journal of Personality and Social Psychology, 98(1), 119-131. doi: 10.1037/a0017875
- Worthington, E. L. Jr., & Wade, N. G. (1999). The psychology of unforgiveness and forgiveness and implications for clinical practice. Journal of Social and Clinical Psychology, 18, 385-418

동영상

- TED Talk: The mothers who found forgiveness, friendship, one who lost a son on 9/11 and one whose son was convicted: www.ted.com/talks/9_11_healing_the_mothers_who_found_forgiveness_friendship
- Nelson Mandela: Message of Forgiveness-The Making Of Mandela: https://youtu.be/S2RyxVURHoY
- Shawshank Redemption: The moment when Red finally stands up to the system and asserts his own terms of redemption: https://youtu.be/KtwXlIwozog

웹사이트

- Psychologist Everett Worthington, a leader in the forgiveness research: www.evworthington-forgiveness.com

- Ten Extraordinary Examples of Forgiveness: https://listverse.com/2013/10/31/10-extraordinary-examples-of-forgiveness
- Valuable resources about forgiveness: www.forgiving.org

팟캐스트(Podcast)

- A Better Way to Be Angry: advice from philosopher Martha Nussbaum: www.cbc.ca/radio/tapestry/anger-and-forgiveness-1.3997934/a-better-way-to-be-angryadvice-from-philosopher-martha-nussbaum-1.3997950

7장
7회기: 최대자 대 만족자

7회기에서는 최대자(가능한 한 최상의 선택을 목표로 삼는 사람)와 만족자(충분히 좋은 선택을 하는 사람) 개념을 익히게 된다. 이 회기의 주요 PPT 실습은 '만족 지향'이다.

최대자 대 만족자의 세 가지 핵심 주제

1. **선택 기준**: 먹는 것, 입는 것, 컴퓨터 배경화면 등 일상적인 부분부터 데이트 상대, 대학교, 경력, 이사 갈 지역이나 매수할 주택 같은 중요한 결정까지 우리 삶은 선택의 연속이라고 해도 과언이 아니다. 배리 슈워츠(Barry Schwartz, 2004)는 선택의 여지가 많을수록 반드시 행복이 증가하는 것은 아니라고 말한다. 선택지가 많을수록 가장 좋은 것을 고르기 위해 각 선택지에 더 엄격한 기준을 들이대기 때문이다. 게다가 하나를 선택했는데 나중에 보니 최상의 선택이 아니었다면 자책할 개연성도 커진다. 또한 다른 누군가가 최상의 것을 선택한 경우에는 위협을 느낄 수도 있다.

2. **최대자 대 만족자**: 당신은 최대자인가, 만족자인가? 최대자는 모든 결정과 선택, 기회 가운데 최상의 것을 뽑아내려고 최선을 다한다. 슈워츠는 저서 《선택의 역설(The Paradox of Choice)》에서 최대자는 물건을 살 때 상품들을 비교해 가장 많은 정보를 바탕으로 가장 좋은 결정을 내리려 애쓴다고 설명했다. 그래서 상품 매뉴얼과 라벨을 읽어보고, 검토와 평가를 통해 등급을 매기며, 세부 사항까지 모두 다 조사한다는 것이다. 만족자는 자신의 바람과 일치하고 이용할 수 있는 선택지를 고른다. 한편, 최대자는 가능한 범위에서 최상의 결정을 내려놓고도 종종 만족하지 못한 채 후회로 괴로워한다. 만족자는 일단 결정을 내리면 더 나은 선택지가 나오더라도 후회하지 않을

공산이 크다.

3. **결과에 대한 반응:** 최대자는 거의 모든 선택지를 살펴보고 평가하면서 최상의 것을 고르는 데 많은 시간과 노력을 투자한다. 그래서 더 나은 결정을 내리는 것이 당연하다. 다만, 구매나 선택을 한 후 그것에 실망할 경우 후회로 괴로워할 가능성이 크다. 그만큼 최대자는 지나치게 높은 기대와 후회할지도 모른다는 자기 충족적 두려움 때문에 우울증과 완벽주의에 빠지기 쉽다.

회기 시작 시 이완

각 회기는 내담자가 간단한 이완 운동으로 시작한다. 이 책 마지막에 수록된 '부록A: 마음챙김과 이완 실습'에서 찾아볼 수 있다.

회기 중 긍정 도구 실습: 당신은 최대자인가, 만족자인가?

내담자는 치료자와 함께 회기 중 실습을 한다. 워크시트 7.1을 참고한다.

워크시트 7.1: 최대자인가, 만족자인가?(슈워츠 외 다수, 2002)

다음 척도를 이용해 당신이 최대자-만족자 연속체에서 어디에 해당하는지 평가하고 탐색해본다.
(1 = 전혀 그렇지 않다 / 2 = 그렇지 않다 / 3 = 다소 그렇지 않다 / 4 = 보통이다 / 5 = 다소 그렇다 / 6 = 그렇다 / 7 = 매우 그렇다)

설명	반응
1. 선택해야 할 때마다 현재 제시되지 않은 것까지 합쳐 다른 모든 가능성을 생각해보려고 한다.	
2. 내 일에 얼마나 만족하는지와 상관없이 더 나은 결과를 찾는 것이 옳다.	
3. 차 안에서 라디오를 들으며 비교적 만족하고 있을 때도 더 좋은 방송이 있는지 알아보려고 종종 다른 채널을 검색한다.	
4. 한 가지 텔레비전 프로그램을 시청하려고 하면서도 다른 선택지가 있는지 알아보려고 종종 다른 채널을 검색한다.	
5. 인간관계를 옷처럼 취급해 완벽하게 딱 맞는 것을 찾을 때까지 많은 관계를 맺으려고 한다.	
6. 친구 선물을 사려고 쇼핑하는 것이 종종 어렵다.	

7. 영화 콤팩트디스크(CD)를 빌리기가 정말 어렵다. 항상 최고의 것을 빌리려고 애쓴다.	
8. 쇼핑할 때 진짜 좋아하는 옷을 찾기가 힘들다.	
9. 순위 목록(최고의 영화 목록, 최고의 가수 목록, 최고의 운동선수 목록, 최고의 소설 목록 등) 만들기를 무척 좋아한다.	
10. 글쓰기가 매우 어렵다. 친구에게 편지 한 장 쓰기도 힘들다. 정확한 말을 찾지 못하기 때문이다. 종종 간단한 글도 몇 번씩 초안을 작성한다.	
11. 무슨 일을 하든지 나 자신에게 높은 기준을 요구한다.	
12. 결코 차선책에 만족하지 않는다.	
13. 실제 내 생활과는 완전히 다른 삶을 살아가는 환상에 종종 빠진다.	

워크시트를 완성한 후 총점을 계산한다(13개 항목 점수 합산). 이 척도의 평균 점수는 50점이다. 75점 이상이면 높은 점수이며, 25점 이하면 낮은 점수다. 65점 이상이 나온 사람은 자신의 행복에 악영향을 미치는 최대자 행동이나 습관을 가지고 있다는 뜻이다. 40점 이하가 나왔다면 이 척도의 만족자 극단에 해당한다.

성찰과 토의

다음 질문에 대해 생각해보고 토의한다.

• 당신의 점수가 무엇을 암시하는가?

• 높은 점수(50점 이상)를 받았다면 그 결과가 몇몇 의미 있는 만족 지향적 변화를 꾀하는 데 어떤 도움이 되는가?

• 높은 점수를 받았다면 최대자의 경제적·정서적·신체적 대가를 얼마나 의식하고 있는가?

• 인생의 모든 영역에서 최대자를 지향하는 사람은 아무도 없다. 당신은 어떤 분야에서 최대자를 지향하고, 또 어떤 분야에서 만족자를 지향하는가? 이 모든 상황에서 당신 자신의 정서적 반응을 회상하고 비교해보길 권한다.

• 만족자보다 상품 비교를 훨씬 더 많이 하는가?

• 어떤 사람은 선택의 여지를 갖고 싶어 하고, 또 어떤 사람은 선택을 하고 싶어 한다. 당신은 어느 쪽에 가까운가?

회기 중 긍정 도구 실습: 만족자 지향

내담자는 치료자와 함께 회기 중 실습을 한다. 워크시트 7.2를 참고한다.

워크시트 7.2: 열 가지 만족자 지향 전략(슈워츠, 2004)

번호	전략
1	채집자(picker)가 아니라 선택자(chooser)가 되라. 선택자는 결정이 중요한 이유가 무엇인지를 생각할 수 있는 사람이다. 또한 어떤 선택지를 골라서는 안 되는지, 새로운 선택지를 만들어야 하는지, 어떤 특정 선택이 선택자 개인에 대해 말해주는지를 성찰할 수 있다. 다음과 같은 영역에서 채집자가 아닌, 선택자가 될 수 있다. • 당신에게 중요하지 않은 결정에 대해 고심하는 시간을 줄이거나 아예 없앤다. • 시간을 조금 내어 결정이 중요한 인생 영역에서 자신이 진정으로 무엇을 원하는지 자문해본다. 이런 전략이 효과가 없다면 다른 방법을 시도한다. _____ _____
2	더욱 많이 만족하고 더욱 적게 최대화한다. 만족하기 위해 다음과 같이 해본다. • 인생에서 '충분히 좋은' 것에 편안하게 만족한 경우를 떠올린다. • 그때 어떻게 그것을 선택했는지 철저히 검토해본다. • 그 전략을 더욱 광범위하게 적용한다. 이런 전략이 효과가 없다면 다른 방법을 시도한다. _____ _____
3	기회비용에 대해 생각한다. 기회비용을 생각하다가 질망감을 느끼는 상황은 다음과 같은 방법으로 피할 수 있다. • 완전히 실망하지 않는 한 대체로 자신이 구매한 것을 계속 사용한다. • '새롭고 향상된 것'을 갖고 싶은 유혹을 물리친다. • '가렵지 않으면 긁지 않는다'는 태도를 취한다. • 이 세상이 제공하는 모든 새로운 것을 놓칠까 봐 두려워하지 않는다. 이런 전략이 효과가 없다면 다른 방법을 시도한다. _____ _____
4	한 번 내린 결정을 되돌리지 않는다. 최종 결정을 내리면 다른 대안에 비해 자신의 선택이 훨씬 낮다는 느낌이 강화되는 다양한 심리적 과정을 경험하게 된다. 그런데 한 번 내린 결정을 되돌리면 그런 과정을 똑같은 강도로 경험하지 못한다. 되돌릴 수 있는 결정을 아래 빈칸에 적는다. 1. _____ 2. _____ 3. _____

	인생 영역에서 되돌릴 수 없는 결정을 아래 빈칸에 적는다. 1. _____ 2. _____ 3. _____
5	'감사하는 태도'를 실습한다. 어떤 선택의 좋은 점에 더 많이 감사하고, 그 선택의 나쁜 점에 덜 실망하려고 의식적으로 노력하면 주관적 경험을 크게 향상시킬 수 있다. 당신이 선택할 수 있는 감사하는 태도 실습을 아래 빈칸에 적는다. 1. _____ 2. _____ 3. _____
6	후회를 줄인다. 후회의 실질적 또는 잠재적 아픔은 많은 결정에 영향을 미치고, 때로는 아예 결정을 내리지 못하게 한다. 후회가 적절하고 유익한 경우도 있지만, 결정에 해가 되거나 결정을 내리지 못할 만큼 강해진다면 후회를 줄이기 위해 노력해야 한다. 후회를 줄이는 방법은 다음과 같다. • 최대자보다 만족자 기준을 적용한다. • 결정을 내리기 전 고려해야 하는 선택지 수를 줄인다. • 결정의 나쁜 점에 실망하기보다 좋은 점에 집중한다. 이런 전략이 효과가 없다면 다른 방법을 시도한다. _____ _____
7	적응을 예상한다. 사람은 보통 경험하는 거의 모든 것에 적응한다. 힘든 시기에는 적응을 통해 역경의 전면적 공격을 피할 수 있다. 좋은 시기에는 적응 때문에 '쾌락의 쳇바퀴(hedonic treadmill)'에 빠져 각각의 긍정 경험에서 기대되는 만족감을 충분히 느끼지 못한다. 적응을 피할 수는 없지만, 시간이 지남에 따라 경험이 어떻게 변할지에 대한 현실적 기대가 자라난다. • 새로운 전자기기를 구매하면 그 흥분이 두 달 이상 지속되지 않는다는 사실을 인지한다. • 완벽한 것을 찾는 데(최대자) 쏟아붓는 시간을 줄인다. 그러면 자신의 선택에 따르는 만족감으로 '갚아나가야' 하는 엄청난 조사비용이 발생하지 않는다. • 좋은 것들이 처음에 비해 얼마나 나빠졌는지에 신경 쓰기보다 실제로 얼마나 좋은지를 떠올려본다. 이런 전략이 효과가 없다면 다른 방법을 시도한다. _____ _____
8	기대를 통제한다. 자기 경험에 대한 평가는 실질적으로 그 경험에 대한 기대의 영향을 받는다. 그러므로 결정의 만족도를 높이는 한 가지 쉬운 방법은 지나치게 높은 기대를 조금은 낮추는 것이다. 기대를 좀 더 쉽게 낮추기 위해 다음과 같은 방법을 쓸 수 있다. • 고려하는 선택지 수를 줄인다. • 최대자보다 만족자가 된다. • 뜻밖의 즐거움을 찾아본다. 이런 전략이 효과가 없다면 다른 방법을 시도한다. _____ _____

9	사회적 비교를 줄인다. 사람은 사회적 비교로 자기 경험의 질을 평가한다. 이것은 유용하기도 하지만 종종 만족감을 떨어뜨린다. 이때는 다음과 같은 방법을 쓸 수 있다. • "장난감을 가장 많이 가지고 죽는 사람이 이긴다"라는 말은 범퍼 스티커 문구이지 지혜가 아니라는 사실을 명심한다. • 당신에게 행복을, 당신의 삶에 의미를 가져다주는 것에 집중한다. 이런 전략이 효과가 없다면 다른 방법을 시도한다. _____ _____
10	제약을 사랑하는 법을 배운다. 선택의 여지가 많아지면서 선택의 자유가 선택의 독재로 변했다. 일상적인 결정에도 많은 시간과 관심을 쏟아부어야 한다. 그 바람에 하루가 지나기 전 결정을 내리기가 어렵다. 여러 상황에서 가능성에 한계를 두는 것은 제약이 아니라 자유를 부여하는 것이라고 생각하는 법을 배울 필요가 있다. 사회는 선택에 필요한 규칙과 기준, 규범을 제공하고, 개인적 경험은 습관을 형성한다. 늘 안전벨트 매기, 저녁에 와인 두 잔 이상 마시지 않기 등 규칙을 따르기로 결정한다면 숙고하고 또 숙고해 선택해야 하는 사태를 피할 수 있다. 이런 규칙 준수가 익숙한 사람은 규칙이 적용되지 않는 선택이나 결정에 시간과 관심을 쏟아부을 수 있다. 당신이 준수할 규칙은 아래와 같다. 1. _____ 2. _____ 3. _____

성찰과 토의

다음 질문에 대해 생각해보고 토의한다.

- 여기에 제시된 만족자 전략 중 비교적 독립적으로 사용할 수 있는 것은 무엇인가?
- 만족자 전략 중 성공을 위해 다른 사람들의 협력이나 지지를 얻어야 할 때 필요한 것은 무엇인가?
- 이사 갈 집, 직장, 결혼 상대에 대한 선택이나 결정은 최대자로 이득을 볼 수 있다. 당신 인생의 어느 부분에서 최대자의 혜택을 볼 수 있는가?
- 최대자는 종종 외적인 확인에 의지해 의사결정을 한다. 즉 높은 평가를 받은 것이나 전문가의 추천, 사회적으로 바람직한 것 또는 선호되는 것, 많은 사람이 따르는 인물 등의 영향을 받는다. 당신도 이런 것에 영향을 받아 의사를 결정하는가?

실생활 사례: 24세의 동아시아 문화권 남성 시드후(Sidhu)

시드후는 대표팀 선수에 학업 성적도 우수한 학생이다. 엘리트 사립 고등학교를 다녔고, 대학교에서도 장학금을 받았다. 시드후의 아버지(성공한 사업가)와 어머니(성공한 변호사)는 항상 '우수'를 추구했다. 시드후도 부모의 바람대로 그 가치를 중시했다.

하지만 운동을 하다가 다치는 바람에 석 달 동안 목발을 짚고 생활해야 했다. 결국 운동 실력과 더불어 학업 성적도 나빠졌다. 수업은 모두 수강했지만 중요한 스포츠 경연대회를 놓쳐버렸다. 시드후는 최상에 못 미치는 결과를 완전한 실패로 여겼다. 그 바람에 우울증에 빠져 PPT를 받기 시작했다. 시드후는 실용지혜 실습을 통해 강점을 상황에 맞게 사용하는 법을 배웠다. 최대자와 만족자 실습을 통해서는 최고를 추구하고 성공하기 위해 자신의 선택지를 극대화하는 것은 가능하지만, 자신보다 더 나은 사람이 나올 수 있는 만큼 최고가 되지 못할 수도 있다는 사실을 알게 됐다. 만족자 지향 전략을 통해서는 다른 사람들과 비교해 최고가 되려고 할 필요가 없다는 점을 배웠다. 오히려 자신의 인간적 능력을 최고로 발휘하는 것이 중요하다는 사실을 깨달았다.

진척 상태 유지 비결

내담자는 진척 상태를 유지하기 위해 워크시트 7.2에서 강조한 전략 외에 다음 정보에 대해서도 치료자와 토의한다.

- 최대자는 사회적 비교를 할 가능성이 훨씬 크다. 특히 기준을 평가하고, 자기 경험이나 소유물의 상대적 지위까지 평가하려 든다. 만족자를 지향하려면 외적 기준에 의지하기보다 자신만의 닻, 다시 말해 자신만의 내적 기준을 만들어야 한다.
- 만족자를 지향하려면 경험을 음미한다. 많은 경험의 질, 특히 쾌락의 가치를 높이려하기보다 그런 경험을 비교적 희귀하고 독점적인 것으로 유지하려고 애쓴다. 그렇게 하면 적응을 막을 수 있고, 즐거운 경험 이후 더 강도 높은 경험을 추구하는 성향도 줄어든다.

- 최대자는 많은 선택지를 검토하면서 교육은 물론, 직장과 결혼 상대 고르기, 사회적 정체성 형성하기 등 인생의 다양한 영역을 자신이 통제할 수 있다고 믿는 경향이 있다. 하지만 조사 결과에 따르면 순이득은 추가적 정보라는 측면에서 결과에 거의 또는 전혀 영향을 미치지 않는다(슈워츠 외 다수, 2002). 다시 말해 최대자가 완벽한 결과를 통제하거나 관리하려다 보면 자신이 통제권을 쥐고 있다는 느낌을 받지만, 사실 그 결과는 그리 중요하지 않다. 게다가 통제 과정을 관리하는 데 모든 노력을 쏟아부은 탓에 과정 자체를 즐기지 못하게 된다.

참고자료

읽기 자료

- Jain, K., Bearden, J. N., & Filipowicz, A. (2013). Do maximizers predict better than satisficers? Journal of Behavioral Decision Making, 26(1), 41-50. doi: 10.1002/bdm.763
- Kahneman, D., & Tversky, A. (1984). Choices, values, and frames. American Psychologist, 39, 341-350
- Schwartz, B. (2004). The Paradox of Choice: Why More Is Less. New York: Ecco/HarperCollins
- Schwartz, B., Ward, A., Monterosso, J., Lyubomirsky, S., White, K., & Lehman, D. R. (2002). Maximizing versus satisficing: Happiness is a matter of choice. Journal of Personality and Social Psychology, 83(5), 1178-1197. doi: 10.1037/0022-3514.83.5.1178

동영상

- TED Talk: Barry Schwartz, author of The Paradox of Choice, discusses how more choices paralyze us and deplete our happiness: www.ted.com/talks/barry_schwartz_on_the_paradox_of_choice
- TED Talk: Shyeena Iynger discusses how people choose and what makes us think that we are good at it: www.ted.com/speakers/sheena_iyengar
- TED Talk: Dan Gilbert discusses how our beliefs of what makes us happy are often wrong: www.ted.com/talks/dan_gilbert_researches_happiness

- To assess if you are maximize or satisficer, take a free online test: www.nicholasreese.com/decide

웹사이트

- Elizabeth Bernstein: How You Make Decisions Says a Lot About How Happy You Are "Maximizers" Check All Options, "Satisficers" Make the Best Decision Quickly: Guess Who's Happier? (The Wall Street Journal): www.wsj.com/articles/how-you-make-decisions-says-a-lot-about-how-happy-you-are-1412614997

8장
8회기: 감사

PPT 2단계의 마지막 회기인 8회기에서는 1회기에서 감사 일기 형태로 처음 언급된 감사의 개념을 확장하고, 현재 살아 있는 사람뿐 아니라, 과거에 어떤 긍정적인 영향을 받았음에도 제대로 감사하지 못한 사람을 떠올리면서 그에게 편지를 쓰게 된다. 이 회기에서 다루는 PPT 실습은 '감사 편지'와 '감사 방문'이다.

감사의 세 가지 핵심 지식

1. **감사란 무엇인가:** 감사는 인생에서 긍정적인 부분을 찾아내 고마움을 표현하는 경험이다. 그럼으로써 긍정의 가치와 의미를 인정하는 것이다. 로버트 에먼스(Robert Emmons)는 저서 《감사(THANKDS)》(2007)에서 감사란 부작용이 없는 약물과 같다고 했다.

2. **감사의 무효화 효과:** 감사는 부정 정서를 '무효화하는 효과'를 지닌다. 긍정 정서와 비교했을 때 부정 정서는 더욱 강해지고 오래 지속되며 널리 퍼지는 성향이 있다. 그러한 영향력을 무효화하는 잠재력을 지닌 것이 바로 감사다. 예컨대 슬프고 절망적이며 혼란스럽고 미래가 불안하게 느껴질 때 인생의 긍정적 측면을 현실적으로 들여다보려고 애쓰면 상황을 전체 국면에서 바라볼 수 있다. 감사 실습을 통해 인생에서 크고 작은 좋은 점을 찾아내 살펴본다면 자신의 인생이 결코 나쁘지만은 않다는 사실을 깨닫게 될 것이다.

3. **감사의 타인 지향성:** 감사는 보통 '타인 지향성'을 가진다. 다시 말해 감사는 다른 누군가에게, 혹은 다른 누군가를 위해서 하는 것이다. 이 과정에서 긍정 관계가 형성된

다. 또한 감사는 당연시 여기는 관계의 가치를 재점검할 수 있게 해준다. 사랑하는 사람이 아픈 당신을 돌봐줄 때, 회의나 비행에 필요한 중요한 물건을 제때 준비해줄 때, 좌절에 빠진 당신을 위로할 때, 혹은 당신의 특이한 습관을 참아주거나 받아들일 때 당신은 자신의 인생에 그런 사람이 있어 감사하다고 느낀다.

회기 시작 시 이완

각 회기는 내담자가 간단한 이완 운동으로 시작한다. 그중 몇 가지는 이 책 마지막에 수록된 '부록A: 마음챙김과 이완 실습'에서 확인할 수 있다.

회기 중 긍정 도구 실습: 감사 편지와 감사 방문

내담자는 치료자와 함께 회기 중 실습을 한다. 워크시트 8.1을 참고한다.

워크시트 8.1: 감사 편지 초안

감사 편지 초안을 작성한다.

_____ 에게

_____

_____

_____

_____

_____

_____

_____

_____

_____

초안 작성을 끝낸 후 집에서 다음 지시에 따라 감사 편지를 이어서 쓴다.

감사 편지와 감사 방문

1. 회기 중 작성한 감사 편지 초안을 다듬는다. 내용을 쓰고 또 수정해가면서 왜 고마운 지 구체적으로 묘사한다. 그 사람이 당신에게 어떤 일을 해줬는지 자세히 쓰고, 그 행 동 덕분에 삶이 어떻게 달라졌는지를 분명하게 설명한다. 지금 당신이 무엇을 하고 있으며, 그 사람의 노력을 얼마나 자주 떠올리는지도 편지에 적는다.

2. 감사 편지 최종본을 완성하자마자 그 중요성을 강조하기 위해 서명하고 코팅한다.

3. 이제 그 사람을 방문할 날짜를 정한다. 그를 집으로 초대하거나 그 사람의 집으로 찾 아간다.

4. 그 사람과 전화 통화를 하는 것이 아니라, 일대일로 만나 감사를 전하는 마지막 단계 를 완료하는 것이 중요하다. 방문 목적을 미리 알려주지는 않는다. 그냥 "만나고 싶다" 라고만 이야기해도 충분하다.

5. 와인과 치즈를 들고 갈지 말지는 중요하지 않다. 하지만 코팅한 감사 편지는 꼭 선물 로 가져간다. 그 사람과 함께 자리에 앉았을 때 시선을 마주 보며 감정을 살려 큰 소 리로 천천히 편지를 읽는다. 그런 다음 상대가 반응할 수 있는 시간을 가지면서 그가 당신에게 중요한 의미가 된 바로 그 사건을 함께 떠올린다.

성찰과 토의

다음 질문에 대해 생각해보고 토의한다.

- 감사 편지를 쓸 때 기분이 어땠는가?
- 감사 편지 쓰기에서 가장 쉬운 부분과 가장 힘든 부분은 무엇이었나?
- 상대방이 당신의 감사 편지에 어떻게 반응했나? 그 반응으로부터 당신은 어떤 영향 을 받았는가?
- 감사 편지를 읽고 나서 느꼈던 기분이 얼마나 오래 지속됐는가?
- 감사 편지를 읽은 후 며칠 동안 그 경험을 회상했나? 또 그 느낌은 어땠는가?

실생활 사례: 47세의 아라비아 출신 여성 레다(Reda)

중동에서 출판업에 종사하는 레다는 PPT 워크숍에 참가해 오빠에게 감사 편지를 썼다. 그리고 오빠에게 편지를 읽어주었다. 다음은 레다가 오빠에게 쓴 감사 편지 내용이다.

사랑하는 오빠에게

오랜 세월 마음속에 품고만 있었던 이야기를 이렇게 편지로 쓰고 있어. 내가 오빠를 얼마나 사랑하는지, 얼마나 소중한 친구이자 아빠로 여기는지 말하고 싶어. 오빠는 나를 지지해준 든든한 기반이야. 내가 인생의 많은 난관을 헤쳐 나가 내 발로 설 수 있게 해준 사람도 오빠야.

내 인생은 쉽지 않았어. 아빠가 재정적으로나 법적으로, 또 개인적으로 어려운 일을 겪고 또 겪으면서 우리 가족은 파탄이 나버렸으니까. 그 많은 난관으로 아빠의 인생이 마비돼버렸고, 오빠도 알다시피 우리의 삶도 망가졌어. 오빠의 끝없는 사랑과 친절, 배려 덕분에 나는 그 힘든 시기를 견뎌낼 수 있었어.

오빠는 사랑스러운 가족이라는 울타리 안으로 나를 받아주었고, 오빠의 새집에 내 방을 마련해주었지. 덕분에 나는 가족이 있다는 걸, 혼자가 아니라는 걸 알았어.

오빠는 정치적으로나 경제적으로 불안한 나라에서 가족을 돌보고 직장생활의 스트레스를 이겨나가느라 바쁜 와중에도 정기적으로 연락해 내가 잘 지내는지 살폈어. 오빠는 내가 언제나 의지할 수 있는 사람이야.

항상 필요한 게 있는지 물어봐준 오빠는 나의 수호천사야.

6개월도 채 안 되는 기간에 세 번이나 중동에 와서 나의 이혼 문제를 해결하려고 애써줘서 고마워. 그때 사람들은 대부분 전남편 편에 서서 문제를 더 크게 일으켰고, 개인적 이득을 챙기려 혈안이 되어 있었지.

내가 꿈꾸던 집으로 이사 가 인생을 재건하고 다시 안정감을 되찾을 수 있게 돈을 빌려준 일도 고마워.

지난 6년 동안 두 번의 수술을 받았을 때 내 곁에 있어줘서 고마워.

매년 오빠의 사랑스러운 가족과 함께 시간을 보내자고 초대해줘서 고마워.

생일과 크리스마스 때마다 내 응석을 다 받아줘서 고마워.

새 차를 사주겠다고 해서 고마워.

오빠한테 고마운 일이 아주 많아. 오빠의 사랑과 너그러움, 정중함, 배려, 온기 덕분에 내가 자주 그리워하던 소속감과 친절함을 느낄 수 있었어. 오빠의 아이들은 내 인생에서 내 일보다 더 큰 삶의 의미가 됐고, 그 아이들이 있어서 내 아이가 없는 슬픔을 이겨낼 수 있었어. 내가 인생에서 무엇을 더 바랄 수 있겠어. 오빠는 내 뿌리가 되어주고 있어. 의심과 슬픔이 피어오를 때면 오빠를 생각해. 오빠와 오랫동안 나누던 대화, 오빠와의 여행을 생각해.

장난기 가득한 어린 시절의 즐거웠던 나날들이 떠올라. 오빠가 항상 내 곁에 있어줄 거라는 걸 알아. 오빠의 무조건적인 사랑 덕분에 땅에 발을 딛고 서 있는 것 같아. 아이 곁을 지켜야 마땅했던 아빠가 채워주지 못한 것들, 꿈꾸던 결혼생활과 개인적인 안정을 이루지 못한 데서 오는 부족함을 오빠가 메워주었어. 내 자부심을 갉아먹던 그 문제들은 내가 끊임없이 해결하려고 애쓰던 것이었는데, 오빠가 그것들을 해결해줬어.

오빠는 놀라운 사람이야. 내 인생에서 영원히 빛나는 보석 같은, 햇살 같은 사람이야. 오빠를 진심으로 사랑해. 나는 언제나 오빠 곁을 지킬 거야. 모니카(Monica)와 오빠의 세 아이들 곁을 지켜줄 거야. 오빠는 친절한 사람이야. 내가 꿈꾸던 오빠이자 친구이자 아빠야.

레다의 성찰

나는 치료자의 허락을 받아 평생 동안 나를 지지해준 오빠에게 스카이프(Skype) 영상통화로 진심 어린 감사를 전하기로 했다. 오빠는 그저 '일반적인 대화를 나누려나 보다'라고 생각하고 있었다. 나는 오빠에게 방에 혼자 들어가 방문을 닫아줄 수 있는지 물어봤다. 오빠는 내 말대로 했지만, 왜 그런 요구를 하는지 알 수 없어 오히려 걱정스러워했다.

나는 오빠에게 의자에 앉아서 기다려달라고 했다. 그리고 사랑과 배려가 넘치는 오빠를 생각하면서 쓴 감사 편지를 읽어주고 싶다고 말했다. 편지의 두 번째 줄을 읽고 나자 눈물이 흘러내렸다. 오빠는 시선을 피한 채 바닥만 내려다보고 있었다. 편지를 계속 읽어나가는 동안 목이 메었고 눈물이 뺨을 타고 흘렀다. 그 후로도 몇 번이나 편지 읽기를 멈췄다. 그때 갑자기 오빠가 티슈 한 장을 뽑아서 눈물을 닦고 코를 푸는 모습이 보였다. 오빠는 잠시 동안 말없이 나를 쳐다보기만 했다. "이렇게 좋은 편지를 써줘서 고마워." 오빠가 무척 감동한 듯 말했다. "함께 자라면서 내가 너한테 상처 준 모든 일을 용서해줘." 그러고는 보수적인 사회에서 나 때문에 종종 창피하기도 했다고 솔직하게 털어놓았다. 미혼 여성은 집에 일찍 들어가야 하던 그 시절, 나는 늦게까지 밖에서 남자들과 데이트하고 놀면서 내 삶을 살아가고자 한 반항적인 아이였기 때문이다. 하지만 오빠는 나를 전적으로 존중했고, 자립적이고 강인한 성격의 사랑스러운 여동생으로 받아주었으며, 자랑스럽게 여겼다.

오빠는 당연히 해야 할 일을 했을 뿐인데 고맙다는 인사를 늘으니 낯설다고 했나. "가족 중에서 나한테 고맙다고 말해준 사람은 네가 처음이야. 그동안 내가 한 모든 일에 대해 제대로 감사 인사를 받아본 적이 없다고 생각했거든."

스카이프 영상통화는 22분 동안 이어졌다. 전화를 끊고 나자 고마움이 느껴졌다. 비록 힘든 어린 시절을 보냈지만 우리가 어떻게 인생에서 선을 찾아내고, 많은 것을 이루며, 앞으로 나아갈 수 있었는지 알 것 같았다. 또한 우리 둘 다 서로를 의지할 수 있을 듯했다. 이 짧은 영상통화에서 오빠는 내게 마음을 열고 감정을 더 명확하게 많이 표현했다. 전에는 결코 없었던 일이다. 오빠는 그 순간 경계심을 떨쳐냈고, 나는 오빠의 스트레스를 풀어준 것 같다는 느낌이 들었다. 또한 인생에서 약해지는 순간을 이겨내는 데 우리 남매의 관계가 얼마나 큰 힘이 되는지 가늠할 수 있었다. 우리는 서로의 존재에 감사했고, 또 남매 이상으로 최고의 친구가 될 수 있음에 감사했다. 서로의 삶에 얼마나 진심으로 신경 쓰는지도 알 수 있었다. 우리는 매주 정기적으로 스카이프 영상통화로 감사 실습을 하기로 했다. 그것이 바로 우리의 웰빙을 증진하고, 역경을 이겨내며, 돈독한 관계를 키워나가는 길이기 때문이다.

진척 상태 유지 비결

내담자는 진척 상태를 유지하기 위해 다음 정보에 대해 치료자와 토의한다.

- 감사할 줄 아는 사람과 더 많이 어울리고, 그렇지 못한 사람과는 다소 거리를 둔다. 집단 내에서 표출된 정서는 파급 효과를 일으키고 집단 전체가 그것을 느끼게 된다. 행복과 감사는 전염성이 있다.

- 말이 곧 현실이 된다. 감사하는 사람은 특별한 언어 스타일을 갖고 있는데 선물과 기부, 행운, 풍요, 만족, 축복, 은총을 뜻하는 단어들을 자주 사용한다. 반면, 감사하지 않는 사람은 박탈과 후회, 부족, 필요, 희귀성, 상실을 뜻하는 표현을 주로 쓴다. 감사 능력이 떨어지는 우울증 환자의 표현도 이와 다소 비슷하며, 자아에 중점을 둔다. 예컨대 "나는 실패자야", "아무도 나를 사랑하지 않아" 등이 그것이다. 감사 능력을 키우고 싶다면 자신의 언어 스타일을 스스로 점검해본다. 그렇다고 피상적인 칭찬으로 자신을 치켜세우라는 의미는 아니다. 사람들이 당신에게 해준 좋은 일에 신경 쓰라는 얘기다.

- 감사 편지와 감사 방문 경험이 강렬했다면 감사를 전하고 싶은 다른 사람들을 떠올려봤는가? 당신에게 특별히 친절했지만 한 번도 감사를 전하지 못한 부모와 친구, 교사, 코치, 팀원, 고용주 등을 생각해본다. 벌써 오래전에 감사 인사를 전했어야 하는 사람일지도 모른다.

- 감사는 직접적으로, 즉 일대일 만남이나 전화, 편지로 전할 때 가장 효과적이다. 단순히 "고마워"라는 입에 발린 소리를 하기보다 구체적으로 표현하는 편이 좋다. 예컨대 스승에게는 재능을 알아봐주고 최상의 모습을 끌어낼 수 있도록 도와주셔서 고맙다고 말한다. 좋아하는 삼촌에게는 이해해주는 사람이 아무도 없어 힘들던 사춘기 때 격려해줘서 고맙다고 말한다. 오랜 친구에게는 괴롭힘을 당할 때 편을 들어줘서 고맙다고 말한다. 이들에게 직접 편지를 써 구체적으로 감사를 표현해보자. 여력이 되고 또 적절하다면 식사나 뮤지컬, 콘서트, 미술 전시회, 스포츠 행사 등 함께 할 수 있는 뭔가를 선물로 제안해도 좋다.

참고자료

읽기 자료

- Emmons, R. A., & Stern, R. (2013). Gratitude as a psychotherapeutic intervention. Journal of Clinical Psychology, 69(8), 846-855
- Kaczmarek, L. D., Kashdan, T. B., Drążkowski, D., & Enko, J. (2015). Why do people prefer gratitude journaling over gratitude letters? The influence of individual differences in motivation and personality on web-based interventions. Personality and Individual Differences, 75, 1-6
- Post, S., & Neimark, J. (2007). Why Good Things Happen to Good People: The Exciting New Research that Proves the Link between Doing Good and Living a Longer, Healthier, Happier Life. New York: Random House
- Toepfer, S. M., & Walker, K. (2009). Letters of gratitude: Improving well-being through expressive writing. Journal of Writing Research, 1(3), 181-198

동영상

- Science of Happiness: An Experiment in Gratitude, the power of writing and sharing gratitude letter: https://youtu.be/oHv6vTKD6lg
- Virtual Gratitude Visit: Dr. Daniel Tomasulo discusses how to conduct a virtual gratitude visit: https://youtu.be/iptEvstz6_M
- Gratitude Letter: Tal Ben-Shahar explains the Gratitide Letter exercise: https://youtu.be/WIGrLfmbiPE

웹사이트

- Website of Robert Emmons, one of the most eminent researchers of gratitude: https://emmons.faculty.ucdavis.edu
- Stories of Gratitude: stories about the extraordinary power of gratitude: https://365grateful.com

9장
9회기: 희망과 낙관성

PPT 3단계의 시작인 9회기에서 내담자는 최상의 현실적인 결과를 내다보는 방법을 배운다. 또한 역경은 일시적이고 일부라는 점과 희망을 키우는 방법에 대해서도 익히게 된다. 이 회기에서 중점적으로 다루는 PPT 실습은 '문 하나가 닫히면 다른 문이 열린다고 생각하기'다.

희망과 낙관성의 세 가지 핵심 주제

1. **낙관성과 희망은 비슷하지만 다르다:** 낙관성은 보통 좌절에 직면했을 때 좌절의 원인을 설명하는 바탕이다. 예컨대 그 좌절이 전적으로 나의 책임은 아니고, 영원히 지속되지도 않으며, 인생의 모든 측면에 영향을 미치지도 않는다고 말하는 것이다. 낙관성은 또한 목표를 달성할 수 있을 것이라는 일반적인 기대이기도 하다. 이에 비해 희망은 개인적인 요인(의지)을 더 강조하고, 목표를 달성하는 구체적인 전략(수단)을 파악하는 바탕이다. 낙관성과 희망은 둘 다 비관성과 우울증, 절망에 빠지지 않도록 도와준다.

2. **낙관성과 희망을 적절히 사용한다:** 모든 실패나 좌절을 극복하는 데 낙관성과 희망이 필요한 것은 아니다. 예컨대 반복적으로 틀어지는 인간관계나 자주 하게 되는 실직, 혹은 잦은 말다툼을 극복하려면 먼저 개방성과 신중성, 자기 통제력 같은 강점을 사용해 상황을 분석해야 한다. 낙관적이고 희망적인 노력은 그 후에 따라온다.

3. **심리치료의 희망과 낙관성:** 희망과 낙관성은 심리치료 분야의 주요 요소다. 치료를 받는 사람은 보통 증상이 완화될 것이라는 희망을 안고 있다. 한마디로 희망은 치료

적 변화에서 중요한 핵심 요인이다. 치료자는 내담자의 이야기를 경청하고 인정하고 공감하면서 희망을 불어넣는다. 잘못된 길로 들어선 내담자에게는 계속 노력하면 반드시 나아질 것이라는 희망을 심어준다. 희망 없이는 심리치료 효과가 크지 않을 수 있다.

회기 시작 시 이완

각 회기는 내담자가 간단한 이완 운동으로 시작한다. 이 책 마지막에 수록된 '부록A: 마음챙김과 이완 실습'에서 확인할 수 있다.

회기 중 긍정 도구 실습: 문 하나가 닫히면 다른 문이 열린다

내담자는 치료자와 함께 회기 중 실습을 한다. 워크시트 9.1을 참고한다

워크시트 9.1: 문이 열린다

1단계

인생의 문이 열리고 닫히는 것을 경험한 사건을 아래 빈칸에 적는다. 문이 즉각 열렸는가, 아니면 시간이 좀 걸렸는가? 문이 닫히는 순간 실망과 우울, 억울함 또는 다른 부정 감정을 느끼는 바람에 열린 문을 찾기가 훨씬 힘들었는가? 열린 문을 좀 더 순조롭게 찾기 위해 앞으로 할 수 있는 일이 있는가?

닫힌 문 세 가지를 생각해본다. 이때 혹시 다른 문이 열렸는가? 아래 빈칸을 채워보자.

①영원히 닫혔던 가장 중요한 문은 _____ 열렸던 문은 _____
②운이 나빠서 또는 기회를 놓쳐서 닫혔던 문은 _____ 열렸던 문은 _____
③상실과 거부 또는 사망으로 닫혔던 문은 _____ 열렸던 문은 _____

2단계

문이 닫힌 이유를 자신에게 어떻게 설명할지 알아본다. 1단계의 세 가지 사례 중 하나를 고르고, 다음 각 문장이 당신이 생각하는 문이 닫히고 열린 이유와 얼마나 일치하는지 숫자로 표시한다(아래 척도에서 1은 전혀 일치하지 않는다, 7은 완전히 일치한다는 뜻).

닫힌 문의 번호는 _____

① 이 문은 대체로 나 자신이나 내부적 요인 때문에 닫혔다. 1……3……5……7……

또는

② 이 문은 대체로 다른 사람들이나 외부 환경 때문에 닫혔다. 1……3……5……7……

또는

③ 이 문이나 이와 비슷한 문은 항상 닫혀 있을 것이다. 1……3……5……7……

또는

④ 이 문은 일시적으로 닫혀 있다. 1……3……5……7……

또는

⑤ 이 닫힌 문 때문에 내 인생의 모든 부분이 망가질 것이다. 1……3……5……7……

또는

⑥ 이 문은 내 인생의 일부에만 영향을 미친다. 1……3……5……7……

①, ③, ⑤ 합산 점수가 높으면(12점 이상) 문 닫힘(퇴보, 실패, 역경)의 원인을 개인적(주로 자신이 원인임)이고, 영구적(변하지 않음)이며, 만연적(문 하나가 닫히면 인생의 다른 문들도 닫힘)이라고 생각한다는 뜻이다.

②, ④, ⑥ 합산 점수가 높으면 문 닫힘의 원인을 타의적이고, 일시적이며, 부분적(인생 모든 영역에 영향을 미치는 것은 아님)이라고 생각한다는 뜻이다. 셀리그만의 낙관성 학습 이론[포기어드(Forgeard), 셀리그만, 2012; 셀리그만, 1991]에 따르면 이런 원인 설명양식은 부정 경험 이후 나타나는 더욱 적응적인 기능과 관련 있다.

성찰과 토의

다음 질문에 대해 생각해보고 토의한다.

• 패배 원인을 전적으로 자신에게 돌리고, 그 한 번의 패배로 자기 인생이 영원히 암

울해질 것이라고 생각한다면 우울증과 다른 심리적 문제가 생기기 쉽다. 이렇게 문 하나가 닫혔을 때, 즉 패배나 역경을 경험하거나 기회를 놓쳤을 때 그 원인이 무엇이라고 자신에게 설명하는가?

- 문이 닫히면서 어떤 영향을 받았는가? 행복 및 웰빙에 관한 당신의 부정적 측면과 긍정적 측면은 무엇인가? 그 영향력이 광범위했거나 오래 지속됐는가?
- 그 영향력 이후 뭔가 긍정적인 일이 생겼는가? 그렇다면 어떤 일이었나?
- '문 하나가 닫히면 다른 문이 열린다고 생각하기' 실습 덕분에 당신의 융통성과 적응성이 어떻게 향상됐는가?
- 고의적으로 좀 더 밝은 측면(열리는 문)에 집중할 경우 마주해야 하는 고된 현실을 최소화하거나 간과할 수도 있다고 생각하는가?
- 무엇 때문에 문이 닫혔고, 무엇이 또 다른 문을 여는 데 도움이 됐는가?
- 살짝이라도 열린 문이 있는지 찾아보는 것이 쉬웠나? 아니면 어려웠나?
- 닫힌 문이 지금 당신에게는 어떤 의미로 다가오는가?
- 문이 열리면서 성장했는가? 아직 더 성장할 여지가 있는가? 그런 성장이 언제 보이는가?
- 당신이 문을 열 수 있도록 도움을 주거나 당신이 들어갈 때까지 열린 문을 잡아준 사람을 한두 명 떠올려본다.
- 아직도 닫힌 문이 열리길 바라는가? 아니면 이제는 닫힌 문에 신경 쓰지 않는가?

실생활 사례: 25세의 소외된 여성 제니(Jenny)

제니는 감정조절 장애 증상에 온갖 종류의 약물 남용, 끝없이 불안한 인간관계로 고생했다. 처음에는 긍정 정서나 성격강점, 특히 희망의 효과를 극도로 불신했다.

한 번은 단체 치료에서 대다수 참가자가 자신이 경험한 긍정 정서에 관해 이야기하는 동안 제니는 조용히 앉아 있었다. 나(라시드 박사)는 직접적으로 말은 하지 않았지만 이야기하고 싶지 않으면 그냥 넘어가도 된다는 눈빛을 제니에게 보냈다. 제니는 빈정거리는 투로 이렇게 말했다. "제 인생에는 가족들로부터 정서적으로 심하게 학대받은 기억, 알코올 중독에 시달린 기억밖에 없어요. 부모님 중 한 분이 날이면

날마다 부정 정서를 내뿜었죠. 제 인생에는 긍정적인 것이라고는 하나도 없어요." 제니의 고통이 느껴지자 참가자들에게 이 실습을 요구한 내가 치료적으로 무례를 저지른 것만 같았다. 불편하고 긴 침묵이 이어진 후 다른 한 참가자가 제니에게 부드러운 목소리로 물었다. "그럼 이 단체 치료에는 왜 매주 참석하나요?" 이 질문에 제니의 눈에서 눈물이 떨어졌다. 제니는 나지막하게 대답했다. "이 치료가 저의 유일한 희망이니까요. 그래서 절대 놓을 수 없는 거예요." 모두가 침묵했고, 깊이 감동받았다. 그 한 가닥 희망만 있어도 긍정 정서와 긍정 경험에 대한 이야기를 시작하기에 충분했다.

지난해 졸업식 날 제니의 이름이 호명됐다. 제니의 가족은 한 명도 오지 않았다. 제니가 졸업장을 받으려고 단상에 오르기 전, 예복 차림으로 단상에 앉아 있던 교수진과 직원 등 여섯 명이 일제히 일어나 제니를 맞이했다. 나도 그들 중 한 명이었다. 제니는 그들 모두를 한 명 한 명씩 껴안았다. 제니의 두 뺨에서 눈물이 흘러내렸고, 주변에 있던 많은 사람이 함께 눈물을 흘렸다. 그 모습을 지켜본 이들 모두가 감동했다. 최근 제니는 대학교에서 정규직원으로 일하게 됐다.

진척 상태 유지 비결

내담자는 진척 상태를 유지하기 위해 다음 정보에 대해 치료자와 토의한다.

- 다음번에 문제가 있는 친구를 도울 때는 상황의 긍정적 측면을 살핀다. '밝은 면을 보라'는 진부한 문구를 사용하기보다 친구가 간과할지도 모르는 구체적이고 특정한 기회를 찾을 수 있도록 그를 도와준다.
- 치료 이후 겪게 되는 힘든 시기에 희망과 낙관성을 유지하기 위해서는 심리치료가 어떤 도움이 됐는지 떠올려보는 것이 좋다. 심리치료는 본질적으로 희망을 키우는 과정이다. 사람들은 자신의 바람직하지 못한 행동을 바꾸는 기술이 부족해서, 또는 그런 기술을 갖추고도 창의적으로 적용하는 데 자신감이 부족해서 치료를 받으려 한다. 치료 과정은 내담자가 자신이 가진 효과적인 기술을 이해하고, 추가적으로 필요한 기술을 사용하거나 향상시킬 수 있도록 도와준다. 기술을 갖춘 내담자는 치

료 과정을 통해 구체적인 목표 달성 계획을 세우고, 그런 기술을 적용할 수 있는 자신감과 의욕을 얻거나 되찾을 수 있다. 다음번에 또 자신에게 희망과 낙관성이 부족하다는 느낌이 든다면 심리치료가 얼마나 효과적이었는지를 떠올리자. 단, 심리치료가 실제로 효과가 있었을 경우에 한해서 말이다. 이런 회상을 통해 치료 과정에서 배운 기술로 새로운 난제를 해결할 수 있다. 미래 지향적이고 낙관적인 사람들과 어울리는 것도 중요하다. 심각한 패배와 실패, 역경에 부딪혔을 때는 낙관적이고 희망적인 친구가 당신의 기분을 전환시키는 자산이 되기도 한다. 이와 마찬가지로 친구가 문제에 직면했을 때는 당신이 그 친구의 기운을 북돋울 수 있다.

참고자료

읽기 자료

• Caprara, G. V, Steca, P., Alessandri, G., Abela, J. R, & McWhinnie, C. M. (2010). Positive orientation: explorations on what is common to life satisfaction, self-esteem, and optimism. Epidemiologia E Psichiatria Sociale, 19, 63-71

• Carver, C. S., Scheier, M. F., & Segerstrom, S. C. (2010). Optimism. Clinical Psychology Review, 30(7), 879-889. doi: 10.1016/j.cpr.2010.01.006

• Gilman, R., Schumm, J. A., & Chard, K. M. (2012). Hope as a change mechanism in the treatment of posttraumatic stress disorder. Psychological Trauma: Theory, Research, Practice, and Policy, 4, 270-277. doi: 10.1037/a0024252

• Giltay, E. J., Geleijnse, J. M., Zitman, F. G., Hoekstra, T., & Schouten, E. G. (2004). Dispositional optimism and all-cause and cardiovascular mortality in a prospective cohort of elderly Dutch men and women. Archives of General Psychiatry, 61, 1126-1135

• Jarcheski, A., & Mahon, N. E. (2016). Meta-analyses of predictors of hope in adolescents. Western Journal of Nursing Research, 38(3), 345-368. doi: 10.1177/0193945914559545

• Weis, R., & Speridakos, E. C. (2011). A meta-analysis of hope enhancement strategies in clinical and community settings. Psychology of Well-Being: Theory, Research and Practice, 1(1), 5. https://doi.org/10.1186/2211-1522-1-5

• Yarcheski, A., & Mahon, N. E. (2016). Meta-analyses of predictors of hope in adolescents. Western Journal of Nursing Research, 38(3), 345-368. doi: 10.1177/0193945914559545

• Yarcheski, A., & Mahon, N. E. (2016). Meta-analyses of predictors of hope in adolescents. Western Journal of Nursing Research, 38(3), 345-368. doi: 10.1177/0193945914559545

동영상

• Explanatory style: Learn how your thinking habits can affect your ability to bounce back from stressful circumstances: https://youtu.be/q8UiXudooh8

• TED Talk: Neil Pasricha speaks on spreading little optimism everyday about things which make life worth living: www.ted.com/speakers/neil_pasricha;retrieved November 24, 2015

• Seligman on Optimism: at BBC's Hardtalk: https://youtu.be/nFzlaCGvoLY?list=PLB 9036743C2E1866F

• Positive Emotions, by Barbara Fredrickson; positivity focuses on what "positivity" is and why it needs to be heartfelt to be effective: https://youtu.be/Ds_9Df6dK7c

웹사이트

• A website about awesome things: https://1000awesomethings.com

• Positive Psychology Daily News: To stay updated about positive psychology events: https://positivepsychologynews.com

• Positivity Ratio: Learn about your positive to negative emotion ratio, also called the positivity ratio, at Barbara Fredrickson's website: www.positivityratio.com

10장
10회기: 외상 후 성장

10회기에서는 내담자를 계속 괴롭히는 정신적 외상 경험에 대한 깊은 생각과 감성을 들여다보게 된다. 이 회기의 중점적 PPT 실습은 '표현적 글쓰기'다.

외상 후 성장의 세 가지 핵심 주제

1. **외상 후 성장이란 무엇인가:** 정신적 외상을 겪으면 몇몇 사람은 전문 치료가 필요할 만큼 심각한 외상 후 스트레스 장애에 시달리는 반면, 대다수 사람은 외상 후 성장을 경험한다. 심리치료는 전통적으로 정신적 외상과 그로 인한 장단기 영향력을 집중적으로 다룬다. 정신적 외상을 입은 사람은 비밀이 지켜지는 안전한 환경에서 공감을 얻고 보살핌과 지지를 받을 때 상태가 호전되는 경향이 있다. 정신적 외상을 겪은 후 적절한 시기에 고통을 최소화하지 않으면서 성장 가능성을 탐색하는 것은 정신적 외상을 극복하는 한 방법이다.

2. **외상 후 성장의 혜택:** 외상 후 성장은 종종 삶의 의미와 관계의 중요성을 꿰뚫어보는 통찰력을 가져다준다. 이러한 성장을 통해 정신적 외상의 핵심인 부정 정서를 완화할 수 있다. 예컨대 정신적 외상은 보통 통제력 상실이라는 강력한 감정을 불러일으킨다. 하지만 삶의 일부를 통제하지 못했어도 다른 부분에서 성장했다는 사실을 깨닫는다면 통제력 상실의 고통을 줄일 수 있다. 증거[자야위크레메(Jayawickreme), 블래키(Blackie), 2014; 뢰프케(Roepke), 2015]에 따르면 외상 후 성장을 경험한 사람은 역경을 헤쳐 나갈 수 있다는 새로운 믿음을 얻게 된다. 또한 세월의 시험을 이겨낸 관계들을 찾아내 그것에 감사하고 더욱 공고히 할 수 있다고 믿는다. 그뿐 아니라 자신과 비슷

한 역경을 겪은 다른 사람들에게 깊이 공감하며, 좀 더 수준 높고 세심한 삶의 의미와 목적을 세울 수 있다는 믿음도 갖는다.

3. **외상 후 성장은 단순하고 간단한 것이 아니다:** 외상 후 성장은 그 명칭만큼 간단하고 단순한 결과가 아니다. '시간이 약'이라는 말을 들어봤을 것이다. 외상 후 성장은 시간이 지난다고 저절로 생기는 것이 결코 아니다. 오히려 시간을 내서 이루어야 하는 결과다. 또한 외상 후 성장을 했다고 미래의 모든 어려움을 적응적으로 견뎌낼 수 있는 것도 아니다. 특히 정신적 외상과 관련된 부분에서는 여전히 상처받기 쉬울 수 있다. 예컨대 암을 극복해 살아남고 많은 부분에서 쉽게 회복이 가능한 사람이라도 비교적 사소한 건강 문제로 고생할 수 있다.

회기 시작 시 이완

각 회기는 내담자가 간단한 이완 운동으로 시작한다. 이 책 마지막에 수록된 '부록A: 마음챙김과 이완 실습'에서 확인할 수 있다.

회기 중 긍정 도구 실습: 표현적 글쓰기

내담자는 치료자와 함께 회기 중 실습을 한다. 워크시트 10.1을 참고한다.

워크시트 10.1: 표현적 글쓰기

메모장이나 일기장에 정신적 외상 경험을 자세히 쓴다. 이 실습을 나흘간 하루에 적어도 15~20분 동안 계속한다. 반드시 다른 사람은 접근하지 못하는 안전하고 안정적인 곳에서 글쓰기 실습을 한다.

당신의 정신적 외상에 대한 가장 깊은 생각과 느낌을 찾아내 글로 표현하려고 노력한다. 이 경험을 인생의 다른 부분과 연결 짓거나 특정 영역에 국한할 수도 있다. 나흘간 동일한 경험 또는 다른 경험을 글로 풀어낸다.

마지막 날에는 그런 경험 덕분에 다음과 같은 도움을 받았는지 기록한다.

- 그 경험이 당신에게 어떤 의미가 있는지를 이해할 수 있다.

- 그것과 비슷한 상황을 다루는 자신의 능력을 이해할 수 있다.
- 당신의 인간관계를 다른 시각에서 이해할 수 있다.

성찰과 토의

다음 질문에 대해 생각해보고 토의한다.

- 글쓰기에서 가장 어려운 부분은 무엇이었나? 어려웠지만 그래도 가치 있다고 생각하는가?
- 정신적 외상과 역경, 상실에 대한 몇몇 반응은 너무나 강렬하기에 그것과 관련된 감정을 일부러 회피하려 들 수 있다. 그렇다면 글쓰기 과정이 그것에 도움이 됐는가?
- 글쓰기가 삶에 대한 예견력 측면에서 성장을 시각화하는 데 도움이 됐는가?
- 정신적 외상이나 상실의 고통이 아직 남아 있긴 해도 치유나 성장을 경험했는가?
- 외상 후 성장을 보여주는 어떤 구체적인 행동이나 태도를 실행했는지, 또는 실행할 계획이 있는지 적어본다.
- 글쓰기 과정의 구조 덕분에 정신적 외상 경험의 인과적 연쇄관계(casual chain)를 달리 바라볼 수 있게 됐는가? 그렇다면 어떤 인과적 연쇄관계를 발견했는가?
- 당신의 성격강점이 외상 후 성장에 반영됐는가?

실생활 사례: 40대 중반의 백인 남성 로버트 파지오(Robert Fazio)

라시드 박사의 절친한 친구인 로버트 파지오는 2001년 9월 11일 테러로 아버지를 잃었다.

9월 11일 화요일, 세계무역센터에서 아버지를 잃었다. 그 후로 아버지가 우리 곁에 계시면 좋겠다고 바라지 않은 날이 하루도 없다. 하지만 불행하게도 사랑하는 사람은 저 멀리 어딘가를 떠돌고 있고, 지금 이곳에는 우리밖에 없다. 그렇다면 우리는 무엇을 해야 하고, 어떻게 앞으로 나아갈 수 있을까? 9월 11일 이후, 나는 아버지가 자신의 한계를 넘어 이 세상에 변화를 일으킨 사람이었음을 깨달았다. 아버지는 재앙에서 빠져나올 수 있도록 도와주는 구명 밧줄과도 같은 사람이었고, 말 그대로 다른 이들을 위해 인생의 문을 잡아주는 사람이었다. 다른 많은 이의 가족이 그러하듯 나와 나의 가족, 친구들은 아버지의 영웅주의에 자극받아 아버지의 발자취를 따라가고자 한다. 아버지가 그랬듯이, 다른 이들의 삶을 바꿔주려 노력하고 있는 것이다. 우리는 이미 다른 이들을 위해 문을 잡아주기 시작했다.

내가 아버지를 잃은 상실감을 어떻게 달랬는지 곰곰이 떠올려봤다. 그러자 아버지가 목숨까지 던지며 지키려 했던 그 삶의 방식대로 살아가려고 나 스스로 노력하고 있는 것만은 분명하다는 생각이 들었다. 나는 다른 이들을 먼저 생각하려고 애쓴다. 힘든 시기에는 더더욱 그렇다. 이때 중요한 것은 남을 먼저 생각하려면 그 전에 자신을 중시해야 한다는 점이다. 스스로를 보살피도록 다른 사람들을 도우려면 내가 우선적으로 건강하고 강인하며 회복력이 뛰어나고 감정적으로도 안정된 사람이어야 한다. 인생에서 긍정적 측면이 하나도 없어 보일 때도 긍정을 찾아낼 수 있는 사람이어야 한다.

나는 다행히도 2001년 9월 11일 테러가 발생하기 전 이미 심리학을 공부하고 있었다. 내담자들과 함께 훈련을 진행하는 내내 내가 설명하는 것들을 실천해보고 싶다는 욕구가 강하게 생겼다. 그래서 내담자들에게 정서 지능, 자기 인식과 관련된 행동 및 기술을 실천해보라고 권할 때마다 나도 그렇게 했다. 그러한 접근법을 사용하자 내 꿈을 좇아 나아갈 수 있었을 뿐 아니라, 아버지의 죽음을 극복해가는 힘과 균형감각, 에너지도 생겨났다.

그해 9월 12일 버지니아주 리치먼드에서 집으로 돌아가던 길이 아직도 기억난다. 9월 11일에는 특정 지역의 고속도로와 항공로, 기차가 차단되어 집으로 돌아갈 수 없었다. 집에 가는 내내 아버지를 잃은 상실감으로 극한 슬픔과 걱정에 빠져들었다.

나는 두 가지 사실을 빠르게 터득했다. 9·11 테러의 정신적 외상과 관련된 극한 감정을 인지하고, 힘을 내 뉴욕 거리에서 아버지를 찾아야 한다는 사실이었다. 그때 내 감정을 다스릴 수 있었던 것은 상담 훈련 덕분이라고 생각한다. 내가 공부했고 다른 사람들에게도 가르쳐주려 했던 개념들이 나 자신에게도 든든한 원천이 된 것이다. 그래서 아버지가 다른 수천 명의 미국인과 함께 영원히 떠나버릴지도 모른다는 생각에 밤마다 울음을 토하고, 낮이면 아버지를 찾으려고 거리를 헤맸을 때도 결코 무너지지 않을 수 있었다.

아버지를 찾아다니다가 다시 학교로 돌아갔을 때 집단 치료를 받으면서 한 가지 의문에 사로잡혔다. "울면서 고통을 드러내 보이는 게 강한 걸까? 아니면 울지 않고 나는 괜찮으니 이 경험을 극복해나가겠다는 의지를 보이는 게 강한 걸까?" 버지니아주 립대학교 집단 치료 프로그램 책임자인 크레이그 앤더슨(Craig Anderson) 박사는 이렇게 말했다. "롭, 둘 다 강한 거야." 박사의 말이 옳았다. 지금도 나는 자신의 감정과 경험을 이해하는 것이 얼마나 중요한지, 그리고 자신의 회복력과 강인함을 믿고 앞으로 나아가는 것이 얼마나 중요한지를 사람들에게 이야기하고 있다.

지금 파지오는 상실 경험이나 역경(사랑하는 사람을 암이나 이혼, 혹은 자연재해로 잃은 슬픔)을 이겨내는 법을 가르쳐주는 비영리단체 '홀드 더 도어(Hold the Door)'를 이끌고 있다. 홀드 더 도어 프로그램은 직접적인 활동과 전문 강사 워크숍을 통해 참가자들이 자기인식을 높이고 실용적 기술들을 익혀 상실과 역경에 대비하며, 더불어 살아가면서 성장할 수 있도록 돕는다.

진척 상태 유지 비결

내담자는 진척 상태를 유지하기 위해 다음 정보에 대해 치료자와 토의한다.

- 정신적 외상에 관한 글쓰기는 아주 어려울 수 있다. 하지만 정신적 외상을 적응적으로 표현하지 않고 안에 가둬두면 자신에게 더 해로운 영향을 미치기도 한다. 따라서 표현적 글쓰기의 목적은 자신의 정신적 장벽을 깨뜨리고, 정신적 외상을 재경험하는 순환을 끊어내며, 좀 더 중요하게는 정신적 외상이 긍정적 변화를 낳을 수 있을지에 대해 탐색하는 것임을 명심한다.
- 이 실습은 개인적인 동시에 대인적이다. 지금까지 치료자의 도움을 받아 완료한 기초 치료 작업은 외상 후 성장 노력의 중요한 시발점이다. 용감성과 사회성 지능, 자기 통제력 강점을 사용해 외상 후 성장 작업을 시작하게 될 가능성이 크다. 하지만

이 작업의 의미와 잠재적 성장을 고려할 때 예견력을 얻고 유지하려면 계속해서 치료를 받아야 한다. 내담자가 치료자에게 자신의 감정을 털어놓고 그런 감정을 말로 표현하는 활동과 잠재적 성장에 관한 통찰력을 얻는 활동은 안전하고 대인적인 맥락에서 하는 것이 가장 좋다. 이 실습의 혜택을 유지하려면 한동안 치료를 계속 받는 것이 필요하다.

• 성장의 흔적을 찾아야 한다고 스스로를 압박하거나, 정신적 외상을 극복하면 자신의 인생에 중대한 긍정적 변화가 일어나리라는 기대를 하지 않는 것도 중요하다. 외상 후 성장은 알려진 것보다 훨씬 더 자주 일어나는 현상이지만 그러기까지 시간이 걸리고, 그것에 필요한 과정도 거쳐야 한다. 그러므로 명확한 성장의 흔적을 찾기보다 자기 내부에서 기본적으로 일어날 수 있는 변화에 더 집중할 필요가 있다. 예컨대 정신적 외상을 극복한 사람은 대부분 다음과 같은 세 가지 경험을 하게 된다(뢰프케, 2015).

①참고 견디고 승리하는 자신의 능력을 새롭게 믿는다.

②인간관계가 개선된다. 특히 누가 자신의 진실된 친구인지, 누구에게 진정으로 의지할 수 있는지, 인간관계가 실제적 물질에 비해 얼마나 중요한지를 알게 된다.

③친밀감을 좀 더 편하게 받아들이고, 고통받는 사람을 깊이 연민할 수 있다.

이런 변화나 이것과 유사한 변화가 자신에게 일어나는지를 주기적으로 살핀다.

참고자료

읽기 자료

• Bonanno, G. A., & Mancini, A. D. (2012). Beyond resilience and PTSD: Mapping the heterogeneity of responses to potential trauma. Psychological Trauma, 4, 74-83

• Fazio, R., Rashid, T., & Hayward, H. (2008). Growth from trauma, loss, and adversity. In S. J. Lopez (Ed.), Positive Psychology: Exploring the Best in People. Westport, CT: Greenwood

• Jin, Y., Xu, J., & Liu, D. (2014). The relationship between post traumatic stress disorder and post traumatic growth: Gender differences in PTG and PTSD subgroups. Social Psychiatry and Psychiatric Epidemiology, 49(12), 1903-1910

- Pennebaker, J. W. (2004). Writing to Heal: A Guided Journal for Recovering from Trauma and Emotional Upheaval. Oakland, CA: New Harbinger
- Roepke, A. M. (2015). Psychosocial interventions and posttraumatic growth: A meta-analysis. Journal of Consulting and Clinical Psychology, 83(1), 129-142. https://dx.doi.org/10.1037/a0036872
- Tedeschi, R. G. & McNally, R. J. (2011). Can we facilitate posttraumatic growth in combat veterans? American Psychologist, 66, 19-24

동영상

- See Rob Fazio's story, described earlier in the section "In Real Life": https://youtu.be/RnTazUEzqt0
- Dr. Randy Pausch's inspirational speech: The Last Lecture: https://youtu.be/p1CEhH5gnvg
- Team Hoy: I Can Only Imagine, the story of Dick and Rick Hoyt, one of the most inspirational father and son team to race in an Ironman competition: https://youtu.be/cxqe77-Am3w

웹사이트

- Home Page of James Pennebaker, pioneer in processing trauma through writing: https://liberalarts.utexas.edu/psychology/faculty/pennebak
- What doesn't kill us: www.huffingtonpost.com/stephen-joseph/what-doesnt-kill-us-post_b_2862726.html
- Mobile apps related to trauma: www.veterans.gc.ca/eng/stay-connected/mobile-app/ptsd-coach-canada
- Hold the Door for Others: A 9/11-inspired non-propit organization that offers invaluable free resources for those dealing with trauma, adversity, and bereavement: www.holdthedoor.com

11장
11회기: 느림과 음미하기

　11회기에서 내담자는 의도적으로 속도를 늦추고, 음미하기에 대한 인식을 키우는 방법을 배운다. 이 회기에서 중점적으로 다루는 PPT 실습은 '느림과 음미하기'다.

느림과 음미하기의 세 가지 핵심 주제

1. **터보스피드 세상**: 스피드 데이트, 당일 배송, 드라이브스루, 자동 체크아웃, 유튜브와 트위터를 통한 즉각적인 명성/오명 쌓기 등은 매순간 초를 다투어야 하는 터보스피드 세상에서 빼놓을 수 없는 사회적 요소들이다. 즉시성과 성급함은 우리가 살고 있는 장소와 상관없이 인생의 모든 측면에 퍼져 있다. 이러한 스피드는 우리의 건강과 식생활, 소통, 관계, 정치, 환경에 악영향을 미친다. 인지적으로 바쁜 사람은 이기적으로 행동하고, 성차별적 단어를 사용하며, 사회적 상황에서 잘못된 판단을 내리기 쉽다는 증거도 있다[카너먼(Kahneman), 2011].

2. **성취하고도 만족하지 못한다**: 터보스피드 세상에서 느끼는 압박감으로 사람들은 많은 것을 성취할 수 있다. 멀티태스킹은 현시대 직업 세계에서 바람직한 자질이 됐다. 스피드가 성공의 가장 중요한 요소가 된 듯하다. 더 빨리 일을 처리하는 것이 바람직해 보일지 모르지만, 대부분 더 행복해지거나 건강해지는 것과는 거리가 멀다.

3. **느림과 음미하기**: 스피드에 대한 맹신을 깨려면 느리게 가기와 경험 음미하기의 이점을 살펴봐야 한다. 최근 신경과학 연구에 따르면 인간 두뇌는 긴장이 풀려 느긋해진 상태에서 더 깊고 풍부하며 세심하게 사고할 수 있다고 한다(카너먼, 2011). 심리학자들은 실제로 그러한 과정을 '느리게 사고하기'라고 부른다. 예부터 예술가들은 창

작 행위는 결코 서둘러 처리할 수 없다는 사실을 알고 있었다. 기업 세계도 그 사실을 점차 깨달아가고 있다. 예술가와 마찬가지로 직원들도 긴장을 풀고 모든 일을 중단한 채 조용히 지낼 시간을 가져야 창의적이고 생산적인 활동이 가능하다. 느림은 음미하기의 전제 조건이며, 음미하기는 긍정 감각과 정서, 인식, 사고, 믿음을 결합해 경험을 평가하는 것이다.

회기 시작 시 이완

각 회기는 내담자가 간단한 이완 운동으로 시작한다. 이 책 마지막에 수록된 '부록A: 마음챙김과 이완 실습'에서 확인할 수 있다.

회기 중 긍정 도구 실습: 느림

내담자는 치료자와 함께 회기 중 실습을 한다. 워크시트 11.1을 참고한다.

워크시트 11.1: 느림 전략

기어를 어떻게 변속해야 속도를 좀 늦출 수 있을까? 다음에 언급된 제안 가운데 쉽게 실천할 수 있는 것을 한 가지 고르고, 워크시트 하단에 자신이 선택한 제안을 적는다. 그런 다음 그 제안을 선택한 이유를 쓴다.

1. *조금씩 점진적으로 속도 늦추기*: 점진적으로 속도를 늦추는 것이 급정지보다 나으니 조금씩 속도를 줄여나간다.
2. *몇 가지 분야의 속도 늦추기*: 대체로 서둘러 처리하는 한두 가지 일을 골라 속도를 늦춘다. 예컨대 일주일에 적어도 두세 끼는 천천히 먹기, 일주일에 적어도 한 번은 천천히 걷기, 일주일에 한 번은 대중매체나 전자기기 없는 저녁 보내기 등이 될 수 있다.
3. *몰입하기*: 하늘에 떠다니는 구름 바라보기, 일몰 감상하기, 미풍 느끼기, 풍경 소리를 듣고 즐기기 등 평화로운 경험에 집중한다.
4. *가르치기*: 가족과 친구들에게 스피드의 역효과(사고, 부상, 스트레스, 불안 등)에 대해 이야기한다.
5. *전자기기 휴대 금지 지대 만들기*: 전자기기를 사용하지 않는 시간대나 구역을 정한다.

예컨대 오후 6시 이후 휴대전화 금지나 침실에서 텔레비전 안 보기 등이다.

6. *거절하는 법 배우기*: 거절하는 법을 배워 일정을 지나치게 많이 잡지 않는다.

선택한 제안

이 제안을 선택한 이유는 무엇인가?

실천 행동

어떤 구체적인 행동을 취할 것인가?

얼마나 자주 할 것인가?

이 전략을 실행하려면 어떤 사회적 지지가 필요한가?

이 전략이 효과가 있다면 3개월 후 무엇이 달라질까?

성찰과 토의

다음 질문에 대해 생각해보고 토의한다.

- 계속 바쁘다면 그 일이 당신 일상생활에서 어떤 식으로 드러나는가? 계속 시간이 촉박한가? 한 번에 여러 가지 일을 처리하는가?

- 정보 과다와 시간 부족, 과잉 자극, 저조한 실적, 다중 작업 등이 바쁘게 빨리빨리 살아가고 있다는 징후라고 생각하는가? 이 중 어떤 것을 경험하고 있는가?

- 무엇 때문에 바쁘게 움직이는가? 내적 요인이나 외적 요인, 혹은 둘 다 있다고 생각하는가? 내적 요인으로는 불안한 성격 기질, 불안 증상 등이 있다.

- 워크시트 11.1에서 선택한 느림 전략이 당신의 일상생활에서 나타나는 구체적인 징후와 어떤 관련이 있는가?

- 여기서 소개한 속도 늦추기 전략은 모두 적극적인 참여를 요구한다. 그런 전략을 실천하기 위해 어떤 구체적인 행동을 취할 것인가? 또는 당신의 적극적인 참여를 지지하거나 막는 사람으로는 누가 있을까?

- 선택한 전략을 성공적으로 수행하기 위해 어떤 강점(대표강점 프로필에 있거나 그렇지 않은 강점)을 사용할 수 있는가?

회기 중 긍정 도구 실습: 음미하기

내담자는 치료자와 함께 회기 중 실습을 한다. 워크시트 11.2를 참고한다.

워크시트 11.2: 음미하기 경험과 기법

음미하기는 긍정 감각과 감정, 인식, 생각, 믿음 등을 묶어 주의 깊게 경험을 감상하는 것이다. 이 워크시트에는 다양한 음미하기 경험과 음미하기에 사용할 수 있는 기법이 나와 있다. 워크시트 마지막 빈칸에 시도해보고 싶은 음미하기 기법을 선택해 적는다. 그런 다음 그 기법을 일상생활에서 언제, 어디서, 얼마나 자주 사용할 수 있을지 기록한다.

음미하기 경험
만끽하기: 자신의 성취와 행운, 축복을 크게 기뻐하거나 그것에 만족하기
감사하기: 감사해하고 감사 표현하기
즐기기: 물질적 편안함과 감각을 즐기면서 (전혀 자제하지 않고) 크게 기뻐하기
경탄하기: 경이나 놀라움을 가득 느끼기(아름다움은 종종 경탄을 불러일으킨다. 덕을 행하는 것도 마찬가지이며, 역경을 직시하고 헤쳐 나가는 사람의 강점에 경탄할 수도 있다.)
마음챙김: 자신과 주변 환경, 다른 사람을 자각하고 주의하면서 관찰하기
음미하기 기법
다른 사람들과 공유하기: 다른 이들과 경험을 공유할 수 있고, 당신이 그 순간을 얼마나 가치 있게 여기는지 그들에게 말할 수도 있다. 이런 공유는 기쁨을 예고하는 유일하고도 가장 강력한 예측 변수다.
추억 쌓기: 어떤 사건을 사진처럼 마음에 찍어두거나 그것에 대한 물질적 기념품을 챙겨두고, 나중에 다른 사람과 함께 그 사건을 회상한다.
자축하기: 자랑하는 것을 두려워하지 말고 당신의 성취를 다른 사람들에게 알린다. 자축은 스스로 계속 집중해온 끈기와 자신에게 의미 있는 뭔가를 성취한 열정을 진심으로 솔직하게 칭찬하는 행위다.
심취하기: 자신이 하고 있는 일에 전념한 채 다른 것은 생각지 말고 오로지 느끼기만 한다. 다른 일을 떠올리거나, 현재 자신의 일이 어떻게 진척될지 궁금해하거나, 더 좋은 방법을 궁리하느라 마음을 흩뜨리지 않도록 한다.
이 음미하기 기법들 중 하나를 선택한다. 당신의 일상생활에서 긍정 정서를 증진하기 위해 그 기법을 언제, 어디서, 얼마나 자주 사용할 수 있는가?

성찰과 토의

다음 질문에 대해 생각해보고 토의한다.

- 만끽하기, 감사하기, 즐기기, 경탄하기 등 네 가지 음미하기 경험 중 어떤 것을 어느 상황에서 가장 자주 사용하는가?
- 이 책에는 나와 있지 않지만 당신이 사용했던 추가적인 음미하기 경험과 기법이 있는가?
- 워크시트 11.2에 나열된 음미하기 경험과 기법을 사용하지 못하도록 방해하는 요소가 있는가?
- 음미하기는 연습이 필요하다. 음미하기 연습을 강화화기 위해 취할 수 있는 구체적인 행동은 무엇인가?

회기 중 실습: 계획된 음미하기 활동

내담자는 회기 중에 음미하기 활동을 하는 경우 다음 질문에 대해 생각해보고 치료자와 토의한다.

성찰과 토의

- 선택한 물건을 음미할 때 얼마나 많은 감각을 동원했는가?
- 물건의 감각적 속성 중 다른 것들은 차단한 채 특정 속성에만 집중하려고 했는가?
- 한 가지 물건을 음미하다가 다른 물건을 음미하고 싶었는가?
- 편안하게 긴장을 풀고 이 활동을 할 수 있었는가? 긴장을 풀려고 무엇을 했는가? 그것을 자주 하는가?
- 음미하면서 어떤 특정 물건이 더 나았을지도 모르겠다고 생각했는가? 왜 그런 생각이 들었는가?
- 좋은 경험을 했는가? 무엇 덕분이었나?

가정 실습: 음미하는 날

치료자가 음미하기를 과제로 낸 경우 다음 질문에 대해 생각해보고 토의한다.

성찰과 토의

- 음미하는 날을 얼마나 많이 즐겼는가? 즐기지 못했다면 무엇 때문이었나?
- 계획적인 음미하기라서 기쁨이나 즐거움이 달랐는가? 즉흥적으로 음미했다면 다른 결과가 나왔을 것이라고 생각하는가?
- 당신 인생에서 이런 음미하는 날이 얼마나 자주 있는가?
- 음미하는 날의 모든 감각적 속성(광경, 소리, 냄새 등)을 받아들이려고 했는가?
- 음미하는 날에 문제나 걱정거리 또는 늘 해야 하는 잡일처럼 계속 마음에 걸리는 다른 것에 대해 생각했는가?

실생활 사례: 27세의 동아시아 출신 여성 진(Jean)

진은 PPT 단체 치료에 참가해 느림과 음미하기 실습에 대한 경험을 이야기했다.

저는 범불안장애로 고생하고 있어요. 걱정하지 않아도 되는 일을 걱정하고, 불안해지면 서두르지 말아야 할 일을 서둘러 처리하죠. 제 몸속 모터가 빠르게 돌아가는 것 같아서 저도 어떻게 할 수가 없어요. 느림과 음미하기에 대해 처음 이야기하는 시간에도 저는 "느리게 음미해야 하는 경험들도 빠르게 처리할 거야"라고 마음먹었어요. 이후 저는 한 가지 분야에서 작은 일을 천천히 해보라고 제안하는 워크시트를 보고 식사하기를 골랐죠. 제가 음식을 좋아하거든요. 바빠지기 전에는 요리도 하고, 새로운 조리법도 시도해보고, 친구들도 초대하곤 했어요. 그래서 저는 두 가지 일을 해보기로 결심했죠.

- 하루에 한 끼는 적어도 8분 동안 먹고, 그 시간을 10분으로 점차 늘린다.
- 한 달에 한 번은 적어도 한 끼를 처음부터 요리하고, 남자친구를 초대해 함께 먹는다.

이 중 첫 번째는 저녁식사 시간에 시도해봤어요. 보통 저는 텔레비전이나 컴퓨터 앞에서 빠르게 식사를 끝냈기 때문에 처음에는 천천히 식사하기가 힘들었어요. 하지만 휴대전화 알람을 이용하자 음식과 휴대전화를 주시하면서 천천히 식사하기가 한결 쉬워졌죠. 일주일 후에는 타이머를 켜놓고 휴대전화를 멀리 치워놓은 채 천천히 식사하기 시작했어요. 몇 년 만에 처음으로 먹고 있는 음식과 그 맛에 주의를 기울이면서 식사를 즐겼죠. 그렇게 식사하는 것이 점차 습관이 되어갔어요. 이제는 적어도 15분은 걸려야 식사를 끝마칠 수 있어요.

남자친구와 함께 요리하는 경험도 아주 긍정적이었어요. 우리는 번갈아가며 조리법을 골랐어요. 함께 재료도 샀고요. 가끔은 모든 재료를 다 찾지 못했어요. 한 가지 재료가 너무 비싸거나 구하기 어려운 경우도 있었고요. 그럼 다른 것으로 대체했는데 결과는 아주 좋았어요. 그런 경험 덕분에 우리의 음미하기 기술이 많이 향상됐다고 봐요. 우리는 구체적인 향과 맛, 질감에 주의를 기울기 시작했죠. 덕분에 우리 사이도 더욱 가까워졌어요.

진척 상태 유지 비결

내담자는 진척 상태를 유지하기 위해 다음 정보에 대해 치료자와 토의한다.

- 음미하기는 연습이 필요하다. 음미하기의 유지와 향상에 도움이 되는 개인적 행동 목록을 생각해보고 기록한다.
- 어떤 사람은 지나치게 생각을 많이 해 촉각과 후각, 청각 같은 감각에 신경 쓰지도, 집중하지도 못한다. 그래서 음미하기 실습이 어려울 수 있다.
- 음미하기 경험의 인지적·정서적·행동적 측면을 포함한 모든 측면에 주의 깊게 집중한다. 하지만 감정이나 생각에 너무 치중하면 역효과가 나서 오히려 음미하기 경험이 약화될 수 있다.
- 느림과 음미하기 실습은 긍정에 중점을 둔다. 마음이 괴로울 때는 부정적인 생각과 감정을 잠시 접어둘 수 있을지 스스로 살펴본다. 그래야 음미하기 실습의 혜택이 커진다. 음미하기 경험의 혜택을 최대한 누리기 위해 전환 전략(5회기: 종결되지 않은 기억과 종결된 기억)을 사용할 수도 있다.
- 음미하기를 유지하는 한 가지 방법은 다양화하는 것이다. 좋아하는 가족이나 친구 한 명과 질 높은 시간을 보낸다. 이때 모두가 즐길 수 있는 활동을 선택한다. 방해 요소가 없는 환경에서 대화 나누기, 영화 보기, 산책하기 같은 간단한 활동도 괜찮다.

과거나 미래를 걱정하지 않고 '지금 이곳에서' 자기 곁에 있는 사람과 함께하려고 노력한다.

- 잠시 혼자만의 시간을 보낸다. 30분도 좋고, 하루 종일도 괜찮다. 좋아하는 노래를 듣거나, 공원을 산책하거나, 새로 생긴 레스토랑에 가거나, 책 한 권을 골라서 읽을 수도 있다. 그 활동을 하는 동안 자신의 감각을 주의 깊게 살핀다. 무엇이 보이고, 어떤 냄새가 나며, 무슨 소리가 들리는가?

- 초고속 스피드가 항상 나쁜 것도, 항상 좋은 것도 아니다. 때로는 빨리 끝내는 것이 좋지만 대부분은 여유로운 상태에서 일할 때 두뇌가 복잡한 과제를 더욱 창의적이고 생산적으로 처리한다.

- 음미하기를 유지하고 향상시키길 원한다면 특별한 행사나 축하 자리에서 친구, 가족과 회기 중 실습을 되풀이할 수도 있다.

참고로, 음미하기에 좋은 물건들은 다음과 같다. 다크초콜릿, 부드러운 바위, 조개껍데기, 다양한 분말커피 또는 통잎 홍차, 만화경, 오페라·재즈·힙합 같은 다양한 장르의 음악 콤팩트디스크(CD), 견과류, 풍경, 꽃, 솔방울, 목화, 사포, 거즈, 시 등이다. 이들 물건은 각각의 감각을 위한 소재이자 식품 외 종류로 음미하기 개념을 확장한 것이다.

참고자료

읽기 자료

- Bryant, F. B., & Veroff, J. (2007). Savoring: A New Model of Positive Experience. Mahwah, NJ: Lawrence Erlbaum Associates
- Honoré, C. (2005). In Praise of Slowness: How a Worldwide Movement Is Challenging the Cult of Speed. San Francisco: Harpe
- Howell, A. J., Passmore, H. A., & Buro, K. (2013). Meaning in nature: Meaning in life as a mediator of the relationship between nature connectedness and well-being. Journal of Happiness Studies, 14(6), 1681–1696. doi: 10.1007/s10902-012-9403-x

- Hurley, D. B., & Kwon, P. (2012). Results of a study to increase savoring the moment: Differential impact on positive and negative outcomes. Journal of Happiness Studies, 13(4), 579-588. doi: 10.1007/s10902-011-9280-8

동영상

- TED Talk: Nature. Beauty. Gratitude: Louis Schwartzberg's stunning time-lapse photography: www.ted.com/talks/louie_schwartzberg_nature_beauty_gratitude
- TED Talk: David Griffin: How photography connects us: www.ted.com/playlists/30/natural_wonder
- TED Talk: Julian Treasure lays out an eight-step plan to restore our relationship with sound: www.ted.com/talks/julian_treasure_shh_sound_health_in_8_steps

웹사이트

- National Geographic's official website: www.nationalgeographic.com
- The Slow Movement addresses "time poverty" through making connecti: www.slowmovement.com
- The World Institute of Slowness: Learn about slow consulting, slow brands, slow food, slow art, and more: www.theworldinstituteofslowness.com

12장
12회기: 긍정 관계

12회기에서 내담자는 사랑하는 사람들의 강점을 인식하는 것이 얼마나 중요한시를 배운다. 이 회기에서 중점적으로 다루는 PPT 실습은 '긍정 관계 나무' 만들기다.

PPT 항해

앞선 PPT 항해는 내담자가 가진 내적 자원의 활용성을 끌어내는 데 중점을 두었다. 이 실습들이 내담자가 자신의 긍정 자원을 사용해 회복력을 더욱 강화하는 데 도움이 됐기를 바란다. 지금까지 치료자와 내담자는 정서 및 경험의 꼭대기와 골짜기를 오르락내리락했다. 순간에서 좋은 점을 찾아냈고(감사 일기), 내면의 좋은 점을 끌어낸 경험을 다시 떠올렸으며, 혼란스러운 마음을 가라앉힌 채 풍요롭고 전인적이며 특색 있는 자아 개념(대표강점 프로필)을 형성했다. 또한 종결되지 않은 부정 기억을 용기 있게 마주했고, 감사하는 마음을 계속 표현했다(감사 편지와 감사 방문). 이 모든 긍정 정서와 긍정 경험은 내담자의 사고방식을 확장했다. 이제부터 PPT 실습은 주로 대인적·사회적·공동체적 자원의 활용성에 중점을 두고 진행된다. 먼저 긍정 관계부터 알아보자.

긍정 관계의 세 가지 핵심 주제

1. **긍정 관계와 웰빙**: 인간은 본질적으로 사회적 존재다. 자신의 인생에 더없이 결정적이었고 큰 변화가 생겼던 의미심장한 순간들이 기억나는가? 탄생, 첫 등교, 고등학교 졸업, 첫 직장, 진지했던 첫 관계, 처음 산 집과 차, 처음 맛본 슬픔, 큰 질병, 크나큰 상실, 직장에서 거둔 첫 번째 성취, 인상 깊은 여행, 종교적이거나 문화적인 기념 행

사…. 이런 일은 대부분 혼자 경험하는 것이 아니다. 웰빙은 사회적 관계에 복잡하게 얽혀 있기 때문이다. 그러한 관계들이 대체로 긍정적일 때 행복하고 건강할 가능성이 크다.

2. **강점 포착하기**: 강점을 포착하고 인정해 웰빙과 행복의 원천으로 삼는 것이 긍정 관계를 키우는 핵심적인 방법이다. PPT 관점에서 봤을 때는 서로의 강점을 아는 것이 중요하다. 그러한 이해가 공감을 높이고, 서로의 행동과 의도를 인정하기 쉽게 도와주기 때문이다.

3. **긍정 관계가 스트레스 요인을 완화한다**: 긍정 관계는 고통을 다룰 때 유용할 수 있다. 스트레스에 짓눌리는 것 같고, 슬퍼지거나 우유부단해지는 것 같을 때 강한 긍정 관계는 걱정거리와 스트레스 요인, 혼란을 남과 나눌 수 있도록 도와준다. 이런 식으로 자신의 아픔을 남과 나누면 복잡한 상황을 좀 더 잘 파악할 수 있다. 마찬가지로 그것과 비슷한 상황에 처한 친구나 사랑하는 사람을 당신이 도울 수도 있다. 그렇게 서로를 배려하다 보면 서로의 외로움과 무기력을 완화해주는 유대관계가 형성된다.

회기 시작 시 이완

각 회기는 내담자가 간단한 이완 운동으로 시작한다. 이 책 마지막에 수록된 '부록A: 마음챙김과 이완 실습'에서 확인할 수 있다.

회기 중 긍정 도구 실습: 긍정 관계 나무

내담자는 치료자와 함께 회기 중 실습을 한다. 워크시트 12.1을 참고한다.

워크시트 12.1: 긍정 관계 나무

긍정 관계를 강화하는 한 가지 방법은 사랑하는 사람의 대표강점뿐 아니라, 가족 및 친구들과 어울리는 방법을 이해하고 인정하는 게 얼마나 중요한지 깨닫는 것이다. 친구와 가족의 강점을 인지한 사람은 그들을 이해하고 그들과 더욱 탄탄한 관계를 맺을 가능성이 크다. 게다가 서로의 강점을 안다면 예전에 오해했던 사랑하는 사람의 행동을 새로운 통찰력으로 바라볼 수 있다. 예컨대 베벌리는 남편 잭슨의 대표강점이 정직과 공정성,

용감성이라는 사실을 알게 된 이후 남편이 채소 가게에서 우연히 주운 1달러를 돌려주려고 휘발유 값이 더 나오는데도 다시 가게까지 운전해 갔다 오는 이유를 이해할 수 있었다. 그런 남편의 행동을 비논리적이라고 여기기보다 자신의 성격강점에 따라 행동했을 뿐이라는 사실을 인정한 것이다. 이와 마찬가지로 아이의 대표강점이 호기심과 세상에 대한 관심이라는 사실을 알게 된 부모는 모든 것이 왜, 어떻게 돌아가는지 끊임없이 궁금해하는 아이의 질문을 잘 견뎌내고, 심지어 즐길 수도 있다.

긍정 관계 나무는 당신과 당신의 친구들 또는 가족이 서로의 강점을 더 잘 이해하도록 도와준다. 내담자는 가족에게 이 과제를 완성하는 데 필요하다며 대표강점 설문지(SSQ-72) 작성이나 가치행동 조사를 해달라고 요구한다. 대표강점 설문지는 웹사이트 'www.tayyabrashid.com'에서, 가치행동 조사는 'www.viacharacter.org'에서 찾아볼 수 있다.

사랑하는 사람들로부터 본인의 강점을 각각 들은 후 비어 있는 긍정 관계 나무 그림을 완성해보자. 다음은 참고할 만한 나무 그림 사례다.

긍정 관계 나무 사례

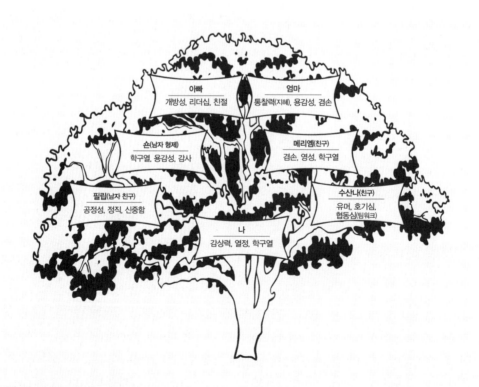

나의 긍정 관계 나무

성찰과 토의

워크시트 12.1을 작성한 후 워크시트 12.2를 기록하고, 다음 회기 때 그 자료에 대해 치료자와 이야기를 나눈다.

워크시트 12.2: 나의 긍정 관계 나무 성찰하기

나의 긍정 관계 나무를 완성한 후 이 워크시트도 작성해 다음 회기에 가져간다.

1. 사랑하는 사람의 강점을 잘 보여주는 구체적인 사건은 무엇인가?
- 사례①: 아빠는 내가 요구하지 않아도 나에게 좋은 일을 해주려고 애쓰기 때문에 늘 친절하다.
- 사례②: 내 친한 친구는 부당한 소리를 듣는 사람들 편에 서서 그들을 옹호하기 때문

에 용감하다.

사례:

_____

_____

사례:

_____

_____

사례:

_____

_____

2. 당신의 긍정 관계 나무에서 당신의 강점을 키워주는 사람들을 찾아낼 수 있는가?

_____

_____

3. 사랑하는 사람들의 대표강점 다섯 가지 중에 당신의 대표강점도 있는가?

_____

_____

4. 친한 사람들의 강점에 특정 패턴이 나타나는가?

_____

_____

5. 당신은 긍정 관계 나무 속 사람들에게는 없는 강점을 가지고 있는가?

_____

_____

6. 당신의 강점들을 어떻게 사용해야 관계가 더 돈독해질 수 있겠는가?

_____

_____

실생활 사례: 19세의 아프리카계 캐나다인 여성 아디나(Adina)

아디나는 몇 가지 문제 중 특히 엄마와의 관계가 나빠 개인 치료를 받기 시작했다. 비언어적 학습 장애로 고생하는 아디나는 감정 없는 메마른 어조로 이야기했고, 얼굴에 표정도 거의 없었으며, 억양 변화도 미미했다. 게다가 한참 동안 말을 하지 않아 이야기가 뚝뚝 끊기기 일쑤였다. 5회기 동안 치료했지만 아디나의 상태는 나아지지 않았다. 더는 좋은 수가 생각나지 않았는데도 아디나는 유순하게 계속 회기에 참가했다. 그러던 차에 나(라시드 박사)는 아디나에게 성격강점 평가를 해볼 것을 권했고, 아디나는 순순히 응했다. 아디나의 강점을 사용해 엄마와의 관계를 개선하려고 여러 방법을 시도해봤지만 소용이 없었다. 어느 날 나는 아디나에게 이렇게 말했다. "아디나, 혹시 테니스 스타 세리나 윌리엄스의 젊은 시절 모습과 닮았다는 소리를 들어본 적 없어요?" 아디나는 얼굴을 붉히면서 미소를 지었다. 흔치 않은 치료적 성과가 나타난 순간이었다. 잠시 침묵이 흐른 후 아디나는 그런 이야기를 자주 들었다고 했다.

아디나의 엄마는 딸을 원치 않았다. 딸이 자신처럼 너무 연약한 존재일 것 같았기 때문이다. 그래서 아디나의 엄마는 딸을 어렸을 때부터 남자아이처럼 입혔고, 딸이 싫어하는데도 스포츠 캠프와 무술 학원에 보냈다. 반면 아디나는 패션 디자이너가 되고 싶었다. 자신의 여성성도 자랑스럽게 내보이고 싶었지만, 아디나의 엄마는 아디나가 자기 취향대로 화장을 하거나 옷을 입지 못하게 했다. 회기가 끝났을 때 나는 아디나에게 성격강점을 사용해 그녀와 닮은 유명 인사처럼 성공적인 여성으로 자신을 묘사해보라고 권했다. 다음 회기 때 아디나는 자신감 넘친다, 열정적이다, 헌신적이다, 배려가 넘친다 등 자신의 스물일곱 가지 특징을 적어서 가져왔다.

나는 아디나의 허락을 받아 다음 회기 때 그녀의 엄마를 초대했다. 아디나의 엄마도 내 초대에 응했다. 마침내 세 사람이 한자리에 모였을 때 나는 아디나에게 내줬던 과제를 아디나의 엄마에게 설명했다. 그런 다음 아디나에게 그녀가 적은 각각의 특성에 관해 설명해달라고 했다. 아디나는 시선을 가끔씩 맞추면서 부드러운 목소리로 자신감 넘치고, 헌신적이며, 절제력 있는 자신의 모습을 묘사하기 시작했다. 각각의 모습을 묘사할 때마다 관련 이야기와 일화, 혹은 추억이 흘러나왔다. 아디나는 별 다른 어조 변화 없이 자신의 그런 긍정 특성들을 묘사했다. 아디나의 엄마는 진지하게 경청했고, 갑자기 눈에 눈물이 가득 찼다. 여섯 가지의 특징 묘사도 채 끝나지 않았을 때였다. 아디나의 엄마는 일어나서 아디나를 끌어안고는 이렇게 말했다. "너 같은 딸을 둬서 정말 자랑스럽구나!"

진척 상태 유지 비결

내담자는 진척 상태를 유지하기 위해 다음 정보에 대해 치료자와 토의한다.

- 긍정 관계를 형성하는 한 가지 방법은 사랑하는 사람들의 강점을 찾아 확인하고 칭찬하는 것이다. 사랑하는 사람의 강점을 인정하면 그 즉시 긍정적인 공명이 일어나고, 결과적으로 관계가 강화된다.
- 가족 간 유대를 형성할 수 있는 활동에 집중한다. 이런 활동은 일상적 관례와 전통, 소통 패턴을 확립하는 데 유용하고, 정기적으로 이뤄지는 가족의 핵심 여가 활동이 된다.
- 강점을 포착해 가족을 인정하고 칭찬할 때는 자발적인 활동과 조직적인 활동을 모두 하는 것이 중요하다. 자발적인 활동은 최소한의 계획이 필요하고, 격식이 없으며, 가족 모두 또는 대부분이 참여해야 한다. 예컨대 가족과 공원에서 식사하기, 보드 게임이나 전자게임 하기, 집 앞 진입로에서 농구 하기, 뒷마당에서 배드민턴 하기, 지하실에서 탁구 즐기기 같은 일상적인 스포츠 활동이 해당한다. 조직적인 활동으로는 가족 여행뿐 아니라 소풍과 캠핑, 스포츠나 문화 행사 참여 같은 야외 모험, 다른 도시나 지방, 나라에 사는 가족 방문하기 등이 있다[모건슨(Morganson), 리타노(Litano), 오닐(O'Neil), 2014]. 몇몇 가족은 종교적·영적으로, 예술적, 정치적으로 또는 문화적으로 중요한 특정 장소와 현장을 방문하는 것이 조직적인 활동이 될 수 있다. 사랑하는 사람들과 함께하는 자발적인 활동과 조직적인 활동만큼 긍정 관계를 강화하는 것도 없다. 켈리(Kelly, 1997)는 다음과 같이 말했다.

"인생은 테마파크와 유람선으로 구성된 것이 아니다. 저녁 식탁에서 함께 나누는 이야기, 함께하는 여행, 집과 마당 꾸미기, 농담하기, 서로 배려하기, 빈둥거리기, 꿈꾸기, 시시각각 일어나는 자잘한 일 등으로 구성돼 있다. 이것이 우리 모두에게 중요한, 실제 상황에서 펼쳐지는 실제 인생이다."

- 적어도 일주일에 한 번은 아무런 방해도 받지 않고 모든 가족 구성원과 이야기를 나누려고 노력한다. 그리고 주기적으로 이렇게 자문한다. "내가 바라는 것과 똑같은 방식으로 사랑하는 사람의 이야기에 귀 기울이고 있는가?"

- 가족의 강점을 알면 예전에 오해했던 행동에 대해 새로운 통찰을 얻게 된다. 그럼 가족끼리 서로의 강점을 알고 인정하며 칭찬할 수 있고, 그 강점들을 중심으로 가족 간 상호작용과 가족 중심 활동이 개선된다. 예컨대 남편이나 아내의 강점이 감상력이라는 사실을 알면 예술센터나 공연장이 좋은 데이트 장소가 될 수 있다. 스포츠를 좋아하는 가족이 있다면 스포츠 행사 중심의 가족 여행이 쾌활함과 유머(함께 재미있게 지내기), 팀워크(행사 조직), 학구열(스포츠 지식 탐구)을 포함한 다수의 강점을 끌어내는 데 유용하다.

- 자기 가족은 물론, 애인이나 배우자의 가족, 중요한 사람들과의 긍정 관계를 강화하려면 시간과 기술, 노력이 필요하다. 이런 투자는 더 큰 행복을 가져온다.

- 중요한 사람들과 긍정 관계를 키워갈 때는 그들의 강점을 인정하고, 그 강점들을 사용할 수 있는 활동에 모두 참여하는 것이 중요하다.

- 사랑하는 사람들의 강점과 그 외의 긍정 자질을 기억하는 것은 긍정 관계를 유지하는 데 필수적이다. 시간이 지날수록 그런 긍정 자질에 익숙해져 예전만큼 잘 인지하지 못하기 때문이다.

참고자료

읽기 자료

- Davis, M., & Suveg, C. (2014). Focusing on the positive: A review of the role of child positive affect in developmental psychopathology. Clinical Child and Family Psychology Review, 17(2), 97-12
- Ho, H. C. Y., Mui, M., Wan, A., Ng, Y., Stewart, S. M., Yew, C., et al. (2016). Happy family kitchen II: A cluster randomized controlled trial of a community-

based positive psychology family intervention for subjective happiness and health-related quality of life in Hong Kong. Trials, 17(1), 367

- Sheridan, S. M., Warnes, E. D., Cowan, R. J., Schemm, A. V., & Clarke, B. L. (2004). Familycentered positive psychology: Focusing on strengths to build student success. Psychology in the Schools, 41(1), 7-17. doi: 10.1002/pits.10134

동영상

- Let's Eat Rice Daddy: 2012 Chinese New Year commercial by BERNAS: https://youtu.be/LzP8E8KSgPc
- Positive Parenting: Lea Waters on Strength Based Parenting: https://youtu.be/RMhVopiQYzM
- TED Talk: Andrew Solomon: What Does Family Mean?: www.ted.com/talks/andrew_solomon_love_no_matter_what?referrer=playlist-what_does_family_mean
- Father, Son and a Sparrow: https://youtu.be/fOYpFhxEptE

웹사이트

- Institute of Family Studies: https://ifstudies.org
- Better Together: https://robertdputnam.com/better-together
- Centre for Family Studies, University of Oxford: www.cfr.cam.ac.uk

13장
13회기: 긍정 소통

13회기에서 내담자는 좋은 소식에 반응하는 네 가지 유형을 배우게 된다. 그중 관계 만족도를 예견할 수 있는 것은 이 회기에서 중점적으로 다루는 '적극적이고 건설적인 반응(Active Constructive Responding · ACR)' 기술밖에 없다.

긍정 소통의 세 가지 핵심 주제

1. **부정적 사건과 긍정적 사건에 대한 반응:** 역경과 어려움, 정신적 외상이나 좌절을 경험한다면 대체로 어떻게 행동할 것 같은가? 대부분 사랑하는 사람이나 친구, 공동체, 혹은 직업적 환경에 의지할 가능성이 크다. 이런 경우 상황에 좀 더 잘 대처할 확률이 높아진다. 성공하거나 뭔가 중요한 일을 성취해 배우자와 그 기쁨을 나눈다면 어떨 것 같은가? 긍정적인 사건과 경험을 나누는 것은 역경과 좌절을 나누는 것만큼이나 중요하다. 긍정적인 사건을 배우자와 나누고, 그것에 대해 배우자가 적극적이며 건설적인 태도로 반응할 경우 관계가 강화된다.

2. **증폭화:** 게이블(Gable)과 동료들[라이스(Reis), 임페트(Impett), 애셔(Asher), 2004; 메이즐(Maisel)과 게이블, 2009]은 긍정적 사건이나 경험을 사랑하는 사람과 나눌 때 나타나는 개인적 결과 및 대인적 결과를 분석했다. 이들의 분석은 긍정적 사건을 경험하고 그 소식을 다른 이들과 나누는 사람이 더 행복하다는 랭스턴(1994)의 연구를 바탕으로 한 것이다. 랭스턴은 그 효과를 '증폭화' 개념으로 설명했는데, 증폭화라는 용어는 게이블이 해당 연구에서 사람들이 다른 이와 긍정적 소식을 나누고 거기서 추가적인 이득을 얻는 과정을 설명할 때 사용한 것이다. 한마디로 증폭화는 보고 느끼고 인정하

고 확장하는 과정이다. 이 과정에서는 소식을 전하는 사람과 듣는 사람이 모두 인정 받았다고 느끼기 때문에 그러한 요소들의 합이 훨씬 커진다.

3. ACR 기술의 이점과 주의사항: 어떤 긍정적인 사건이나 경험을 다른 이들과 나누고 인정받았다는 느낌이 든다면 당신이 중요한 사람임을 재확인할 수 있다. 당신에게 반응한 상대도 행복해지고, 결과적으로 두 사람 사이에 긍정 정서가 커지면서 관계가 강화된다. 이러한 소통 과정은 양(많은 사람과 소통하는 것)보다 깊이(잘 듣고 적절한 질문을 하는 것)에 관한 것이다. 물론 상대에게 적극적이고 건설적인 반응을 할 시간과 공간을 충분히 제공하는 것은 중요하다.

회기 시작 시 이완

각 회기는 내담자가 간단한 이완 운동으로 시작한다. 이 책 마지막에 수록된 '부록A: 마음챙김과 이완 실습'에서 확인할 수 있다.

회기 중 긍정 도구 실습: ACR 기술

내담자는 치료자와 함께 회기 중 실습을 한다. 워크시트 13.1을 참고한다.

워크시트 13.1: 네 가지 반응 유형 사례

다음에 나오는 각기 다른 반응 유형을 읽고 당신의 현 상황과 대체로 일치하는 반응 칸에 × 표시를 한다.

적극적이고 건설적인 반응 기술	반응
내 동반자는 내 행운에 대부분 열정적으로 반응한다.	
내 동반자가 나보다 더 행복해하고 흥분한 것 같다는 느낌을 가끔씩 받는다.	
내 동반자는 좋은 사건에 대한 질문을 많이 하고, 진정으로 관심을 보인다.	
소극적이고 건설적인 반응 기술	
내 동반자는 잘된 일에 유난을 떨지 않으려 하지만 내 일에 행복해한다.	
내 동반자는 보통 내게 일어난 잘된 일을 조용히 지지한다.	
내 동반자가 말은 잘 안 하지만 내 일에 행복해한다는 것을 안다.	

적극적이고 파괴적인 반응 기술	
내 동반자는 종종 잘된 일의 문제점을 찾아낸다.	
내 동반자는 가장 잘됐던 일에도 나쁜 측면이 있다고 상기해준다.	
내 동반자는 좋은 사건에 잠재된 부정적 측면을 지적한다.	
소극적이고 파괴적인 반응 기술	
내 동반자가 나의 잘됐던 일에 그다지 관심이 없다는 인상을 종종 받는다.	
내 동반자는 내게 신경을 많이 쓰지 않는다.	
내 동반자는 종종 무관심해 보인다.	

- 이제는 당신이 적극적이고 건설적인 반응 기술을 사용해본다. 동반자와 교대로 해보고, 개인 치료를 받고 있다면 치료자와 할 수도 있다.
- 공유자는 자신에게 일어났거나 지난주에 목격한 의미 있고 긍정적인 무언가를 생각해내고, 그 일을 반응자와 공유한다.
- 반응자는 자신의 강점을 알아내고, 그런 강점을 적극적이고 건설적인 반응 기술에 어떻게 사용할 수 있을지 생각해본다(질문을 유도하는 호기심, 낙관성, 사회성 지능 등).
- 반응자와 공유자가 서로 역할을 바꾼다.
- 내담자가 이 실습을 완료하고 나면 치료자가 몇 가지 성찰 질문을 던진다.

성찰과 토의

다음 질문에 대해 생각해보고 토의한다.

- 이 실습을 하면서 어떤 점이 편했는가?
- 이 실습을 하면서 어떤 점이 불편했는가?
- 적극적이고 건설적인 반응 기술을 방해하는 객관적이거나 주관적인 장벽(성격 유형, 선호 성향, 문화, 신념, 대인관계 역학 등)이 있는가?
- 이미 몇 가지 유형의 적극적이고 건설적인 반응 기술을 실천했다면 그 수준을 어떻게 높일 수 있을까?
- 적극적이고 건설적인 반응을 자연스럽게 하는 것이 어려워 이 실습의 몇 가지 측면을 당신의 기질에 맞게 수정한다면 어떤 작은 조치를 취할 수 있을까?
- 네 가지 반응 유형을 살필 수 있는 사람이나 상황을 각각 찾아본다. 공유자와 반응

자에게서 나타나는 각 유형의 영향력은 어떠한가?

- 당신의 반응 유형을 파악했을 때 어떤 교훈을 얻을 수 있는가?

가정 실습: 동반자의 강점 파악하기

내담자는 워크시트 13.2를 완성한다.

워크시트 13.2: 동반자의 강점

당신의 대표강점을 찾아내는 실습은 치료 초기에 완료했고, 이제는 그런 강점들에 완전히 익숙해졌다. 이 과제를 완성하려면 워크시트 2부가 필요하다. 동반자와 함께 최소 30분 동안 이 실습을 한다. 편안한 환경에서 동반자에게 자신을 가장 잘 대변하는 강점 다섯 가지를 찾아내 등급을 매기지 말고 워크시트에 표시하라고 이야기한다. 동반자가 이 워크시트를 작성하는 동안 당신도 워크시트에 동반자의 강점을 적는다. 그러고 나서 서로 워크시트를 교환해 읽어보고 다음 질문에 대해 생각한 뒤 토의한다.

성격강점 설명	대표강점
1. 나는 새롭고 더 나은 방식을 잘 생각해낸다.	
2. 나는 탐구하고 질문하길 좋아하며, 색다른 경험과 활동에 개방적이다.	
3. 나는 융통성이 있고 개방적이다. 결정을 내리기 전 모든 측면을 충분히 생각하고 검토한다.	
4. 학교나 기업에서 또는 혼자서 아이디어와 개념, 사실 등 많은 것을 배우기를 좋아한다.	
5. 친구들이 나를 또래보다 현명하다고 생각해 중요한 문제를 나한테 상의한다.	
6. 나는 두려워도 역경이나 도전 앞에서 포기하지 않는다.	
7. 나는 산만해져도 일을 대부분 끝까지 해낸다. 과정에 다시 집중해 완성할 수 있다.	
8. 나는 진실하고 정직하며 신뢰할 수 있는 사람이다. 내 행동은 내 가치와 일치한다.	
9. 나는 활동적이고 쾌활하며 생기발랄하다.	
10. 나는 진실한 사랑과 애정을 자연스럽게 표현하고 받을 수 있다.	
11. 나는 종종 부탁받지 않아도 다른 사람에게 친절을 베풀길 좋아한다.	
12. 나는 사회적 상황에서 내 정서를 잘 관리하고 대인관계 기술이 좋다고 평가받는다.	
13. 나는 활동적인 지역 구성원이자 팀 구성원이며 내 집단의 성공에 기여한다.	
14. 나는 부당하게 대우받고 괴롭힘을 당하거나 조롱받는 사람들 편에 선다.	
15. 나는 리더십이 있다는 평가를 받으며, 다른 사람들이 종종 나를 리더로 선택한다.	

16. 나는 앙심을 품지 않는다. 내 기분을 상하게 한 사람을 쉽게 용서한다.	
17. 나는 주목받기 싫고 다른 사람들에게 빛나는 주역을 넘기는 것이 좋다.	
18. 나는 신중하고 조심스럽다. 내 행동의 위험과 문제를 예측해 그것에 따라 대응할 수 있다.	
19. 힘든 상황에서도 내 감정과 행동을 관리한다. 대체로 규칙과 일상적인 일과를 따른다.	
20. 자연과 예술(그림, 음악, 연극 등)이나 많은 인생 분야의 탁월함 앞에서, 또는 그 둘 모두 앞에서 아름다움에 깊이 감명받는다.	
21. 좋은 것들에 대한 감사를 말과 행동으로 표현한다.	
22. 나쁜 일보다 잘되는 일이 더 많이 일어나길 바라고, 또 그렇게 될 것이라고 믿는다.	
23. 나는 쾌활하고 재미있다. 유머로 다른 사람들과 관계를 맺는다.	
24. 더 큰 힘이 존재한다고 믿으며 종교나 영적 실습(기도, 명상 등)에 기꺼이 참여한다.	

성찰과 토의

동반자와 함께 이 실습을 완료한 후 다음 질문에 대해 생각해보고 토의한다.

• 서로의 강점을 찾아내 확인하는 과정이 어떠했는가? 예전에도 동반자와 비슷한 일을 해봤는가?

• 동반자의 어떤 태도나 행동, 습관이 당신이 파악한 동반자의 강점을 보여주는가?

• 서로 공유하는 강점이 있는가? 공유하지 않는 강점뿐 아니라, 공유하는 강점에 대해서도 토의한다.

• 각자의 강점들이 어떻게 서로를 보완하는가?

• 동반자와 당신의 하위 강점들도 살펴봤는가? 그런 강점들에서 어떤 교훈을 얻을 수 있는가?

실생활 사례: 33세의 백인 여성 로셀(Rosell)

결혼생활 4년 차인 로셀은 적극적이고 건설적인 반응 기술을 실습한 경험에 대해 이야기했다.

저는 남편을 사랑해요. 남편은 동아시아 문화권 출신이라서 긍정적이든, 부정적이든 모든 감정을 표현하지 않는 환경에서 자랐죠. 아주 정중한 사람이라서 표현을 잘하지 않아요. 남편에게는 ACR 실습이 효과가 없을 것 같아요.

남편은 크게 성공한 사람이지만 매우 겸손해요. 한 번은 남편이 대규모 지원금 신청서를 제출했어요. 그 결과가 나오는 날 오후, 집에 돌아온 남편에게 어떻게 됐는지 물었죠. 남편은 미소 띤 행복한 표정으로 지원금을 받게 됐다고 말했어요. 그래서 그때 ACR 실습을 해봐야겠다고 생각했어요. 저는 적극적이면서도 건설적으로 이렇게 반응했죠. "당신이 그 지원금을 받으려고 얼마나 열심히 노력했는지 알아요. 당신의 연구에 긍정적인 영향을 미칠 지원금을 받게 되다니 저도 정말 행복해요. 지원금을 받는 사람이 많지 않은데 당신이 그 선을 따낸 걸 보면 신청서를 징말 체계적으로 잘 쓴 게 분명해요."

남편은 처음에는 깜짝 놀랐지만 차츰 반응을 보이기 시작하면서 세세한 피드백을 주었어요. 자주 볼 수 없었던 모습이죠. 우리는 밖에 나가서 축하하기로 했어요. 남편은 노골적으로 감정을 표현하지는 않았지만 남편의 얼굴 표정만 봐도 얼마나 자부심을 느끼는지 알 수 있었죠.

그날의 긍정적인 경험 덕분에 열두 살 아들과 학생들에게도 적극적이고 건설적인 반응을 할 수 있게 됐어요. 정말 저한테는 이로운 실습이었죠. 나중에는 걱정거리도 적극적이고 건설적인 반응과 혼동하지 않으면서 좀 더 효과적으로 해결할 수 있다는 사실을 배웠어요.

진척 상태 유지 비결

내담자는 진척 상태를 유지하기 위해 다음 정보에 대해 치료자와 토의한다.

- ACR에서는 질문의 양이 아니라 진정성이 중요하다. 진정으로 보고 느끼고 가치 있게 여기면서 확장하는 것이 ACR 기술이다. 따라서 다양한 상황에서 연습해봐야 한다.
- ACR는 구체성에 관한 것이다. 각 질문은 그다음 질문을 기반으로 삼는다. 공유자

가 긍정적인 사건을 무시하거나 회피하더라도 반응자는 그런 사건을 계속 인정해야 한다.

• ACR는 서로를 진정으로 깊이 있게 알고 이해하며 보살피고 인정한다고 느끼는 조율에 관한 것이다.

• ACR는 동반자를 위한 것만이 아니다. 친구들이나 다른 가족이 좋은 사건에 대해 이야기할 때도 사용할 수 있다.

• ACR의 효과는 부정 정서와 감정, 회의를 잠시 접어두고 사랑하는 사람과 함께 긍정적인 순간들을 칭찬하면서 공유할 때 가장 커지는 것 같다. 부정적 측면과 불평, 의혹, 역효과에 대해서는 나중에 토의할 수 있다.

• ACR는 사랑하는 사람의 긍정 정서와 감정, 경험을 인정하고 이해하며 그것에 반응하는 능력을 향상시키는 구체적인 방법을 제시한다. 동반자에게 이것 덕분에 ACR의 혜택을 볼 수 있는 다른 문제들과 상황, 사건, 경험 등을 얼마나 잘 이해하게 됐는지 물어본다.

참고자료

읽기 자료

• Gable, S. L., Reis, H. T., Impett, E. A., & Asher, E. R. (2004). What do you do when things go right? The intrapersonal and interpersonal benefits of sharing positive events. Journal of Personality and Social Psychology, 87, 228-245

• Gable, S.L., & Reis, H.T. (2010). Good news! Capitalizing on positive events in an interpersonal context. In M. P. Zanna (Ed.), Advances in Experimental Social Psychology (Vol. 42, 195-257). San Diego, CA: Elsevier Academic Press

• Lambert, N. M., Clark, M. S., Durtschi, J., Fincham, F. D., & Graham, S. M. (2010). Benefits of expressing gratitude to a partner changes one's view of the relationship. Psychological Science, 21(4), 574-580

• Stanton, S. C. E., Campbell, L., & Loving, T. J. (2014). Energized by love: Thinking about romantic relationships increases positive affect and blood glucose levels. Psychophysiology, 51(10), 990-995. doi: 10.1111/psyp.12249

• Woods, S., Lambert, N., Brown, P., Fincham, F., & May, R. (2015). "I'm so excited for you!" How an enthusiastic responding intervention enhances close relationships. Journal of Social and Personal Relationships, 32(1), 24-40

동영상

• Active Constructive Responding: https://youtu.be/qRORihbXMnA?list=PLLBhiMXTg8qvQ4Ge94wRFYZhk66t_wm1e

• Shelley Gable explains Active Constructive Response (ACR): https://youtu.be/OF9kfJmS_0k

• It Is Not About the Nail: a hilarious illustration on the importance of "I just need you to listen": https://youtu.be/-4EDhdAHrOg

웹사이트

• People will like you: www.pbs.org/thisemotionallife/blogs/happiness-exercise-how-make-people-love-you

• Using positive psychology in your relationships: https://health.usnews.com/health-news/family-health/brain-and-behavior/articles/2009/06/24/using-positive-psychology-in-your-relationships

• Paul Ekman: Atlas of Emotions, aims to build vocabulary of emotions: https://atlasofemotions.org/#introduction/disgust

14장
14회기: 이타성

14회기에서는 이다성이 자신과 타인에게 어떤 도움이 되는지를 배운다. 이 회기에서 중점적으로 나루는 PPT 실습은 '시간 선물하기'다.

이타성의 세 가지 핵심 주제

1. **이타성을 통해 의미를 찾는다**: PPT의 마지막 단계는 의미 찾기이고, 이타성은 의미를 찾는 한 가지 방법이다. 이타성은 요청이 없어도 아무런 재정적 보상을 바라지 않고 자유 의지로 남을 돕는 것을 말한다. 당신의 대표강점을 사용해 어딘가에 소속되어 봉사함으로써 의미를 찾고 추구할 수 있다. 그럼 당신의 인생이나 인생의 일면들을 이 세상에서 중요한 부분으로 만드는 것은 물론, 더 나은 세상을 위한 변화도 이루어나갈 수 있다.

2. **이타성이 어떻게 당신에게 도움이 되는가**: 남을 도우면 자기 생각에 파묻히는 일(우울한 생각을 곱씹는 것 등)을 피할 수 있다. 건전하지 못한 생각에서 벗어나 훨씬 건전한 행동적 노력에 관심을 쏟기 때문이다. 전자(우울한 생각하기)는 당신을 약하게 만들고 피해 의식을 강화하지만, 후자(이타성)는 당신의 자신감을 끌어올리기에 뭔가 좋은 일을 할 가능성이 커진다.

3. **구매 대 경험**: 행복해지고 싶어 제품을 구매한다면 그 목적을 이루지 못할 확률이 높다. 구매한 상품은 시간이 지날수록 매력이 떨어지기 때문이다. 하지만 긍정적이고 경험적인 활동은 시간이 지나면 점점 더 좋아진다[카서(Kasser), 캐너(Kanner), 2004]. 자원봉사 같은 경험에 몰입할 경우 당신의 참여가 가치 있는 일인지 깊이 생각해볼 수 있

다. 제품은 유용성과 연관이 있고, 경험은 감정과 연관이 있다. 경험은 당신과 사람들을 상호작용을 통해 이어주지만 제품과 기계, 특히 첨단장비는 당신을 사람들과 멀리 떨어뜨려 놓는다. 물론 페이스북 같은 소셜미디어 플랫폼에서 많은 사람과 관계를 맺을 수도 있지만 현실에서는 사무실 동료들, 옆집 사람들, 옆방에 있는 사랑하는 사람들과 멀어지고 만다.

회기 시작 시 이완

각 회기는 내담자가 간단한 이완 운동으로 시작한다. 이 책 마지막에 수록된 '부록A: 마음챙김과 이완 실습'에서 확인할 수 있다.

회기 중 긍정 도구 실습: 시간 선물하기 실습을 보여주는 동영상

이 회기 중 실습에서는 이타성 개념을 알려주고 시간 선물하기 실습을 보여주는 동영상을 중점적으로 시청한다.

〈선물(Gift)〉, 싱가포르 단편영화(러닝타임: 7분 30초)

https://youtu.be/1DUYlHZsZfc?list=PL8m

이 영화는 아들이 아버지에 관한 큰 비밀을 알게 된 후 아버지를 다르게 이해하기 시작한다는 이야기를 담고 있다.

성찰과 토의

다음 질문에 대해 생각해보고 토의한다.

- 이 동영상에서는 이타성에 관한 어떤 점이 도드라져 보이는가?
- 이 자료 덕분에 이타성과 관련된 당신의 경험이 떠올랐는가?
- 그렇다면 이 동영상이 이타성을 키우는 구체적인 행동을 일상생활에서 생각해보는 계기가 됐는가?
- 왜 아버지는 아들에게 비밀을 밝히지 않았는가?
- 이 동영상에서 아버지는 가진 것이 별로 없음에도 많은 것을 내어준다. 줄 것이 아

예 없다거나 거의 없다고 생각하는 사람은 이 아버지를 본보기 삼아 어떤 도움을 받을 수 있을까?

회기 중 앞서 소개한 동영상을 시청하고 '성찰과 토의'에 나오는 질문에 대해 논의한 다음 내담자는 워크시트 14.1을 과제로 해온다. 이 과제를 언제 해야 하는지는 치료자와 상의해 결정한다.

워크시트 14.1: 시간 선물하기

이 실습의 목적은 당신이 마음 쓰는 누군가에게 상당한 시간을 투자하고 당신의 대표강점 중 하나를 사용해 뭔가를 해줌으로써 시간 선물하기를 하는 것이다.
대표강점을 사용해 시간 선물하기를 하면 실습 결과가 훨씬 만족스럽다. 예컨대 다음과 같다.

- 창의적인 사람은 친한 친구에게 기념일을 축하하는 편지를 쓴다.
- 유희적이고 유머감각이 뛰어난 사람은 파티를 연다.
- 친절한 사람은 아픈 룸메이트나 동반자를 위해 4코스 저녁식사를 준비한다.

이 실습을 완료한 후 시간 선물하기를 한 당신의 경험을 글로 적어본다. 당신이 무엇을 했고, 시간이 얼마나 오래 걸렸는지를 정확히 기록한다.

_____

_____

_____

_____

_____

_____

_____

_____

성찰과 토의

다음 질문에 대해 성찰해보고 토의한다.

- 선물을 줄 때 기분이 어땠는가?
- 선물을 주고 났을 때 기분이 어땠는가?
- 당신의 선물을 받은 상대방의 반응이 어땠는가?
- 선물을 준 (긍정적이거나 부정적) 결과가 어땠는가?
- 당신의 대표강점을 한 가지나 그 이상 사용했는가? 그렇다면 어떤 강점을 어떻게 사용했는가?
- 과거에 그런 활동을 한 적이 있는가? 있다면 어떤 활동이었나? 이번에는 예전과 좀 달랐는가? 그렇다면 어떤 점이 달랐는가?
- 과거에 시간 선물하기를 하라는 말을 들었지만 주기 싫었던 적이 있는가?
- 누군가로부터 시간 선물을 받은 적이 있는가? 구체적으로 어떤 선물이었나?
- 특별한 이유로 시간 선물하기를 정기적으로 할 의향이 있는가? 그 이유는 구체적으로 무엇인가?
- 적응을 예상하고 있는가? 즉 어느 정도 지나야 시간 선물을 처음 받았을 때 느꼈던 만족감이 사라질 것 같은가? 그 문제를 해결하기 위해 어떤 조치를 취할 수 있는가?

실생활 사례: 시간 선물하기 실습을 한 내담자 세 명

＊22세 남성 조슈아(Joshua)는 자아상 때문에 괴로워했다. 그는 어린 시절부터 자신을 뚱뚱하고 인기 없으며 매력이 떨어지는 사람이라고 생각했다. PPT 집단 치료에서 대표강점에 대해 이야기할 때 그는 유머를 자신의 강점으로 꼽았다. 주로 자신을 조롱거리로 삼아 남들을 웃겼고, 그런 식으로 인기를 얻었다. 대표강점을 작성하고 실용지혜 전략을 배운 조슈아는 자신이 유머를 발휘해 진정으로 유머를 즐기는 사람들을 격려할 수 있다는 사실을 깨달았다. 그래서 특별한 도움을 필요로 하는 아이들을 가르치기 시작했다. 지금 조슈아는 그 아이들에게 유머 가득한 이야기들을 들려주고 있다.

＊28세 남성 나빌(Nabil)은 PPT를 시작하기 약 10년 전 방글라데시에서 캐나다로 이민을 갔다. 다른 두 개 대륙의 국제적인 도시 세 곳에서 생활한 나빌은 처음에는 지역 사람들만 제대로 알아들을 수 있는 방언 때문에 고생했다. 팀워크와 시민의식이 대표강점인 나빌은 공공정책 석사 학위를 땄고, 현재는 이민자들을 위한 센터에서 자원봉사를 하면서 그들에게 정부와 시민, 공공정책을 이해하는 방법 등을 가르치고 있다.

＊39세 여성 후아니타(Juanita)는 PPT 개인 치료에 참가했다. 후아니타는 아들을 생후 8일 만에 선천적 심장 문제로 잃었고, 그로부터 1년 후 남편마저 교통사고로 세상을 떠나 혼자가 됐다. 슬픔과 우울증으로 오랜 세월 고생한 후아니타에게 가장 효과적인 치료법은 남을 돕는 것이었다. 후아니타의 대표강점은 친절이다. 현재 후아니타는 고국에서 치료받지 못한 채 선천적 질병으로 고생하는 아이들을 캐나다나 미국으로 데려오기 위해 모금을 진행하는 조직에서 자원봉사를 하고 있다.

진척 상태 유지 비결

내담자는 진척 상태를 유지하기 위해 다음 정보에 대해 치료자와 토의한다.

- 개개인이 시간이나 재능, 재산을 베풀어 공동선을 실현하고자 자선 활동에 참여할 수 있는 기술을 익히고 실천하는 세상을 상상해본다. 큰 일을 베풀어야만 이타적인 것은 아니다. 일상생활에서 당신의 시간을 할애할 수 있는 작은 기회를 찾으면 된다. 예컨대 누군가를 돕거나 배려하거나 누군가의 긍정 행동을 칭찬하는 것도 이타적인 행동에 해당된다.
- 정신 건강 문제를 안고 있음에도 다른 사람들에게 자신의 강점과 기술, 친절을 베푼 이타성 사례를 많이 알아둔다. 다이애나 스펜서 전 영국 왕세자비(식이장애)와 마틴 루서 킹 전 미국 목사(우울증), 마더 테레사(우울증)가 그런 인물들이다. 이 중 당신은 어떤 인물과 가장 일치하는가? 이런 이타적인 사람들은 어떤 계기로 자신의 대의에 헌신하게 됐을까? 이들의 행동이 세상을 어떻게 바꿔놓았는가?
- 자원봉사나 시간/기술 기부 기회를 제공하는 지방 학교, 지역사회의 클럽 또는 모임

에 참여한다.

- 작은 규모로 이타적 노력을 시작하고, 지속적으로 봉사한다. 일정 시간이 지나면 그런 노력을 통해 목적의식과 의미, 계속 봉사하고 싶은 동기가 생겨날 가능성이 크다.
- 이타적 노력은 종종 자원봉사에 필요한 기술들을 배울 수 있도록 도와주는 사람들과 연결되는 기회가 된다. 결과적으로 당신의 사교 영역이 넓어지고, 이를 통해 지역사회에 이미 존재하는 자원과 서비스를 익혀 효과적으로 활용하는 방법까지 배울수 있다.

참고자료

읽기 자료

- Chen, E., & Miller, G. E. (2012). "Shift-and-persist" strategies: Why low socioeconomic status isn't always bad for health. Perspectives on Psychological Science, 7(2), 135-158. doi: 10.1177/1745691612436694
- Kranke, D., Weiss, E. L., Heslin, K. C., & Dobalian, A. (2017). We are disaster response experts: A qualitative study on the mental health impact of volunteering in disaster settings among combat veterans. Social Work in Public Health, 32(8), 500
- Poulin, M. J., Brown, S. L., Dillard, A. J., & Smith, D. M. (2013). Giving to others and the association between stress and mortality. American Journal of Public Health, 103(9), 1649-1655
- Tabassum, F., Mohan, J., & Smith, P. (2016). Association of volunteering with mental wellbeing: A lifecourse analysis of a national population-based longitudinal study in the UK. BMJ Open, 6(8), e011327
- Welp, L. R., & Brown, C. M. (2014). Self-compassion, empathy, and helping intentions. Journal of Positive Psychology, 9(1), 54-65. doi: 10.1080/17439760.2013.831465

동영상

- Kindness Boomerang - "One Day": www.youtube.com/watch?v=nwAYpLVyeFU
- Gift, Singapore Inspiration Drama Short Film: https://youtu.be/1DUYlHZsZfc?list=PL8m
- The Science of Kindness: www.youtube.com/watch?v=FA1qgXovaxU

웹사이트

- The Random Acts of Kindness: www.kindness.org
- Compassion Charter: https://charterforcompassion.org
- Me to We: www.metowe.com
- Greater Good magazine: https://greatergood.berkeley.edu

15장
15회기: 의미와 목적

15회기에서는 좀 더 큰 선을 위한 의미 있는 노력을 탐색하고 추구하는 데 집중한다. 이 회기에서 중점적으로 다루는 PPT 실습은 '긍정 유산'이다. 15회기는 PPT 3단계의 마지막이자 전체에서 마지막 회기다.

의미와 목적의 세 가지 핵심 주제

1. **부분보다 전체가 위대하다는 것을 보여주는 의미와 목적**: 의미 있는 삶을 살아가는 방법은 무수히 많다. 친밀한 대인관계(긍정 관계와 긍정 소통), 생식(창조와 번식), 이타성, 사회활동이나 서비스, 소명과 영성을 경험하는 직장생활 등이 의미 있는 삶을 살아가는 수단이 된다. 자신의 인생에 목적이 있다고 생각하는 사람은 주변 세상이 광활한 우주를 떠다니는 텅 빈 배처럼 느껴지지 않는다. 반면 목적이 없다면 이 세상이 태양 주변을 그저 맴돌기만 하는 길 잃은 물질 덩어리처럼 보이고, 결과적으로 슬픔과 불안에 시달리게 된다. 간단히 말해 의미와 목적은 인생의 부분들을 통합해 전체가 부분보다 더 위대하다는 것을 보여준다. 인생을 아우르는 거창한 의미가 있어야 하는 것은 아니다. 작은 실천을 행하고, 직장에서 승진하고, 과정을 수료하고, 이 책의 한 장을 읽고, 게임에서 이기는 것 같은 일들도 의미가 있다. 이처럼 비교적 작은 일도 구체적인 목표를 염두에 두고 실천해간다면 더 큰 목적에 기여할 수 있다.

2. **의미와 목적 추구**: 의미와 목적은 인생에 방향 감각을 심어준다. 방향 감각이 생기면 당신이 어디에서 왔고 어디로 가는지 알려주는 이정표를 세울 수 있다.

3. **의미와 대인관계**: 인간은 사회적 동물이기에 대인관계가 이루어지는 환경에서 의미

가 생겨나는 경향이 있다. 사람은 집단을 향상시키는 목적("공동체를 돕기 위해 의사가 되고 싶다")이나 집단 가치에서 파생된 목적("명망 높은 직업이라서 의사가 되고 싶다")을 세우기 마련이다. 이러한 의미의 본질은 연결성으로, 의미는 두 가지를 연결할 수 있다. 예컨대 물리적으로는 다른 개체여도 같은 범주로 묶이는 바나나와 사과(모두 과일)처럼 동일한 사람의 소유물(샐리의 기타와 농구공)로 연결되거나, 공동의 목적(지역 내 노숙자 보호소에 보낼 이불과 음식 모으기)으로 연결될 수 있는 것이다.

회기 시작 시 이완

각 회기는 내담자가 간단한 이완 운동으로 시작한다. 이 책 마지막에 수록된 '부록A: 마음챙김과 이완 실습'에서 확인할 수 있다.

회기 중 긍정 도구 실습: 과거 이야기와 미래 목표 그리기

내담자는 치료자와 함께 회기 중 실습을 한다. 워크시트 15.1을 참고한다.

워크시트 15.1: 자기 이야기 회상하기와 미래 목표 그리기

1회기 때 작성한 긍정 소개 이야기를 떠올려보고 다음 질문에 답한다. 치료 과정에서 자신에 대해 알아낸 다른 정보들도 자유롭게 활용한다.

1. 회복력에 관한 당신의 경험에서 어떤 의미를 찾아낼 수 있는가?

_____

_____

_____

2. 이제 당신은 자신의 성격강점을 훨씬 잘 알게 됐다. 당신의 이야기에서 어떤 성격강점이 가장 두드러지게 드러났다고 생각하는가? 아직도 그런 강점들을 일상생활에서 사용하는가? 그렇다면 어떻게 사용하고 있는가?

_____

_____
_____
_____

3. 회복력과 관련된 당신의 이야기 중에서 삶의 목적에 관한 것을 찾을 수 있는가?

_____
_____
_____
_____

4. 10년 후 추구하고 싶은 창의적이거나 중요한 성취는 무엇인가?

_____
_____
_____
_____

5. 예술과 과학, (사회적) 관계, 학업 부분에서 당신과 타인 모두에게 유익해 꼭 성취하고 싶은 것이 무엇인지 구체적으로 생각해본다.

_____
_____
_____
_____

6. 그런 성취가 왜 당신에게 중요한 목표인가?

_____
_____
_____
_____

7. 그런 목표가 다른 사람들에게 어떤 영향을 미치는가?

_____
_____

_____

_____

8. 10년 후 그 목표를 달성하려면 어떤 조치를 취해야 하는가? 매년 무엇을 해야 하는가?

_____

_____

_____

_____

9. 당신의 목표를 달성하기 위해 어떤 대표강점을 가장 자주 사용할 것인가?

_____

_____

_____

_____

성찰과 토의

다음 질문에 대해 성찰해보고 토의한다.

- 당신의 회복력에 관한 이야기를 다시 읽어보니 어떤가?
- 그 이야기를 다시 쓸 기회가 있다면 몇 달 전과 똑같이 쓸 것인가? 그게 아니라면 그 이야기를 어떻게 바꿀 것인가?
- PPT의 마지막 몇 회기를 거치면서 삶의 목적과 의미에 대한 생각이 어떻게 달라졌는가?
- 미래 목표에 대해 생각해보고 그 생각을 글로 쓰는 과정이 어땠는가?
- 당신이 목표를 성취한다면 어떻게 될까? 반대로 목표를 성취하지 못한다면 어떻게 될까?

회기 중 긍정 도구 실습: 긍정 유산

내담자는 치료자와 함께 회기 중 실습을 한다. 워크시트 15.2를 참고한다.

워크시트 15.2: 긍정 유산

당신이 바라는 인생이 무엇인지, 가까운 사람들에게 어떻게 기억되고 싶은지 미리 생각
해본다. 사람들이 당신의 어떤 성취와 개인적 강점 또는 이 둘 중 하나를 이야기할 것 같
은가? 달리 말해 무엇을 당신의 유산으로 남기고 싶은가? 아래 빈칸에 이 질문에 대한 답
을 적는다. 지나치게 겸손할 필요 없이 현실적으로 자신의 미래를 그려본 후 기록한다.

_____

_____

_____

_____

_____

_____

_____

_____

_____

글을 다 쓰자마자 다시 읽어보고, 현실적이면서도 자기 능력으로 행할 수 있는 유산을
남길 만한 계획을 세웠는지 자문해본다.
그리고 이 워크시트는 어디 안전한 곳에 보관했다가 1~5년 후 꺼내 다시 읽어본다. 그
때 당신이 세운 목표를 달성하는 데 진전이 있었는지 스스로에게 물어보고, 새로운 목표
가 생겼다면 자유롭게 수정한다.

성찰과 토의

다음 질문에 대해 생각해보고 토의한다.

- 긍정 유산을 글로 쓰는 과정이 어땠나?
- 이 실습에서 가장 어려운 부분은 무엇이었나? 개념이 너무 추상적인가? 미래의 당
  신 모습에 관해 쓰는 것이 오만하게 느껴지는가? 당신이 후세에 어떻게 기억될지는
  별로 걱정되지 않는가?
- 후세에 기억되고 싶은 인생을 당신보다 먼저 살았거나 지금 그렇게 살고 있는 사람

을 떠올릴 수 있는가? 누군가 떠오른다면 그에게 어떤 글을 써서 보내고 싶은지 생각해본다. 아무도 떠오르지 않는다면 역사적인 인물을 생각해도 좋다.

- 당신의 긍정 유산을 성취하기 위해 세울 수 있는 장단기 목표는 무엇인가?
- 당신의 장단기 목표를 달성하기 위해 취하고 싶은 구체적인 행동은 무엇인가? 그런 행동을 취하는 일정은 어떻게 잡았는가?
- 긍정 유산을 남기는 일을 하는 데 당신의 대표강점을 어떻게 사용할 수 있는가?

실생활 사례: 38세 여성 자이나브(Zainab)

PPT 워크숍에 참가한 자이나브는 다음과 같은 긍정 유산을 제출했다.

나의 긍정 유산

- 나는 내 꿈과 믿음을 위해 열심히 살아가는 사람으로 기억되고 싶다. 그뿐 아니라 가장 중요한 것을 위해 싸우며 엄마와 아내, 딸, 자매, 친구, 직장인으로서 용감성과 열정, 신성성을 발휘하고 긍정 에너지를 전파하며 인생의 모든 역경을 받아들이는 사람으로 기억되고 싶다.
- 진심 어린 사랑과 애정을 꾸준히 행동으로 보여주면서 가족, 친구들과 서로를 배려하는 따뜻한 관계를 맺으며 살아가는 사람으로 기억되고 싶다.
- 모든 일을 당연시하지 않고 받은 것에 매일 감사하는 사람으로 기억되고 싶다.
- 도움이 필요한 주변 이들을 도울 수 있는 사람으로 기억되고 싶다.
- 아이들이 안전하고 행복하며 편안히 사는 것이 내 바람이기 때문에 아이들을 위해 의미 있는 삶의 상징이 되고 싶다. 그러자면 직장생활과 사생활에서 모든 일에 최선을 다하겠다는 목표를 정하고 사랑과 성실, 정직, 정의와 친절, 인내를 발휘해야 한다.
- 친구들이 의지할 수 있는 사람, 어려운 상황에 처한 이들을 도울 수 있는 현명한 사람, 긍정과 평온을 주변 이들에게 가능한 한 널리 퍼뜨릴 수 있는 사람으로 기억되고 싶다.

진척 상태 유지 비결

내담자는 진척 상태를 유지하기 위해 다음 정보에 대해 치료자와 토의한다.

- 의미는 삶에 일관성을 부여하고, 자기효능감을 높인다. 또한 건강이나 더 나은 인간 관계와도 연관돼 있다. 의미는 세계적이거나 국지적일 수 있다. 세계적 의미란 정의와 평등, 공정성 같은 좀 더 큰 문제와 관련된 목표와 믿음을 일컫는다. 물론 의미는 공동체나 가족 내에서 구체적인 목표와 객관성을 추구하는 지엽적 문제를 해결해가면서 유지할 수도 있다.

- 과거 중요한 영향을 받았지만 깊이 성찰하지 못한 사건들에 대해 심사숙고하고 토의하면 의미와 목적의식을 유지할 수 있다. 이런 성찰은 시간이 흐를수록 의미와 목적을 이해하는 데 큰 도움이 되기도 한다.

- 의미가 변하지 않는 것은 아니라는 사실을 명심한다. 의미는 연령대와 환경 또는 중대한 생활사건에 따라 달라질 수 있다.

- 목적의식을 유지하려고 항상 뭔가를 해야 하는 것은 아니다. 의미는 목적이 없는 듯한 활동을 줄이거나 거절하는 법을 배움으로써 유지할 수도 있다. 즉 더는 행복을 주지 못하는 사람이나 사상, 생활사건을 놓아버리는 것이 이에 해당한다. 집 안을 한 번 둘러보자. 더는 필요 없는 옷이나 책이 있는가? 그렇다면 그것들을 기부하는 것도 방법이다. 종종 유익하지 못하거나 자멸적인 생각을 하는가? 그런 생각들을 좀 더 유익한 방향으로 틀면 도움이 된다. 당신에게 상처를 주고 당신의 의미 찾기를 방해하는 사람이 있는가? 그렇다면 당신의 인생에서 그들의 중요성을 제한하는 방법을 생각해낼 수 있는가?

참고자료

읽기 자료

- Grundy, A. C., Bee, P., Meade, O., Callaghan, P., Beatty, S., Olleveant, N., & Lovell, K. (2016). Bringing meaning to user involvement in mental health care planning:

A qualitative exploration of service user perspectives. Journal of Psychiatric and Mental Health Nursing, 23(1), 12-21. doi: 10.1111/jpm.12275

- Löffler, S., Knappe, R., Joraschky, P., & Pöhlmann, K. (2010). Meaning in life and mental health: Personal meaning systems of psychotherapists and psychotherapy patients. Zeitschrift Für Psychosomatische Medizin Und Psychotherapie, 56(4), 358

- Wilt, J. A., Stauner, N., Lindberg, M. J., Grubbs, J. B., Exline, J. J., & Pargament, K. I. (2017). Struggle with ultimate meaning: Nuanced associations with search for meaning, presence of meaning, and mental health. The Journal of Positive Psychology, 13(3), 240-251

동영상

- The Time You Have: www.youtube.com/watch?v=BOksW_NabEk
- Hugo-Purpose: www.youtube.com/watch?v=7jzLeNYe46g
- Peaceful Warrior-Everything Has a Purpose (Duration 3:20): https://youtu.be/w1jaPahTM4o?list=PL8m55Iz0Oco4BRLkwj9KM9yxbCsLC5mjb

웹사이트

- John Templeton Foundation: www.templeton.org/about
- Virtue, Happiness and Meaning of Life: https://virtue.uchicago.edu
- The Mind & Life Institute: www.mindandlife.org

결론

충만한 인생

PPT 여행의 막바지를 향해 달려가는 지금, 이 여행을 통해 긍정 정서와 성격강점, 긍정 관계, 성취, 의미와 목적 같은 긍정 자원에 집중하는 법을 배웠다면 더할 나위 없이 기쁘겠다. 변화는 쉬운 일이 아니다. 치료 중에 진행한 PPT 실습을 통해 당신의 약점뿐 아니라 강점도 살펴보기 시작했길 바란다. 부정과 긍정을 통합해 자신의 본질을 균형 있게 포착해내는 일은 어렵지만 불가능한 것은 아니다.

증상, 약점 같은 부정이나 강점, 재능, 기술, 능력, 자원 같은 긍정 둘 중 하나에만 집중하는 것이 훨씬 쉬울 수도 있다. 부정과 긍정 모두를 중점적으로 다루기란 결코 만만한 일이 아니다. PPT 실습을 마친 후에는 당신의 증상과 강점, 위험과 자원, 약점과 덕목, 결핍과 기술을 좀 더 잘 통합할 수 있기를 바란다. 당신 자신이 증상 덩어리나 강점의 구현물 그 이상의 존재임을 깨달았으면 좋겠다.

PPT 실습을 마쳤다고 해도 당신의 두뇌는 '중립으로 설정'되지 않는다. 인간 두뇌는 긍정보다 부정에 더 강하게 반응하기 때문이다. 하지만 PPT 실습을 마치면 그러한 성향에 저항할 수 있는 인식이 높아지고 도구도 많이 생길 것이다. 초기 치료 과정이 어땠는지 기억나는가? 긍정을 키우기가 훨씬 어려웠고, 부정에 침잠하기가 더 쉬웠다. PPT는 그러한 '부정 편견' 설정 상태를 뛰어넘어 긍정을 확대시킬 가치 있는 기술들을 당신에게 알려주고자 한다. 그러한 기술들을 익히면 행복(웰빙)을 증진할 수 있을 뿐 아니라, 증상을 줄여나가거나 더 잘 관리할 수 있다. 인생에서 가장 어려운 일을 헤쳐 나가려면 강한 내적 자원, 즉 회복력을 키우는 과정을 찾아내 활용해야 한다. PPT 실습을 완료하면 역경을 직시하는 것이 가능하다.

PPT에서 핵심은 증상을 완화하는 동시에 강점을 향상시키는 것이 가장 효과적인 치료적 접근법이라는 점이다. 건강이 질병보다 낫고 안전이 두려움보다, 이완이 스트레스보다, 협력이 충돌보다, 희망이 절망보다 나은 것처럼 말이다. 사실 부정을 다루는 치료적 접근법이 더 적절하다는 의견도 있지만, 일반적으로는 긍정이 부정보다 훨씬 기능적이고 적응적이다.

지금까지 PPT 과정에서는 당신의 문제를 경시하거나 최소화하거나 간과하지 않으면서 강점을 찾아내 점점 더 깊이 분석하고 인정하며 증폭시켰다(그랬기를 바란다). 예컨대 PPT를 통해 당신이 겪은 불평등에 관해 논의할 수도 있다. 이런 경우에는 그때 경험했을 수도 있는 친절한 행동도 함께 떠올려본다. 이와 마찬가지로 모욕당하고 상처받아서 화가 났던 상황을 생각해낼 때는 적극적이고 건설적인 반응 기술을 활용해 진심 어린 칭찬과 겸손, 조화의 경험도 찾아본다. 역경 또는 정신적 외상과 연관된 고통을 결코 무시하거나 경시해서는 안 된다. 그리고 하나의 문이 닫히면 다른 문이 열리는 실습을 통해 좌절이나 정신적 외상을 겪고 있는 상황에서도 잠재적인 성장 가능성과 의미를 찾는 것은 중요하다.

지속적으로 스트레스를 가하는 문제 상황을 자신의 강점을 사용해 해결하는 방법도 터득했기를 바란다. 문제 해결에 적합한 당신의 성격강점이 무엇인지, 그 강점이 다른 강점들과 충돌하지는 않는지(정직하거나 친절해야 하는가?), 추상적인 성격강점(희망, 감사, 자기 통제력, 창의성)을 어떻게 구체적인 행동과 습관으로 바꿀 수 있는지 등을 알아내기 위해서는 실용지혜 전략이 필요하다는 사실을 잊지 말아야 한다.

PPT 실습을 통해 당신의 관심과 기억, 기대의 방향을 부정적이고 재앙적 측면에서 긍정적이고 낙관적 결과 쪽으로 틀었기를 바란다. 당신은 감사 일기를 통해 부정 편향에 저항할 수 있었다. 이와 마찬가지로 감사 편지와 감사 방문을 통해서는 바람직하지 못한 과거 관계에서 벗어나 친구들, 가족들과 상호 교류하면서 잘됐던 일들을 음미할 수 있게 됐을 것이다. 이러한 관심과 기억, 기대의 재교육 결과를 잊어서는 안 된다. 잘 풀리는 일들을 계속 기록해나가길 권한다. '잘됐던 일을 포착하는' 습관은 당신의 긍정 자질을 좀 더 깊이 들여다볼 수 있도록 도와준다.

다른 모든 치료적 노력과 마찬가지로 PPT도 부정적이고 불편한 감정을 불러일으킬 수 있다.

• 치료 도중에 뭔가 거슬리는 것을 발견해 기분이 가라앉더라도 그런 상태에 오래 머

물러서는 안 된다. 어떤 접근법이든 효과가 있는 개입 도구를 사용한다.

- PPT를 시작한 몇몇 사람은 자신들의 대표강점이 친절과 용서, 신중함이라는 사실에 당황할 수 있다. 이 강점들은 문제를 유발하기도 하기 때문이다. 예컨대 친절과 용서를 너무 많이 발휘하면 다른 사람들이 그것을 당연시할 수 있다.

강점 사용의 미묘한 차이를 계속 주시하면서 적절히 대응한다면 창의성을 발휘해 통찰력을 키움으로써 더욱 적응적으로 다르게 행동하는 법을 익힐 수 있다. PPT가 긍정만 독점적으로 다룬다고 생각하지 않길 바란다. PPT는 긍정과 부정의 통합을 깊이 있게 이해하고 충만한 삶(플로리시한 삶)을 살아갈 수 있는 길을 제시한다.

일반적으로 긍정심리학은 부정을 간과한다는 비판을 받아왔다. 부정 경험이 없는 삶을 꿈꾸는 것은 순진하고 이상적일 뿐이다. PPT는 부정 정서를 부인하지 않으며, 세상을 장밋빛으로 보라고 설득하지도 않는다. 오히려 그러한 경험들을 입증하고자 하고, 부정의 영향력을 분석하면서 힘든 경험과 정신적 외상 경험에서도 잠재적인 긍정을 찾아보라고 설득한다.

결론적으로, PPT는 처방전이 아니다. 인간 경험의 긍정 측면에 주의를 기울일 때 나타나는 혜택을 나열해 보여주는 과학적 증거가 바탕인 기술적 접근법이다. 또한 PPT는 만병통치약이 아니며, 모든 상황의 모든 사람에게 다 적절히 들어맞는 치료법도 아니다. '누구에게나 맞는' 접근법도 물론 아니다. 어떤 사람은 선형 진척 상태를 보이지만, 또 어떤 사람은 원형 진척 상태를 보이기도 한다. 아무런 진전을 보이지 않는 사람도 당연히 있다. 오래된 행동 습관은 버리거나 고치기 어렵다. 하지만 어떻게든 치료를 시작해야 하는 상황에서 PPT를 선택했다면 아주 희망적인 첫발을 내디딘 것이다.

부록

부록A

마음챙김과 이완 실습

핵심 개념

마음챙김은 우리가 순간순간 느끼는 감각, 감정, 생각, 그리고 주위 환경을 자각하고 그 자각을 편견 없이 중립적 태도로 유지하는 과정이다. 마음챙김을 통해 우리는 바꿀 수 없는 것을 받아들이고, 바꿀 수 있는 것을 알아차리게 된다.

우리가 살면서 겪는 특정 사건, 경험, 교류는 기억 속에 저장된다. 그런 일들이 떠오를 때마다 슬픔이나 기쁨, 분노, 불안, 죄책감, 혼란 같은 감정에 휩싸이게 되고 때론 이런 감정들에 특별한 자각이 없는 상태로 반응한다. 여기서 마음챙김은 우리의 생각과 감정에 즉각 반응하지 않고 그 흐름을 스스로 관찰하고 자각하는 과정을 말한다.

마음챙김은 또한 괴로운 상황에 처했을 때 우리가 보이는 행동과 반응을 자각하는 능력을 향상시킨다. 이를 통해 우리는 행동이 어떻게 서로 영향을 끼치는지도 배우게 된다. 이렇게 자각 능력이 향상되면 좀 더 수용적인 자세로 문제를 직시할 수 있다.

예를 들어 마음챙김을 친구와의 부정 경험에 적용하면 더 넓은 관점에서 그 경험을 바라볼 수 있다. 친구와의 부정 경험은 어쩌면 둘 중 하나가 범한 행동으로 생긴 것이 아닐 수도 있다. 친구는 두 사람과 전혀 무관한 이유로 화가 났을 것이다. 이럴 때 마음챙김을 통해 복잡한 경험을 부분으로 나눠 관찰하면 좀 더 넓은 시야와 깊은 통찰력을 얻을 수 있다. 이외에도 마음챙김은 개방성, 자기 통제력, 사회성 지능을 끌어올린다.

마음챙김 회기 실습

마음챙김 기술은 향상시킬 수 있지만 규칙적이고 정기적인 연습이 필요하다. 다음에 설명한 다섯 가지 마음챙김과 이완 실습은 PPT 실습에 접목하거나 가정, 직장에서 활용할 수 있다.

회기 실습1: 1분 마음챙김

1. 편안한 자세로 의자에 앉은 후 양손을 허벅지에 올리고 머리와 목, 가슴을 나란히 정렬한다. 양발은 바닥에 둔다.

2. 자신의 숨을 자각한다. 공기가 몸속에 들어오고 나가는 것을 자각하면서 숨을 들이마시고 내쉴 때 가슴의 팽창과 수축이 반복되는 것에 집중한다.

3. 조심스럽게 숨을 배 속 깊은 곳까지 들이마시고 내쉰다. 이 사이클을 최소 6~8초 간격으로 늘려 반복한다.

4. 생각을 비우려고 애쓰지 말고 집중력을 유지하면서 머릿속으로 숫자를 센다. 의식이 자연스레 다른 곳으로 흐를 때 다시 돌아와 사이클을 지속한다. 이 실습은 집중력 연습일 뿐 아니라 마음챙김의 출발점이다. 1분이 지나면 알람이 울릴 것이다. 치료자가 진행하는 회기라면 1분 후 잔잔한 알람과 함께 회기를 종료한다.

회기 실습2: 숨쉬기

1. 편안한 자세로 의자에 앉는다.

2. 머리와 목, 가슴을 나란히 정렬한 후 힘을 뺀 평온한 상태를 유지한다.

3. 어깨의 힘을 풀고 등받이에 등을 댄다.

4. 양손을 허벅지나 편한 위치에 둔다.

5. 편안한 상태라면 천천히 부드럽게 눈을 감는다.

6. 코로 깊이 숨을 들이마시고 6~8초간 유지한 후 아주 천천히 내쉰다.

7. ①~⑥ 과정을 두 번 더 반복하고 매번 전보다 좀 더 깊이 숨을 들이마신다.

8. 숨을 쉬는 동안 머리부터 발끝까지 온몸의 힘을 빼고 평온을 유지한다.

9. 숨은 차분하고 끊김없이 유지한다.

10. 자신의 숨쉬기를 형성한다. 좋은 숨쉬기에는 차분함, 일정한 간격, 고요함 등 세 가지 조건이 있다[소빅(Sovik), 2005].

11. 숨쉬기 과정을 지나치게 의식하지 말고 온몸이 숨을 쉬듯 자연스럽게 유지한다.

12. 코로 숨을 들이마시고 내쉬는 것에 집중한다.

13. 차분하고 조용한 숨쉬기를 일정 간격으로 열 번 반복한 뒤 눈을 뜬다.

회기 실습3: 스트레칭과 긴장 풀기

시작

- 의자에 앉아 힘을 뺀 상태에서 머리와 목, 가슴을 나란히 정렬한다.
- 다리는 꼬지 않고 양발은 바닥에 둔다.
- 양손은 허벅지에 올린다.
  [커텔라(Cautela)와 고든(Goren), 1978]

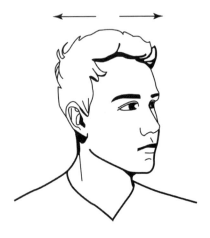

머리

- 어깨를 고정하고 머리를 천천히 오른쪽으로 돌린다.
- 안정된 숨쉬기를 세 번 한다.
- 머리를 반대편으로 돌려 같은 방법으로 숨쉬기를 반복한다.

귀

- 어깨를 고정한 상태로 왼쪽 귀를 왼쪽 어깨 쪽으로 내린다. 이때 어깨는 움직이지 않는다.
- 안정된 숨쉬기를 세 번 한다.
- 반대편도 같은 방법으로 반복한다.

목

- 머리와 목, 가슴을 나란히 정렬하고 어깨도 수평을 유지한다.
- 고개를 천천히 천장을 향해 들고 통증이 느껴지지 않을 정도로 목을 젖힌 채 편안하게 앞목을 스트레칭한다.
- 숨을 천천히 내쉬면서 턱이 가슴팍에 닿을 때까지 고개를 숙인다.
- 그 자세를 유지하고 뒷목을 스트레칭한다.
- 충분히 스트레칭한 후 원 상태로 돌아온다.

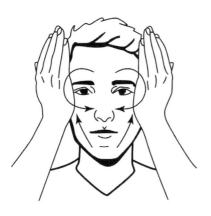

얼굴 마사지

- 손바닥 밑 부분을 관자놀이 주위 광대 윗부분에 대고 천천히 안쪽 방향으로 원을 그리며 마사지한다.
- 원형을 그리면서 천천히 턱선까지 내려온 후 같은 방법으로 얼굴의 여러 부위를 마사지한다.

[밸런타인(Bellentine), 1977]

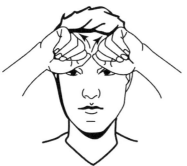

눈, 이마 마사지

- 주먹을 느슨하게 쥔 후 마디 부분으로 눈 바로 밑을 지그시 누른다.
- 천천히 관자놀이 쪽으로 이동했다가 눈썹과 이마 부분을 누르며 마무리한다.
- 같은 방법으로 몇 번 반복한 후 얼굴의 다른 뼈 부분도 마사지한다.

회기 실습4: 긍정 이미지 만들기

이 실습을 회기로 진행하고 있다면 치료자가 다음 대본을 읽어준다. 개인이 집에서 진행하고 있는 경우에는 이 대본을 녹음해 실습 때 듣는다. 시작을 위해 편안한 자세로 앉는다.

눈을 감고 한 장소를 상상해보자. 이 장소는 실내일 수도 있고 실외일 수도 있지만 자신이 별 의식을 하지 않고 편안하다고 느낄 수 있는 장소를 선별해야 한다. 안정된 숨쉬기를 몇 번 반복해 자신이 정말 그 장소에 도착했다는 것을 느낀다. 자신이 한 번에 하나의 감각에 집중할 수 있는지 확인한다. 무엇이 보이는가? (잠시 정지) 주위를 한번 천천히 둘러보라. (잠시 정지) 무엇이 들리는가? 가까운 곳에서, 먼 곳에서 또는 아주 먼 곳에서 나는 소리일 수도 있다. 다음은 후각 차례다. 자연스러운 냄새가 나는가, 아니면 뭔가 인위적인 냄새가 나는가? (잠시 정지) 이제 무언가를 만져보라. 물체의 촉감이 부드러운지 거친지, 딱딱한지 물렁한지, 가벼운지 무거운지 느껴본다. 이제 주위를 둘러보고 아무 물체나 색감 또는 형체가 있는지 관찰한다. 만약 무언가를 발견했다면 한번 만져보라. 그리고 가능하다면 그것들로 무언가를 만들어보라. 완벽한 모양이거나 균형을 맞출 필요는 없다. 원하지 않는다면 아무것도 하지 않아도 좋다. 무엇을 하든, 하지 않든 부담감을 갖지 말고 안정을 취한다. 깊은 숨쉬기를 몇 번 반복하고 이 장소의 세부적인 부분을 기억하려고 노력한다. 마치 머리로 사진을 찍듯이 말이다. 이곳은 오로지 당신만의 장소이며 당신이 안정을 취하는 곳이다. 들어온 과정과 같은 방법으로 천천히 발걸음을 떼 장소를 떠난다.

회기 실습5: 자애명상

자애명상(사랑과 친절)은 《자애명상》이라는 저서를 인용해 만들어졌다[샤론 샐즈버그 (Sharon Salzberg), 1995]. 이 실습은 일정 단어와 문장을 낭송함으로써 '한없이 따스한 마음'이 들도록 도와준다. 이 느낌의 힘은 가족과 종교, 사회 계층에 한정되지 않는다. 자신으로부터 시작해 서서히 넓어져 마지막으로 모든 것의 행복을 기원한다.

시작은 다음과 같은 문장으로 한다.

"저를 행복하게 해주세요. 저를 온전하게 해주세요. 저를 안전하게 해주세요. 저에게 평화와 안정을 주세요."

문장들을 낭송하면서 그것이 의미하는 것에 몰두한다. 자애명상은 우리의 고결한 마음과 타인의 행복을 연결해준다. 사랑과 친절, 수용의 자애가 당신을 채우게 하고 문장을 낭송하면서 이 감정들을 증폭시킨다. 명상을 계속하면서 자신의 모습을 머릿속에 그리며 자애의 마음이 자신에게 돌아오게 하는 것도 좋다. 자애의 마음을 자신에게 향하게 한 후에는 자신을 정말 아끼는 친구의 모습, 사랑하는 사람의 모습을 떠올려보자. 그리고 그를 위해 천천히 사랑과 친절의 문장을 낭송한다.

"그를 행복하게 해주세요. 그를 온전하게 해주세요. 그를 안전하게 해주세요. 그에게 평화와 안정을 주세요."

문상늘을 낭송하면서 가슴 벅차오르는 의미에 집중한다. 자애의 마음이 부풀어 오른다면 그 마음을 자신이 낭송하는 단어들과 연결해 낭송이 그 마음을 극대화할 수 있게 한다. 명상을 진행하면서 친구와 가족, 이웃, 지인, 타인, 동물, 그리고 마지막으로 자신이 어려워하는 사람까지 사랑·친절의 원 안에 포함시킨다.

감사 일기

자신이 생각하는 축복, 즉 잘됐던 일 세 가지를 매일 밤 잠들기 전에 적는다. 각각의 잘됐던 일 옆에는 다음을 참고해 잘된 이유를 최소 한 문장씩 쓴다.

- 잘됐던 일 세 가지가 어떻게 오늘 발생했는가? 자신에게 어떤 의미가 있는가?
- 시간을 투자해 축복 또는 잘됐던 일을 글로 적으면시 무엇을 배웠는가?
- 자신이나 타인이 세 가지 축복에 어떻게 공헌했는가?

오늘의 잘됐던 일: 일요일

일요일	날짜:
첫 번째 잘됐던 일: 이유:	
두 번째 잘됐던 일: 이유:	
세 번째 잘됐던 일: 이유:	

오늘의 잘됐던 일: 월요일

월요일	날짜:
첫 번째 잘됐던 일: 이유:	
두 번째 잘됐던 일: 이유:	
세 번째 잘됐던 일: 이유:	

오늘 잘됐던 일: 화요일

화요일	날짜:
첫 번째 잘됐던 일: 이유:	
두 번째 잘됐던 일: 이유:	
세 번째 잘됐던 일: 이유:	

오늘 잘됐던 일: 수요일

수요일	날짜:
첫 번째 잘됐던 일: 이유:	
두 번째 잘됐던 일: 이유:	
세 번째 잘됐던 일: 이유:	

오늘 잘됐던 일: 목요일

목요일	날짜:
첫 번째 잘됐던 일: 이유:	
두 번째 잘됐던 일: 이유:	
세 번째 잘됐던 일: 이유:	

오늘 잘됐던 일: 금요일

금요일	날짜:
첫 번째 잘됐던 일: 이유:	
두 번째 잘됐던 일: 이유:	
세 번째 잘됐던 일: 이유:	

오늘 잘됐던 일: 토요일

토요일	날짜:
첫 번째 잘됐던 일: 이유:	
두 번째 잘됐던 일: 이유:	
세 번째 잘됐던 일: 이유:	

부록C

긍정심리치료 척도

긍정심리치료 척도(PPTI)는 팔마(PERMA)를 바탕으로 내담자의 행복을 평가하는 일차적 수단이다. 즉 PPTI는 긍정 정서와 몰입, 관계, 의미, 성취 측면에서 행복을 평가한다. 이미 출판된 관련 연구서적들에서도 사용되고 있으며, 튀르키예어(옛 터키어)와 페르시아어, 독일어, 한국어로도 번역됐다. PPTI 정신력 측정에 대해서는 여기 뒷부분에서 다루겠다.

C1 척도

긍정심리치료 척도

각 문장을 신중하게 읽길 바란다. 아래 표 상단의 1에서 5까지 점수 중 하나를 골라 회색 네모 칸에 적는다. 각 줄의 회색 네모 칸에만 표시한다.

강점에 관한 질문이 몇 가지 있다. 강점은 생각과 느낌, 행동으로 드러나는 안정된 특성이다. 도덕적 가치가 있으며, 자신과 타인 모두에게 이로운 것이기도 하다. 강점의 사례로는 희망과 낙관성, 열정, 영성, 공정성, 겸손, 사회성 지능, 끈기, 호기심, 창의성, 팀워크 등이 있다.

C1

전혀 그렇지 않다	그렇지 않다	보통이다	그렇다	매우 그렇다
1	2	3	4	5

	내용	P	E	R	M	A
1	나는 기쁨이 넘친다.					
2	나는 내 강점을 잘 알고 있다.					
3	나는 정기적으로 교류하는 이들과 좋은 관계를 맺고 있다고 생각한다.					
4	내가 하는 일은 사회에 영향을 미칠 수 있다.					
5	나는 목표의식이 뚜렷하고 포부가 큰 사람이다.					

		P	E	R	M	A
6	다른 사람들은 내가 행복해 보인다고 말한다.	▨				
7	나는 나의 강점을 사용할 수 있는 활동을 찾아 나선다.		▨			
8	나는 내가 사랑하는 이들에게 친밀감을 느낀다.			▨		
9	나는 내 삶에 목적이 있다고 생각한다.				▨	
10	타인의 성공은 나에게 영감이 돼 나의 개인적 목표를 이루는 데 도움을 준다.					▨
11	나는 내 삶의 좋은 점들을 인지하고 감사함을 느낀다.	▨				
12	나는 문제를 해결할 때 강점을 사용한다.		▨			
13	내게 힘든 일이 닥칠 때 나를 지원해줄 사람이 언제나 곁에 있다.			▨		
14	나는 종교적 활동에 참여한다.				▨	
15	내 인생에서 많은 일을 잘해냈다.					▨
16	나는 안정돼 있다.	▨				
17	내 강점을 사용하는 활동을 할 때 집중력이 매우 좋은 편이다.		▨			
18	내 주위엔 나를 성장시키고 행복할 수 있게 도와주는 사람들이 있다.			▨		
19	나는 내 자아보다 더 높은 곳에 기여하는 일을 한다.				▨	
20	목표를 세우면 반드시 이룬다.					▨
21	나는 웃을 때 진심 어린 마음으로 크게 웃는다.	▨				
22	내 강점을 사용해 활동할 때는 시간이 빨리 흘러간다.		▨			
23	내 말을 경청하고 마음을 헤아려줄 수 있는 사람이 적어도 한 명은 있다.			▨		
24	내 강점을 사용해 다른 사람을 도와준다.				▨	
25	나는 목표를 이루고 나면 새로운 목표를 성취하고 싶어진다.					▨

강점 설명문

각 열의 네모 칸에 표시한 점수를 합산해 아래 표에 옮겨 적는다. 위의 표 상단에 P, E, R, M, A라고 표시된 열이 다섯 개 있으니 유념하길 바란다. 이 알파벳 대문자들은 표 왼

분야	번호	당신의 합계	일반	내담자
P=긍정 정서	1+6+11+16+21		21	14
E=몰입	2+7+12+17+22		21	16
R=관계	3+8+13+18+23		22	14
M=의미	4+9+14+19+24		19	14
A=성취	5+10+15+20+25		21	18
합계			104	76

쪽 열에 있는 내용과 연관성이 있다.

C2

채점 방법

척도	각 항목 점수 더하기	팔마 요소 정의
긍정 정서	1+6+11+16+21	만족감과 자부심, 평온함, 희망과 낙관성, 신뢰감, 자신감, 감사 같은 긍정 정서 경험하기
몰입	2+7+12+17+22	극도로 집중하는 최적의 상태와 집중하는 최적의 상태, 발전하고자 하는 본능적 의욕을 느끼려고 자신의 강점을 사용하는 활동에 깊이 몰입하기
관계	3+8+13+18+23	긍정적이고 안정적이며 신뢰할 수 있는 관계 맺기
의미	4+9+14+19+24	목표의식과 자신보다 더 원대한 믿음을 가진 어딘가에 소속되어 봉사하기
성취	5+10+15+20+25	성공과 통달, 성취 자체를 추구하기

정신력 측정

PPTI 정신력 측정은 지금도 연구되고 있다. 최대 규모의 PPTI 입증 연구는 문화적으로 다양한 젊은 층 표본을 대규모로 포괄한다[총인원=2,501, 평균 나이=22.55세, 표준편차(SD)=2.96, 68.3퍼센트 여성]. 이들은 강점 기반 프로그램에 참가한 사람들로, PPTI뿐 아니라 많은 측정을 마쳤다. 그 종류는 다음과 같다.

- **정신적 고통 측정 결과 설문지**(Psychiatric Distress: Outcome Questionnaire·OQ-45; Lambert et al., 1996): 이 45개 항목 측정은 증상을 보이는 고통과 대인관계, 사회적 역할이라는 세 개 영역뿐 아니라 전반적인 고통 수준을 평가한다.
- **학생 몰입 척도**(Student Engagement Inventory·SEI; Rashid & Louden, 2013): 이 측정은 교실에서 행동과 과제, 시험, 학업 동기, 학업 회복력, 캠퍼스 몰입, 캠퍼스 적응 등 7가지 영역의 학생 몰입 수준을 평가한다.
- **대표강점 설문지**(Signature Strengths Questionnaire·SSQ-72; Rashid et al., 2013): 이 72개 항목 측정은 24가지 성격강점을 측정한다.
- **집념**(Grit; Duckworth et al., 2007): 이 8개 항목의 자기보고 척도는 장기적 목표를

추구하는 끈기와 열정의 특성 수준을 평가한다.

위에서 언급한 임상 표본(≥63의 OQ-45 임상 범주 점수와 낮은 점수로 결정됨)과 비임상 표본(OQ-45 점수 ≤63) 측정의 이변수 상관관계는 '표 C1'에 나와 있다. 이 표는 정신적 고통과 전반적 학업 몰입, 성격강점, 집념 측정과 PPTI(총점)의 이변수 상관관계를 보여준다. 이 상관관계 성향에 따르면 PPTI 행복 측정은 긍정적 구성 요소와는 호의적 상관관계를, 부정적 구성 요소와는 비관적 상관관계를 보이는 것이 분명하다.

구조

PPTI의 다섯 가지 척도는 만족스러운 내직 일관성을 가진다. 앞서 언급한 표본의 크론바흐 알파값(Cronbach's alphas)은 긍정 정서가 .77, 몰입이 .81, 긍정 관계가 .84, 의미가 .71, 성취가 .77이다. 또한 발표된 연구 결과에서는 PPTI가 5개의 요인 기저 구조를 지니고 있는 것으로 밝혀졌다. 더 나아가 구조화된 개입 결과에 따르면 5가지 항목 점수뿐 아니라 전반적인 점수도 수정할 수 있다.

표 C1
스트레스와 학업 몰입, 성격강점 측정과 긍정심리치료 척도의 이변수 상관관계

	치료 (n=710)	적응 (n=937)
정신적 고통(전반적)	−.40**	−.38**
증상을 보이는 스트레스	−.16**	−.12**
대인관계 어려움	−.20**	−.16**
사회적 역할 어려움	−.23**	−.30**
학업 몰입(전반적)	.14**	.20**
교실과 과제	.24**	.19**
시험과 발표	.22**	.23**
학업 동기	.29**	.18**
캠퍼스 몰입	.24**	.22**
학업 회복력	.20**	.18**

캠퍼스 적응	.15**	.11*
성격강점(전반적)	.20**	.09**
감상력	.07	.17**
용감성	.09*	.19**
시민의식과 팀워크	.08*	.14**
창의성	.04	.19**
호기심	.03	.18**
공정성	.03	.18**
용서	.07	.21**
감사	.10**	.18**
집념	.16	.48**
정직	.08*	.21**
희망과 낙관성	.10*	.20**
유머	.12**	.16**
친절	.09*	.16**
리더십	.10**	.21**
사랑	.16**	.20**
학구열	.13**	.22**
겸허와 겸손	−.02	.15**
개방성	.04	15**
끈기	.13**	.19**
예견력	.08*	.18**
신중함	.08*	.16**
자기 통제력	.01	.16**
사회성 지능	.05	.17**
영성	.06	.22**
열정	.13**	.17**

*= $p < .05$; **= $p < .01$

부록D

강점 키우기

스트레스 요인과 강점은 모두 일상적이다. 하지만 스트레스 요인(대인관계, 직장생활, 구직, 직장생활과 사생활의 균형, 심리질환, 교통체증, 세금 등)이 강점들(호기심, 정직, 친절, 공정성, 신중함, 감사)보다 부각되는 것이 현실이다. '부록D'에선 일상에서 강점을 어떻게 사용할지를 다룰 것이다. 그리고 강점을 다룬 영화나 테드(TED) 강연 외에 다른 온라인 자료들도 제공한다. 이 부록의 '치료 작용'은 심리치료를 내체할 수는 없지만, 스트레스와 문제가 존재하는 일상에서 어떻게 하면 강점들을 사용해 이런 문제들을 해결하고 행복을 이룰지에 대한 해답을 찾을 기회를 제공한다.

구조

'부록D'의 목표는 추상적인 성격강점 콘셉트를 구체적인 예시를 통해 해석하고 강점들을 관련 있는 멀티미디어 예시들과 연결하는 것이다. 이 부록은 셀리그만과 피터슨의 《성격강점과 미덕 분류 편람(VIA Classification of Character Strengths and Virtues)》을 기반으로 만들어졌다.

셀리그만과 피터슨의 말을 인용하면 성격강점은 우리가 지닌 소중한 가치이지만 빈번한 요소들이며, 이 강점들이 언제나 구체적인 결과를 제시하는 것은 아니다. 심리적 증상과 비교할 때 강점은 개인을 폄하하지 않으며, 그와 반대로 강점을 발휘하는 이들을 높이 평가하고 시기나 질투보다는 존경을 불러온다.

치료적 환경에서 성격강점은 많은 모습으로 나타난다. 일부 강점은 치료적 환경에서 쉽게 드러나고(감사나 창의성의 표현), 다른 강점들은 발견하기 쉽지 않을 수도 있다(겸손함이나 자기 통제력의 표현). 강점과 마찬가지로 미덕 또한 모든 문화권에서 큰 가치를 지니며 특유의 문화, 종교, 철학적 배경을 가지고 있다. 셀리그만과 피터슨은 미덕은 강점들의 조합이고, 따라서 미덕은 좋은 삶을 사는 길이라고 주장한다.

'표 D1'에는 24가지 강점이 6개 미덕으로 분류돼 있다. 이 부록에서는 모든 성격강점에 대한 토의를 진행하며, 다음 내용들을 포함하고 있다.

- 강점에 대한 설명
- 강점의 중용에 대한 토론
- 강점과 통합할 수 있는 다른 강점들에 대한 설명
- 영화를 통해 보는 예시: 인물들이 어떻게 강점을 사용하는지 알아보기
- 치료 작용: 강점을 발전시키는 법
- 예시: 강점을 대표하는 위인들
- 저서: 강점에 대한 깊이 있는 이해를 도움
- 웹사이트: 강점의 개념을 더 넓게 이해할 수 있도록 도움

표 D1 미덕과 그에 따른 강점들

미덕	지혜와 지식	용기	사랑과 인간애	정의감	절제력	영성과 초월성
강점	창의성	용감성	사랑	팀워크	용서	감상력
	호기심	끈기	친절	공정성	겸손	감사
	학구열	정직	사회성 지능	리더십	신중함	희망
	개방성(판단력)	열정			자기 통제력	유머
	예견력					영성

부록 마지막에 있는 '표 D2'는 모든 강점의 특성을 정리한 것이다. 한눈에 볼 수 있는 이 자료는 24가지 강점을 남용하거나 부족할 때 나타나는 결과를 제시하고, 균형 있는 강점의 사용(중용)과 좋은 조합을 이루는 강점에 대해 설명해놓았다.

이 부록은 치료자나 상담사도 사용할 수 있지만 내담자들을 위해 만들었다. 2장에 나와 있는 대표강점 평가를 마친 후 사용하면 된다. 치료자나 상담사는 부록 내용을 통해 치료 세션에 필요한 기술들을 보강할 수 있다. 이 부록은 강점을 중심으로 일상의 역경을 다루면서 긍정 정서와 몰입, 긍정 관계를 구축해 의미 있는 목표를 달성하고 유지할 수 있게 해준다.

중용

'중용'이란 아리스토텔레스의 철학적 개념으로, 도덕 행동(중심)이 두 극단점 사이에 있는 것을 말한다. 강점 위주의 긍정심리치료에서 중용이란 치료적이고 효율적인, 균형 있는 강점의 사용을 뜻한다. 예를 들면 호기심의 균형 있는 사용은 극단적인 사용(과도한 참견, 캐물음)과 사용 부재(지루함, 무관심) 사이를 가리킨다.

통합

각 강점은 다른 강점들과 같은 특성을 가지는 경우가 많고, 특성이 비슷한 강점들과 좋은 조화를 이룬다. 예를 들면 다음과 같다.

- 우울 증세에서 벗어나려면 미래에 생길 사건들이 모두 부정적이지 않다고 믿으면서 (희망) 그러한 믿음을 계속 유지하려고 노력할 필요가 있다(끈기).
- 충동적인 행동을 방지하려면 자신의 감정을 통제할 수 있는 능력(자기 통제력)과 통제에 실패했던 과거의 자신을 너무 비난하지 않으면서 스스로를 지키려는 자세(자기 용서)가 필요하다.
- 대인관계 문제를 다룰 때, 특히 "당신은 나를 이해하지 못해" 같은 말을 들었을 때는 타인의 감정과 의중을 이해하고 다른 전략을 사용하면서 관계의 미묘한 상황을 이해해야 한다(사회성 지능). 물론 유머, 팀워크, 정직 같은 강점으로 문제에 접근해 상대방과 깊이 교감하는 것도 가능하다.

미덕 : 지혜와 지식

더 나은 삶을 위해 지식을 습득하고
활용하는 것과 관련된 인지적 강점들

1. 창의성

서론

창의성이 대표강점 중 하나인 사람은 자신의 행복을 위협하는 문제를 창의력을 발휘해 새로운 방안으로 극복할 수 있는 능력을 지녔다. 가장 창의적인 표현 방법인 예술(미술, 도예, 그래픽디자인 등), 집필(시, 소설, 에세이 등), 공연예술(노래, 연기, 악기 연주 등)은 엄청난 치료 잠재력을 가지고 있다. 이 같은 방법은 집중력과 감정의 한정된 자원을 의미 없이 소비하지 않고 올바르게 사용하는 것을 도와준다.

중용

창의성이 있는 사람은 어떤 일을 평소대로 하거나 보이지 않는 규범의 틀에 갇혀 있는 것에 만족하지 않는다. 그렇다고 친구들이 당신의 창의적인 시도가 사회적으로 기이하다고 여기는 것은 결코 아니다. 당신은 그저 무엇에 만족하는 데서 멈추지 않고 혁신을 원할 뿐이다. 심리치료 관점에서 볼 때 창의성을 균형 있게 사용한다면 삶의 지속적인 문제에 대한 새로운 해답을 찾을 수 있다. 다만, 창의성을 발휘할 때 자신이 상대방에게 어떤 영향을 끼치는지 언제나 의식해야 한다. 예를 들어 창의성을 발휘해 자신의 사무실 인테리어를 바꿀 수 있을 것이다. 하지만 이는 사무실이 개인 소유이거나 당신이 인테리어 리모델링을 총괄하는 역할을 맡은 경우에만 해당한다. 공공장소에서 상대방 의견을 반영하지 않은 채 자신의 창의성을 발휘하는 것은 균형 있는 창의성 표현이 아니다. 창의성이 빛을 발하는 최고 시나리오는 상대방 의견을 경청하고 새로운 아이디어에 개방적인 자세로 임하는 브레인스토밍식 토의를 주관하거나 진행하는 것이다.

- 사용 남용: 특이함, 기괴함
- 사용 부족: 단조로움, 지루함, 순응

통합

창의성을 더 개선하고 싶다면 호기심, 끈기, 열정, 용감성 강점을 창의성과 접목하는 것이 좋다. 더 나아가 당신의 창의적인 표현 방법이 상대방에게 더 큰 영향을 미치길 원한다면 사회성 지능, 팀워크, 개방성 같은 강섬을 사용해 싱대방과 함께 문제를 해결하고 행복을 추구할 수도 있다.

슬픔과 고통을 창의성의 원천으로 생각하는 경우가 많다. 하지만 창의적 표현은 여러 방법과 과정을 통해 할 수 있다. 놀고 있는 아이들을 예로 들어보자. 아이들은 즐겁게 (긍정 정서) 역할놀이를 하고 가상인물을 만들어 존재하는 배경 안에서 완전하게 새로운 시나리오를 써나간다. 감사, 감상력, 쾌활함 강점이 긍정 위주의 감정과 만나면 창의성을 대폭 발전시킬 수 있다. 하지만 창의적 표현이 열매를 수확하는 데까지는 끈기와 자기 통제력으로 몰입 상태를 유지해야 하고 몰입이 흐트러진 경우에는 다시 돌아올 수 있어야 한다.

치료 작용

- **오래된 문제에 새로운 해답 제시하기** 당신과 주변 사람들이 가진 지속적인 문제에 대한 해답을 담은 목록을 작성해 소셜네트워크서비스(SNS)나 적합한 매체를 통해 친구들과 공유하고 피드백을 받는다.
- **지루한 업무 해결하기** 지루하지만 자신이 꼭 해야 하는 업무 목록을 작성한 후 창의적으로 업무를 이행하는 방법을 찾아본다. 창의성을 발휘해 이 업무들을 좀 더 즐겁게 만드는 것이 중요하다.
- **창의적인 해결책 제시하기** 친구나 가족 중 한 명을 선택해 그의 문제에 창의적인 해결책을 제시한다. 당신의 관련 경험과 성공 또는 실패 사례를 토대로 토의하고 상대

방의 해결책도 경청한다.

- **잔여 물품**(음식, 종이, 재활용품 등)**으로 새로운 아이템 만들기** 집에 있는 잔여품을 버리기 전 그것으로 실용적이고 창의적인 아이템을 만들어본다.
- **자료 수집하고 정리하기** 특정 자료(웹사이트, 온라인 비디오, 차트 등)를 수집하고 정리해 당신의 새로운 아이디어를 곧바로 구체화할 수 있게 준비해둔다.
- **몰입도 높이기** 몰입하려 할 때 중요한 세부사항을 빠뜨리거나, 집중력이 쉽게 흐트러지거나, 여러 내용을 머릿속에 정리하고 암기하는 것에 어려움을 겪는다면 창의적인 시도와 노력을 통해 몰입도를 향상시켜본다.

영화

- Pianist (2002), Wladyslaw Szpilman's character is inspiring in this World War II movie. Despite the incredible cruelty of the Nazis, Szpilman relies on his creativity to survive. App endix 270 D: Bu ild ing Your Strengths 270
- Gravity (2013), This film presents an excellent illustration of creative problem solving as two astronauts work together to survive after an accident that leaves them stranded in space
- Julie & Julia (2009), Based on the celebrity chef Julia Child, the movie shows many facets of creativity both by Julia Child and another woman, Julie Powell

강연

www.ted.com
- William Kamkwamba: How I harnessed the wind
- Isaac Mizrahi: Fashion and creativity
- Linda Hill: How to manage for collective creativity
- Kary Mullis: Play! Experiment! Discover!
- Richard Turere: My invention that made peace with lions

책

- Carlson, S. (2010). Your Creative Brain: Seven steps to Maximize Imagination, Productivity, and Innovation in Your Life. San Francisco: Wiley
- Csikszentmihalyi, M. (1996). Creativity: Flow and the Psychology of Discovery and

Invention. New York: HarperCollins

- Edwards, B. (2013). Drawing on the Right Side of the Brain: A Course in Enhancing Creativity and Artistic Confidence. London: Souvenir Press
- Drapeau, P. (2014). Sparking Student Creativity: Practical Ways to Promote Innovative Thinking and Problem Solving. Alexandria, VA: ASCD. App endix D: Bu ild ing Your Strengths 271

웹사이트

- Inspiring Creativity: A short film about creative thinking and behaviors: www.highsnobiety.com/2014/05/16/watch-inspiring-creativity-a-short-film-aboutcreative-thinking-and-behaviors
- The Imagination Institute: Focuses on the measurement, growth, and improvement of imaginationacross all sectors of society: https://imagination-institute.org
- Shelley Carson's website: Complete a test to explore your creative mindset: www.shelleycarson.com/creative-brain-test www.authentichappiness.sas.upenn.edu/learn/creativity
- 25 things creative people do differently: www.powerofpositivity.com/25-things-creative-people-differently
- The Artist's Way-tools to enhance your creativity, videos with the author Julia Cameron: www.theartistway.com

2. 호기심

서론

호기심은 기회를 인식하고 도전하며 새로운 지식을 갈망하는 강점이다. 심리치료 관점에서 볼 때 호기심은 당신이 기피하며 살아온, 즉 당신을 불편하고 초조하게 만드는 상황(예: 만원지하철에 탑승하기, 안내센터에 가서 질문하기, 친목회에서 모르는 사람에게 말 걸기)이나 물건(예: 바늘, 공중화장실의 세균, 특정 음식)에 대해 좀 더 개방적인 자세를 취하도록 도와준다. 지금까지 공포에 대한 인식을 바꿀 수 없다고 생각하며 살아온 당신에게 호기심은 엄청난 치료 잠재력을 발휘해 당신을 유연성 있는 사람으로 만들어줄 것이다. 호기심은 불확실함과 새로움 앞에서 더 열린 자세를 취하게 해주고, 이런 자세는 자신이 가지고 있는 공포를 세밀하게 이해하도록 도와준다. 이를 통해 스스로 회복하고 성장할 수 있는 기회가 주어진다.

중용

우리는 일상의 거의 모든 긍정적 요소에 익숙해진다. 이때 균형 있는 호기심은 우리를 지루함, 무관심, 의욕 상실로부터 구해준다. 즉 호기심을 발휘하면 평소 접하는 경험, 과정, 사물을 지금까지 보지 못했던 새롭고 이색적인 관점에서 볼 수 있다. 또한 호기심은 흥미 없는 일상을 더 열정적이고 동기 부여가 되는 양상으로 만들어준다. 균형 있는 호기심을 자신을 이해하는 데 사용하는 것은 성장에 필수 요소다. 지식의 한계에 도전하고 확대 해석이나 자아도취에 빠지지 않은 상태로 자신 및 자신을 둘러싼 세상에 대해 호기심과 탐구욕을 가지는 것은 중요하다.

- 사용 남용: 집요함, 참견
- 사용 부족: 지루함, 냉담, 무관심

통합

호기심은 창의성, 끈기, 개방성 등 많은 강점과 연결돼 있다. 자신이 곤란한 상황에 처했을 때 균형 있는 호기심과 다른 강점을 조합해 사용하면 최적의 결과를 낼 수도 있다. 때로 호기심은 용감성을 필요로 하기도 한다. 특히 양면적인 감정(분노와 슬픔)을 느끼지만 정확한 원인을 찾지 못할 때 용감성을 발휘해 자신을 성찰하면 이 같은 감정의 원인(예: 자신의 공포를 외면하기 위해 자신보다 지위가 높은 사람의 부당한 대우 또는 트라우마로 인한 감정 배제)이 무엇인지 찾아낼 수 있다. 호기심을 발휘해 고통의 원인을 찾아내는 것은 고통에서 벗어나기 위한 중대한 첫걸음이다.

치료 작용

- **두려움 직시하기** 자신을 두렵고, 불편하고, 불안하게 만드는 것을 목록으로 정리한다. 자신이 반드시 피하는 것(예: 일정 장소, 음식, 인물)과 피하는 행동(예: 길을 돌아가거

나 대체 음식을 먹거나, 사람들과 교류를 회피하는 행동 등)을 정리한다. 전문가의 의견을 듣거나 읽고, 관련 영상을 시청하며, 주위에 조언해줄 만한 이들로부터 도움을 받아 자신의 두려움에 대해 스스로 학습한다.

- **다양한 문화를 탐방하며 지루함 극복하기** 지루하게 반복되는 일상에 지쳤다면 새로운 것을 시작해보자. 예를 들어 낯설게 느껴지는 다른 문화권의 요리를 접해본다. 그리고 그 문화권에 익숙한 이에게 이 같은 경험의 문화적 배경에 대해 물어본다. 이 경험에서 느낀 점을 친구들과 직접 만나서 이야기하거나 소셜미디어를 통해 나눈다.

- **불확실함에서 오는 불안감 극복하기** 우리는 주위에서 발생하는 모든 사건을 예견하고 통제하며 이해하고 싶어 한다. 하지만 그것은 불가능한 일이기에 많은 이가 불안감을 느낀다. 불안감을 비생산적인 방법으로 해결하려 하기(예: 충동적으로 접한 부정확한 정보로 지레짐작하기)보다 호기심을 발휘해 새로운 정보를 받아들이자. 이 과정은 불확실함을 견디고 불안감을 이겨내는 데 도움을 준다. 확실함을 찾기보다 확실함을 찾는 과정 자체에 호기심을 가진다.

- **인맥을 넓혀 편견에서 벗어나기** 우리는 일반적으로 자신과 비슷한 사람들을 만나고 어울린다. 이 경우 동질감을 느끼겠지만, 사회적으로 인맥을 넓히는 기회가 제한되고 다른 문화권의 사람들에 대한 편견이 생길 수 있다. 따라서 다른 문화권에서 온 사람과 적어도 한 달에 한 번씩 만나 커피를 마시며 그들의 문화를 배워보자. 이때 무비판적이면서 탐구적인 자세를 유지하고 자신의 문화권에 대해서도 이야기를 나눈다.

- **자연에 대한 호기심 기르기** 자연은 엄청난 치료 잠재력을 가지고 있다. 평소 해결되지 않은 문제 때문에 걱정하고 불안해하고 스트레스 받는 시간 중 한 시간 정도를 투자해 자연을 찾아보자. 일주일에 적어도 한 시간씩 숲이나 공원, 계곡, 정원으로 나가 자연을 접하고 소감과 감정을 글로 쓰거나 그림으로 그려본다.

영화

- October Sky (1999)-The curiosity of Homer Hickam, inspired by the launch of Sputnik, motivates him and his friends to build their own rockets, and eventually they get a spot in the National Science Awards competition
- 10 Items or Less (2006)-A "has-been" actor, in pursuit of a new role, goes to a grocery store in a small industrial town to observe a worker, displaying a high level of curiosity while interacting with a wide range of people
- Indiana Jones and The Raiders of the Lost Ark (1981)-An archaeological adventure-covering a booby-trapped temple in Peru to the search for ancient artefacts-shows numerous aspects of curiosity

강연

www.ted.com
- Kary Mullis: Play! Experiment! Discover!
- Brian Cox: Why we need the explorers
- Taylor Wilson: Yup, I built a nuclear fusion reactor
- Jack Andraka: A promising test for pancreatic cancer from a teenager

책

- Goldin, I., & Kutarna, C. (2016). Age of Discovery: Navigating the Risks and Rewards of Our New Renaissance. Bloomsbury, UK: St Martin's Press
- Gruwell, E. (1999). The Freedom Writers Diary: How a Teacher and 150 Teens Used Writing to Change Themselves and the World around Them. New York: Doubleday
- Grazer, B., & Fishman, C. (2015). A Curious Mind: The Secret to a Bigger Life. Toronto: Simon & Schuster
- Kashdan, T. (2009). Curious. New York: William Morrow
- Leslie, I. (2014). Curious: The Desire to Know and Why Your Future Depends on It. New York: Basic Books

웹사이트

- Discover how cultivating an inquiring mind can help you lead a happier, healthier life: https://experiencelife.com/article/the-power-of-curiosity
- Four reasons why curiosity is important and how it can be developed:

www.lifehack.org/articles/productivity/4-reasons-why-curiosity-is-important-and-howto-develop-it.html

- Curiosity prepares the brain for better learning: www.scientificamerican.com/article/curiosity-prepares-the-brain-for-better-learning

3. 개방성(판단력, 비판적 사고)

서론

개방성(판단력)은 어떤 주제를 다룰 때 다방면으로 생각할 수 있는 능력이다. 심리치료 관점에서 개방성은 자신의 신념과 상반되는 의견일지라도 받아들일 여지를 두는 것을 뜻한다. 심리치료는 내담자의 신념과 믿음을 이해하고자 노력하고, 특히 내담자에게 스트레스와 다른 증후군을 야기하는 원인을 파악하는 데 힘을 쏟는다. 이때 개방성을 복잡한 개인 사정을 다루는 데 사용한다면 기존엔 보지 못했던 관점에서 문제를 직시할 수 있다. 또한 문제에 직면했을 때 개방성을 발휘하면 무편견적이고 객관적인 '현실 직시적' 시선을 유지할 수 있다. 한마디로 개방성은 자신의 관점만 고집하게 만드는 '개인적 편견'을 접어두고 상대의 관점도 고려하게 하는 강점이다.

중용

개방성은 일상의 골칫거리나 그보다 큰 문제를 비평적 탐구와 면밀한 정보 조사로 직시하는 태도를 수반한다. 개방성이 결여되어 있다면 문제를 관찰하는 능력이 떨어지고 모든 것을 흑백논리로 판단하려 들 것이다. 주위에선 이런 사람을 융통성이 없다고 말하고, 고지식한 성향은 스트레스 증상을 더욱 악화할 수 있다. 우울증과 불안 증세가 있는 상태에서 역경이나 차질 또는 실패까지 겪는다면 자신의 부족함을 스스로 비난하며 자책할 가능성이 크다. 더 나아가 이 역경이 끝나지 않으리라는 부정적인 생각이 삶의 모든 측면에 영향을 끼치도록 방관할 것이다.

반대로 개방성이 지나친 경우 상대방을 신뢰하지 못하고 냉소적이며 회의적인 사람이 될 공산이 크다. 개방성을 균형 있게 사용하고 싶다면 비판적 사고를 유지하되, 각 상황에서 수치화할 수 없는 감정적 요소도 간과해선 안 된다는 점을 명심해야 한다. 예를 들어 연인과 결별 후 이성적 측면에선 결별이 자신에게 득이 된다고 애써 판단할지라도 슬픔과 고독은 그대로일 수 있다. 감정에 휘둘리지 않는 선에서 헤어짐의 슬픔을 표현하는 것은 매우 중요하다.

- 사용 남용: 냉소주의, 회의주의, 편협함
- 사용 부족: 독단주의, 고지식함, 단순함, 무분별함

통합

개방성은 다수의 강점과 함께 사용될 때 시너지 효과가 난다. 예를 들어 개방성과 비판적 사고, 판단력(창의성, 호기심)을 함께 발휘하면 새로운 대안과 혁신적 해결책을 모색할 수 있다. 즉 개방성은 여러 관점을 통해 지혜에 접근하고, 비판적 사고는 공정성과 정직을 돕는다.

치료 작용

- **과거의 문제점 고쳐 써보기** 자신이 했던 정신적으로 건강하지 못한 생각 세 가지를 기록해본다(예: "내 아내는 언제나 집 안을 어지럽히고 난 그걸로 스트레스를 너무 많이 받아! 평소 아무 불만도 표현하지 않지만 그녀는 날 존중하지 않는 것 같아. 왜 만날 나에게 이런 일이 생기는 거지?"). 그리고 자신의 생각을 되돌아보며 개방성을 사용해 다른 관점에서 그 상황을 이해하려 시도해본다.
- **역효과로 돌아온 자신의 선택에 대해 써보기** 최근에 한 선택 중 자신이 바라던 결과가 나오지 않았거나 오히려 역효과가 났던 일 세 가지를 생각해보고 적는다. 이를 지혜로운 친구 한 명과 공유한다. 스스로에게 화를 내거나 방어적 태세로 전환하지 않겠다고 약속한 후 친구에게 비판적 평가를 부탁한다.
- **'악마의 대변인' 되어보기** 자신이 가진 가장 굳건한 의견을 선택한다. 그리고 그 의견과 정반대되는 의견을 스스로 내본다. 냉정한 분석을 바탕으로 한 사실만으로 반대 의견을 변호한다. 이 연습을 통해 당신은 이전과는 다른 새로운 관점을 발견할 수도 있다.

- **다른 문화권 또는 종교인의 멘토 되어보기** 사회적 약자나 소수 그룹에 속한 이들에게 가르쳐줄 수 있는 기술 또는 전문성이 자신에게 있는지 생각해본다. 그리고 그 일에 임할 때 자신도 상대방으로부터 뭔가를 배운다는 자세를 가진다.
- **자신의 실패 재평가하기** 최근 자신을 실망시킨 실패 사례 세 가지를 선정한다. 개방성을 사용해 이 실패 사례들을 다시 평가한 후 일종의 패턴이 존재하는지 살펴본다. 예를 들어 누구 때문에 긴장되고 무기력해졌다거나, "미팅 전에 언제나 중요한 것을 빼먹어" 같은 특정 사유가 있는지 확인한다.

영화

- The Help (2011)-Eugenia Skeeter, an open-minded white female writer, strives to tell the stories and perspectives of black maids in a clearly stratified and highly racist society
- The Matrix (1999)-Neo, the protagonist, displays open-mindedness by questioning the meaning of reality
- The Social Network (2010)-This movie tells how Mark Zuckerberg founded Facebook. A scene depicting the first meeting of a difficult college course shows the lack of openmindedness of the professor, while the movie shows how Zuckerberg, despite experiencing social deficits, exercises his flexible and critical thinking strengths
- Apocalypse Now (1979)-In an adaptation of Joseph Conrad's novel, Heart of Darkness, famed film director Francis Ford Coppola depicts a critical inquiry into primal madness, brought on by the Vietnam War
- Water (2005)-This film displays the lives of three widows showing extraordinary judgment to remain open to new experiences confronting injustice and negative societal traditions

강연

www.ted.com

- Alia Crum: Change Your mindset, Change the game, TEDxTraverseCity
- Adam Savage: How simple ideas lead to scientific discoveries
- Adam Grant: The surprising habits of original thinkers

- Vernā Myers: How to overcome our biases? Walk boldly toward them
- Dalia Mogahed: What do you think when you look at me?

책

- Costa, A. (1985). Developing Minds: A Resource Book for Teaching Thinking. Alexandria, VA: Association for Supervision and Curriculum Development
- Hare, W. (1985). In Defence of Open-Mindedness. Kingston, UK: McGill-Queen's University Press
- Markova, D. (1996). The Open Mind: Exploring the 6 Patterns of Natural Intelligence. Berkeley, CA: Conari Press

웹사이트

- YouTube: Critical Thinking: A look at some of the principles of critical thinking: https://youtu.be/6OLPL5p0fMg
- YouTube: Top 5 Mind Opening and Quality Movies: https://youtu.be/gsjEX91vAgY
- Open-mindedness, its benefits, its role as a "corrective virtue," and its exercises: www.authentichappiness.sas.upenn.edu/newsletters/authentichappiness-coaching/open-mindedness

4. 학구열

서론

학구열은 열정적으로 새로운 기술과 주제, 지식을 학습하는 강점이다. 학구열이 대표 강점이라면 배움을 진심으로 즐기고, 많은 주제를 깊이 있게 이해한다. 또 공부를 위한 동기 부여는 외부 자극이 아닌, 정보 및 지식 축적에 대한 내면의 욕구에서 비롯된다. 그 것이 컴퓨터든, 요리든, 영화든, 미술이든, 문학이든 가리지 않는다. 또한 장소에 상관없이 학교, 독서클럽, 토론 모임, 강의, 워크숍, 수업 등 모든 곳을 지식의 중심지로 만든다. 어떤 장애물이나 역경도 배움을 향한 열정을 꺾을 수 없다.

중용

새로운 지식에 대한 학습과 이해를 거부하는 행위는 개인의 성장을 막을 뿐 아니라, 우울증의 기저를 이루는 증상일 수도 있다. 배움에 깊이를 더하는 것은 개인에게 수많은 이득을 가져다준다. 하지만 지식은 사실에 의거하는 정보이고 통계, 수치, 역사적 사건, 과학의 발견, 구체적 증거는 개인에게 지나친 과신을 불어넣어 그로 인해 생긴 오만이 아는 자와 모르는 자, 많이 알지 못하는 자 사이에 분열을 만들 수 있다. 그렇기에 지식과 정보가 풍부한 이 세상에서 지식의 계층을 나누고 상대방을 낮춰 보는 일은 없어야 한다. 더불어 감정의 중요성도 무시해서는 안 된다. 자신의 근심, 두려움, 의심을 이해하는 것은 매우 중요하며, 이런 감정은 지식과 합리적인 생각에 맥락을 더해 상황을 완벽히 이해하면서 문제를 해결하는 것을 돕는다.

- 사용 남용: 모든 것을 다 안다고 착각하는 오만
- 사용 부족: 안주, 잘난 척

통합

학구열은 지식과 지혜에 포함된 많은 강점과 함께 사용될 수 있다. 예를 들어 학구열은 호기심과 끈기를 동반한다. 끈기 없이는 어떤 주제도 깊이 있게 학습할 수 없다. 마찬가지로 학구열은 비판적 사고와 시너지 효과를 내고 더 넓은 시야를 가지게 한다.

치료 작용

- **적응하고 극복하는 방법에 시간 투자하기** 우리는 문젯거리를 극복하려는 노력 대신 음울한 생각에 빠져 너무 많은 시간을 소비한다. 자신의 문제에 얼마나 많은 시간을 소비하는지 관찰하고 비슷한 문제를 극복한 타인의 사례를 찾아본다.
- **배움 나누기** 친구들과 나눌 수 있는 주제를 찾고 겸손하고 열린 토론의 장을 마련한다. 토론이 끝난 후엔 그 시간을 되새겨본다.
- **현재 진행 중인 사건 조사하기** 개인적으로 친밀함을 느끼는 지역 또는 세계의 이슈를 조사한다. 자신이 해당 주제에 대해 몰랐던 내용들을 목록으로 작성한다.
- **휴식을 통해 배우기** 새로운 장소로 여행을 떠나 배움과 휴식을 적절히 취한다. 그

장소에 있는 동안 투어나 요리 수업, 박물관 방문 등을 통해 현지 문화와 역사를 배운다.

- **함께 배우기** 평소 자신과 지적 관심사가 일치하는 친구와 따로 공부할 수 있는 동일한 주제를 선정한다. 그리고 자신이 습득한 지식을 차 한잔하면서 공유한다. 이때 배우자, 부모, 자녀, 친척 등 자신이 사랑하는 이를 친구로 선택하면 함께하는 긍정 경험을 통해 관계도 발전할 것이다.

영화

- Theory of Everything (2014)-An extraordinary story of one of the world's greatest living minds, the renowned astrophysicist Stephen Hawking displays love of learning despite extraordinary challenges
- Akeelah and the Bee (2006)-The passion of an American adolescent to learn unfolds as she reluctantly participates and eventually wins the National Spelling Bee competition
- A Beautiful Mind (2001)-This is the story of Noble Laurate John Nash and his passion for self-discovery and knowledge despite severe mental health challenges

강연

www.ted.com
- Salman Khan: Let us Use Video to Reinvent Education
- Bunker Roy: Learning from a barefoot movement
- Ramsey Musallam: 3 rules to spark learning

책

- Yousafzai, M., & Lamb, C. (2013). I Am Malala: The Girl Who Stood Up for Education and Was Shot by the Taliban. London: Hachette.
- Watson, J. C., & Watson, J. C. (2011). Critical Thinking: An Introduction to Reasoning Well. London: Continuum
- Markova, D. (1996). The Open Mind: Exploring the 6 Patterns of Natural Intelligence. Berkeley, CA: Conari Press

웹사이트

- Coursera offers a number of free online courses: www.coursera.org
- Free course from Massachusetts Institute of Technology: https://ocw.mit.edu/index.htm
- Free courses online courses from Yale University: https://oyc.yale.edu

5. 예견력(예지력, 지혜)

서론

지혜라고도 부르는 이 강점은 지능과는 달리 우수한 지식과 판단력을 필요로 한다. 그만큼 예견력은 상대방에게 지혜로운 조언을 할 수 있는 힘이 된다. 예를 들어 많은 정신건강 문제가 추정에 의해 생기는데, 이는 대인관계가 생각대로 될 것이라고 믿기 때문이다. 그래서 상대방이 자신의 기대에 못 미치고 자신이 원하는 바를 하지 못하거나 이루지 못하면 실망하고 때론 우울증에 빠지기도 한다(예: "내가 왜 이런 어려운 선택을 해야 했는지 우리 가족이 알아주길 바랐는데…"). 이 경우 심리치료 관점에서 예견력은 자신이 무엇을 할 수 있고 할 수 없으며, 무엇이 현실적이고 비현실적인지를 구별하게 해준다.

우리는 상반되는 정보를 접하거나 명확한 정답이 없는 선택의 상황에서 동요한다(예: "일을 더해 휴가비를 마련할까, 아니면 사랑하는 이와 함께 보드게임을 하면서 시간을 보낼까?"). 스스로를 위해서든, 상대방을 위해서든 예견력은 선택의 기로 앞에서 어느 쪽이 더 큰 이득인지 판단하는 것을 도와준다. 또한 예견력은 도덕과 삶의 의미에 대한 심오한 질문에 주목하게 한다. 예견력을 지닌 사람은 인생의 굴레에 담긴 삶의 의미를 알고 자신의 강점과 약점을 파악해 사회에 이바지하는 것이 얼마나 중요한지를 깨닫는다.

중용

예견력은 어떻게 보면 중용 그 자체다. 즉 예견력이 대표강점 중 하나인 사람은 업무와 삶의 균형을 맞출 수 있고 현실적인 예상도 가능하다. 또한 긍정 요소와 부정 요소를 나눠 따로 잴 수 있으며, 개인적 요소(예: "난 언제나 바보짓을 해")가 개입된 상황과 상황적 요소(예: "어제 프레젠테이션이 성공하지 못한 건 동료가 중요한 수치를 제공하지 않았기 때문이야")가 개입된 상황을 분석할 수 있는 능력을 지닌다. 올바른 예견력을 가진 사람은 나무가 모여 이룬 숲을 볼 수 있고, 또 숲을 이루는 나무 하나하나를 볼 수 있다. 예견력은 단기적 고통(예: 자신이 불안해하는 상황에 직면)을 견디고 장기적 이득(불안감 해소)을 취할 수 있는 지혜도 준다. 하지만 예견력이 모든 상황에 필요한 것은 아니다. 예견력의 렌즈를 통해 일상의 모든 사건을 평가하다 보면 당신의 선택이 지나치게 현학적으로 보일 수도 있다.

- 사용 남용: 엘리트주의, 과도한 현학적 성향, 고압적 태도
- 사용 부족: 천박함, 얕은 생각

통합

어떤 의미에서 예견력은 앞서 거론된 강점들을 모두 담고 있다. 즉 예견력은 학구열, 호기심, 창의성 같은 강점과 그 강점들의 조합, 그리고 적절한 양을 통해 만들어지는 조화에 대한 이해도를 함축한다.

치료 작용

- **자신을 좌절하게 하는 일에 대한 목표 세우기** 일상에서 겪는 스트레스 요인(예: 배우자가 식사 후 접시를 싱크대로 가져오지 않는 것, 중요한 웹사이트의 아이디와 비밀번호를 계속 잊는 것)을 해결할 수 있는 다섯 가지 목표를 정한다. 그것을 단계로 나누고 시간과 공을 들여 하나하나 완수한 후 매주 그 과정을 관찰한다.
- **문제 해결에 능한 롤모델 찾기** 끈기와 회복력의 표본이 되는 롤모델을 찾고 어떻게 그를 벤치마킹할 수 있을지 생각해본다. 자신과 비슷한 문제를 가지고 있던 이를 선택하고, 만약 그 롤모델이 주변에 있다면 그와 만나 예견력에 대해 토론한다.
- **인생관을 넓히고 일시적 스트레스 요인 관찰하기** 자신의 인생관을 두 문장 정도로 간추려 적어본다. 그리고 일시적인 스트레스 요인이 당신의 관점을 흔들 때가 있는지 매주 관찰한다. 만약 변화가 관찰된다면 환희와 고통 속에서도 흔들리지 않는 예견력을 가지기 위해 어떻게 해야 하는지 브레인스토밍을 한다.

- **개인 문제에 대해 생각할 시간을 봉사에 투자하기** 세상에 변화를 주려는 일에 참여해 자신의 시간과 자원을 투자한다. 이런 시간의 재배치는 자신의 문제로부터 일시적으로나마 자유롭게 해줄 것이다. 자원봉사 같은 긍정적인 기분 전환 요소는 때론 해결하지 못한 문제를 새로운 관점에서 바라볼 수 있는 기회를 제공하기도 한다.
- **신념과 감정 연결하기** 열정을 주제로 한 책이나 영화를 보고 자신의 신념을 감정과 연결해본다. 단, 너무 격한 감정의 표출은 자제한다.

영화

- Hugo (2011)-Hugo, a 12-year-old boy living in the Gare Montparnasse train station in Paris, offers perspective on experiences with what really matters in life. The movie is also a brilliant illustration of resilience and social intelligence
- Peaceful Warrior (2006)-Socrates, played by Nick Nolte, teaches Dan, an ambitious teenager, the strength of perspective, humility, and focus through actions and applied scenarios
- American Beauty (1999)-Lester Burnham, a middle-aged businessman trapped in his own misery, undergoes a rapid transformation to realize what is truly important in his life

강연

www.ted.com
- Barry Schwartz: Using our practical wisdom
- Joshua Prager: Wisdom from great writers on every year of life
- Rory Sutherland: Perspective is everything

책

- Frankl, V. (2006). Man's Search for Meaning. Boston: Beacon Press
- Hall, Stephen, (2010). Wisdom: From Philosophy to Neuroscience. New York: Random House
- Sternberg, R. J., ed. (1990). Wisdom: Its Nature, Origins, and Development. Cambridge: Cambridge University Press
- Vaillant, G. E. (2003). Aging Well: Surprising Guideposts to a Happier Life from the

Landmark Study of Adult Development. New York: Little Brown

웹사이트

- This website details the work of Thomas D. Gilovich, who studies beliefs, judgment and decision-making. He studies how these factors affect, and are affected by, emotions, behavior and perception: www.psych.cornell.edu/people/Faculty/tdg1.html

- Barry Schwarz studies practical wisdom and the paradox of choice. He discusses the disadvantages of having infinite choices, which he argues exhausts the society and the human psyche: www.ted.com/speakers/barry_chwartz

미덕: 용기

내적 · 외적 난관에 직면하더라도
목표를 성취하고자 하는 의지를 실천하는 강점들

6. 용감성(용기)

서론

용감성은 위험과 위기를 감수하고 자신이나 상대방을 돕기 위해 행동할 수 있는 자세를 말한다. 이미 심리적으로 고통받고 있는 상황에서 다른 역경과 고난이 닥치는 '이중고' 상태는 당신에게 배로 영향을 미칠 수 있다. 때론 견디기 힘든 문제와 역경, 고난만으로도 정신건강 문제가 발생한다. 이때 용감성이 대표강점 중 하나라면 인생의 역경을 헤쳐 나갈 적절한 방법을 찾을 수 있는 능력을 지녔다는 의미가 된다. 이렇듯 용감성은 역경에 굴복하지 않고 정면으로 대응하도록 도와주며, 위기가 따른다 해도 행동할 수 있게 해준다.

용감성이 대표강점이라면 당신은 용맹이라는 자질을 아주 높게 평가한다. 스트레스받고, 슬프고, 두렵고, 화나며, 감정에 휩싸여도 용감성은 당신이 행동하도록 동기를 부여할 것이다. 용감한 사람은 자신에게 닥쳐오는 위협, 도전, 고통을 회피하거나 그것에 주눅 들지 않고 자신의 목적을 이루고자 노력한다. 한마디로 용감성 또는 용맹함은 예상되는 역경에 굴하지 않고 행동하는 자발적인 자세이며, 용감한 사람은 이상과 도덕에 가장 큰 의미를 둔다.

중용

용감성을 사용해 난관을 극복하는 데 가장 중요한 것은 강요 또는 외적 요인이 동기 부여가 되어서는 안 된다는 점이다. 용감한 행위는 그것이 신체적이든, 감정적이든 자신의 가치관을 필수로 반영해야 한다. 예를 들어 가족을 학대하는 다른 가족 구성원에게 맞서 대항하거나, 억압받고 있는 개인을 옹호하기로 마음먹었을 때 당신의 행동이 진실되려면 깊게 뿌리박힌 자신의 가치관을 토대로 행동해야 한다. 그리고 용감성을 적절히 사용하려면 자신의 용감한 행동으로 탈출할 수 있는 실재적인 위험이나 위기 상황이 있어야 한다. 또한 행동을 취하든, 취하지 않든 자신의 선택이 가져올 결과를 생각해야 한다. 자신이 선택한 행동이 당신이나 다른 이들의 안전을 위협하는 위험한 행위가 되어선 안 되기 때문이다. 반대로 용감성 부재는 자신에게 무력함을 불러올 수 있다.

정리하자면 과도한 용감성은 자신의 사회적 평판을 위협할 수 있고 노출, 보복으로까지 이어질 위험이 있으며, 부족한 용감성은 자신을 희망과 의욕이 없는 소극적인 사람으로 만들 수 있다.

- 사용 남용: 위험 감수 경향, 어리석음, 무모함
- 사용 부족: 두려움에 굴복, 비겁함

통합

용감성은 많은 강점에 접목될 수 있다. 예를 들어 용감성은 정직, 예견력, 공정성 같은 강점과 함께 유용하게 쓰일 수 있으며 예견력, 신중성, 자기 통제력, 용서 강점을 사용하면 용감성의 무모한 사용을 통제하는 것이 가능하다. 또한 용감성은 열정, 사회성 지능, 끈기와도 좋은 조합을 이룬다. 강점 통합의 예로는 불편한 감정과 기억으로 얽힌 자신의 두려움을 개방된 자세로 직면하기(개방성), 부정 정서의 순환 고리 끊기 또는 충동에 저항하기(자기 통제력), 자기 목표 지키기(끈기) 등이 있다.

치료 작용

- **용감한 '일대일'로 대인관계 문제 해결하기** 현재 자신이 고충을 겪고 있는 대인관계 문제를 세 가지 정도 적는다. 이때 자신이 일상적으로 교류하고 억압받는 느낌이 들며 상대방이 자신보다 권위적인 위치에 있는 사례를 선택하는 것이 좋다. 균형 있는 용감성 사례를 생각하면서 자신의 문제를 해결해본다(예: "수업 후 용기를 내 지도교수

에게 나의 의견을 전하겠어").

- **진실을 말함으로써 자유로워지기** 용감성을 발휘해 가까운 친지에게 자신에 대한 진실을 털어놓는다. 이 진실은 당신과 그들의 대인관계에 부정적인 영향을 끼칠 수 있을 정도로 중대한 진실이어야 하며, 당신이 지금까지 그들에게 외면당할까 봐 두려워 감췄던 사실이어야 한다(예: "나는 사실 성소수자야. 이 진실은 내 삶의 중요한 일부이지만 내가 어떻게 받아들여질지 몰라 두려워. 하지만 이걸 숨기고 산다면 난 가족과 함께 진실된 삶을 살 수 없어").

- **어렵거나 현 상황을 뒤흔드는 질문하기** 회사, 가족, 친구 등 자신이 소속된 집단에서 어려운 질문이나 현 상황을 바꿀 수 있는 질문을 던진다. 예를 들어 집단이 규정한 일정 규칙이 왜 일부 구성원을 배제하고 리더십을 발휘하지 못하게 하는지에 대해 질문하고 대담하지만 현실적인 해결책을 제시한다.

- **개인이나 대의를 옹호하기** 어린 동생, 여성, 이민자, 자신의 권리를 모르는 노동자 등 혼자 일어서기 힘겨워하는 이들을 위해 싸운다. 지원이 필요한 이들을 위해 용감히 나서는 집단에 가입하는 것도 좋다.

영화

- Milk (2008)-This movie depicts Harvey Milks' courage to become the first openly gay person to be elected to public office in California
- The Kite Runner (2007)-A moving tale of two friends, Amir and Hassan, whose friendship flourishes in pre-Soviet-invasion Kabul, in the mid to late 1970s. The film shows how Amir musters the courage to rescue Hassan's son from war-ravaged and Taliban-ruled Afghanistan
- Schindler's List (1993)-Oskar Schindler is a German businessman whose bravery saves over a thousand Jews during World War II
- The Help (2011)-Eugenia, also known as "Skeeter," is a courageous white female writer who strives to tell the stories and perspectives of black maids in a clearly stratified and highly racist society

강연

www.ted.com

- Ash Beckham: We're all hiding something. Let's find the courage to open up
- Clint Smith: The danger of silence
- Eman Mohammed: The courage to tell a hidden story

책

- Diener, R. (2012). The Courage Quotient: How Science Can Make You Braver. San Francisco: Jossey-Bass
- Pury, C. (2010). The Psychology of Courage: Modern Research on an Ancient Virtue. Washington, DC: American Psychological Association
- Pausch, R., & Zaslow, J. (2008). The Last Lecture. New York: Hyperion

웹사이트

- The skill of bravery, its benefits, and the balance between fear and over-confidence: www.skillsyouneed.com/ps/courage.html
- Nine teens and their incredible acts of bravery: https://theweek.com/articles/468498/9-heroic-teens-incredible-acts-bravery-updated

7. 끈기(인내)

서론

끈기(인내)는 수많은 장애물과 차질 앞에서도 목표를 향해 계속 전진할 수 있는 정신력을 뜻한다. 심리치료 관점에서 많은 정신건강 문제는 주의를 분산하고 집중을 방해한다. 이럴 때 끈기는 많은 어려움 앞에서도 목표 달성에 주의를 기울이게 해 집중력 문제를 해결할 수 있는 가장 좋은 강점이다. 만약 집중력이 흐트러졌다 해도 끈기는 결국 다시 목표를 상기케 해줄 것이다. 당신은 최선을 다해 자신이 맡은 임무를 완수할 테고, 임무가 지루하고 정신이 태만해지는 시기가 와도 인내로써 나아가 자신의 능률에 만족감과 행복감을 느낄 수 있을 것이다.

중용

끈기의 균형 있는 사용은 상황에 따라 끈기를 접을 줄도 아는 자세에 달렸다. 끈기 있게 계속 나아갈지, 깨끗이 포기할지를 정할 때는 해당 목표를 완수하지 못했을 경우 어떤 일이 생길지에 대해 생각해봐야 한다. 또한 당신이 바뀌는 환경에 얼마나 잘 적응할 수 있는지도 상당히 중요하다. 만일 자신이 원하는 직종에서 일하고 싶다면 불가피하게 변화하는 시장과 혁신기술, 사회경제학적 요소에 적응해야만 한다.

마지막으로 명심해야 할 점은 자신의 목표를 거듭 인지해야 한다는 것이다. 예를 들어 저녁과 주말에 수업을 들어야 하는 소셜미디어 자격증 획득을 목표로 삼았다면 자신의 목표를 객관적으로 평가하고 끝까지 해냈을 때 받을 보상을 바라보며 나아가야 한다.

- 사용 남용: 집요함, 집착, 불가능한 것 추구
- 사용 부족: 나태함, 무관심

통합

자신의 끈기가 적응력 있게 버티는 것인지, 강박적인 집착으로 변질돼가는지 등을 냉정하게 평가하려면 자기 통찰력, 사회성 지능, 판단력(개방성), 신중함 강점이 필요하다. 역경과 장애물을 끈기로 이겨내기 위해서는 적당한 희망과 낙관성도 필요하다. 희망과 낙관성이 없다면 끈기는 활기를 잃을 수 있다. 다만, 희망과 낙관성은 현실성 있는 범주에서만 실용적이라는 점을 명심해야 한다. 즉 현실적 낙관성을 말하는 것이다.

치료 작용

- **자신에게 버거워 보이는 목표에 도전하기** 자신이 해결해야 하는 큰 과제 다섯 가지를 작성한다. 이 과제들을 단계별로 나누고 한 단계씩 완수할 때마다 스스로를 축하하고 격려하며 단계별 진행을 주시한다.
- **어려움 속에도 끈기로 버텨낸 롤모델 찾기** 많은 어려움을 끈기로 이겨낸 롤모델을 찾고 어떻게 하면 자신도 그 사람의 행보를 따를 수 있을지 생각해본다. 기왕이면 자신과 비슷한 문제를 가지고 있던 사람과 만나 어떻게 문제를 끈기로 극복했는지 직접 들어본다.

- **새로운 기술을 습득할 때 끈기 발휘하기** 기술적인 문제로 더 나아갈 수 없다면 끈기가 막다른 길에 도달한 느낌이 들 것이다. 예를 들어 자신의 기술이 부족해 목표를 완성할 수 없다면 무작정 끈기로 버틸 것이 아니라 남에게 도움을 청해 해결할 수도 있다.
- **'몰입'하기** 자신에게 끈기가 부족하다고 생각되는 경우 몰입에 빠지는 방법이 도움이 되기도 한다. 본질적인 내면에서 나오는 동기 부여로 무엇인가에 몰두한 심리 상태를 뜻하는 몰입에 빠져든다면 끈기는 자연스럽게 따라올 것이다.
- **타인과 함께 일하기** 자신과 비슷한 이들과 함께 일하는 것도 심리치료에 도움이 된다. 타인과 협력하는 것은 언제나 끈기의 기술을 발전시킨다.

영화
- Life of Pi (2010)-This movie presents the epic journey of a young man who perseveres and survives on the open sea to strike an unlikely connection with a ferocious Bengali Tiger
- 127 Hours (2010)-In a remarkable display of persistence and courage, Ralston, a mountain climber, becomes trapped under a boulder while canyoneering alone near Moab, Utah
- The King's Speech (2010)-England's King George VI perseveres to overcome a speech impediment

강연
www.ted.com
- Angela Lee Duckworth: Grit: The power of passion and perseverance
- Elizabeth Gilbert: Success, failure and the drive to keep creating
- Richard St. John: 8 secrets of success App endix 284 D: Bu ild ing Your Strengths

책
- Duckworth, A. (2016). Grit: The Power of Passion and Perseverance. New York: Simon &Schuster
- Luthans, F., Youssef, C., & Avolio, B. (2007). Psychological Capital: Developing the

Human Competitive Edge. New York: Oxford University Press
- Tough, P. (2012). How Children Succeed: Grit, Curiosity, and the Hidden Power of Character. New York: Houghton Mifflin Harcourt

웹사이트
- Self-determination theory discusses intrinsic motivation, values and how they affect wellbeing and goals: www.selfdeterminationtheory.org
- Edward L. Deci studies motivation and self-determination and their effects on different facets of life, such as mental health, education, and work: www.psych.rochester.edu/people/deci_edward/index.html

8. 정직(진정성)

서론
정직은 오로지 진실만을 말하고 진정성 있는 모습을 보여주는 자세다. 심리치료 관점에서 볼 때 수많은 정신건강 문제는 억압, 두려움, 수치심, 동요, 거절에서 비롯되고, 이런 감정들은 진실성 있는 생각과 감정의 공유를 방해한다. 이때 정직은 자신의 생각과 감정을 솔직히 표현할 수 있게 해준다. 정직이 대표강점인 사람은 언제나 자신의 행동에 책임을 지고 가치관에 준거해 행동한다. 그만큼 내면에 분노나 자기소외감이 없으며, 현실 검증 및 사회적 추론 능력이 발달한다. 정직한 개인은 인지 왜곡이나 사회적 공포를 겪을 가능성이 현저히 낮을 뿐 아니라, 까다로운 정신병리학적 딜레마를 더 쉽게 이해하고 다룰 수 있다.

정직한 사람은 자신의 생각, 감정, 책임감에 대해 솔직하고 개방적이다. 또한 상대방이 어떤 행동이나 정보 누락으로 오해의 소지를 만들 위험에 언제나 유의한다. 마지막으로 이 강점을 가진 사람은 자기 감정의 온전한 주인으로서 진실된 완전함을 느낄 수 있다.

중용
문화적·종교적·정치적·경제적·기술적 영향이 지대한 오늘날 자신의 가치관에 맞게 살아가는 것, 자신의 모든 감정을 부정하지 않고 받아들이는 것은 매우 어려운 일이다.

따라서 정직을 올바르게 사용하려면 상황을 이해해야만 한다. 한 예로 페이스북이나 트위터에 자신의 감정을 모두 드러내는 것을 정직의 올바른 사용법이라고 할 수는 없다. 진실되고 정직한 삶을 살아가는 데는 외부의 압박을 이겨낼 용기가 중요하다. 진실된 삶을 산다는 것은 신뢰할 수 있고 현실적이며 언제나 사실을 말한다는 의미다. 다만 유의할 점이 있다면 진실성은 하나의 절대적 정의를 내릴 수 없다는 것이다. 문화에 따라 자신의 진실성을 어떻게 표현할지에 큰 차이가 있을 수밖에 없다. 정직을 평가할 때 문화적 배경을 고려한다면 더 정확한 결과가 나올 수 있다.

문화적 배경과 무관하게 개인에게 정직이 부족한 경우 자신의 감정, 관심사, 필요를 표현하지 못할 가능성이 크다. 그리고 이것은 자기효능감을 제한하곤 한다. 그뿐 아니라 정직의 부재는 자신이 원하지 않는 역할과 상황으로 자신을 밀어 넣을 수도 있다. 이런 상황이 지속될 경우 개인의 인격이 분열되어 외부 압박으로부터 영향을 받고 조종당할 가능성이 더욱 커진다.

- 사용 남용: 독선, 당위
- 사용 부족: 천박함, 위선

통합

정직을 강점으로 사용하고 싶다면 자기 내면의 필요와 동기 부여를 제대로 이해해야 한다. 열정과 활기는 정직을 제대로 보완하고, 예견력과 지혜는 상황의 맥락을 이해할 수 있게 해준다. 그리고 감성적 지능(사회적 지능의 일부)은 진정성 있고 적절한 내면의 이해와 표출을 돕는다. 친절과 사랑 또한 정직과 언제나 공존하는 강점이다. 배려와 나눔으로 나타나는 진정한 사랑은 진실성을 키워준다.

치료 작용

- **억압, 평가, 거절(진정성의 부재)에 대해 평가하기** 자신이 스트레스를 받는 다섯 가지 상황을 적는다. 각 상황이 사회적 규범과 기대치에 따른 억압, 평가, 거절에 대한 두려움 때문에 생긴 것인지 평가한다. 친한 친구나 가족 구성원과 함께 이 상황을 진실성을 바탕으로 어떻게 해결할지 논의한다.

- **자신의 진정성을 키울 수 있는 상황 찾기** 자연스러운 자신의 모습을 유지할 수 있는 상황을 적어보고 자신이 어떻게 이런 상태를 유지하는지, 어떤 내외부적 요소가 있는지 판단한 후 친구와 비슷한 상황을 늘릴 수 있는 방법에 대해 토론한다.

- **진정성 있는 관계 조성하기** 심리적으로 스트레스를 받는 많은 이유 중 하나는 다른 정직한 이들과 진정성 있는 관계를 맺지 못하기 때문이다. 자신과 함께할 사람들을 정하고 그들에게 관계를 진전시킬 수 있는 진정성 있고 건설적인 피드백을 제공한다.

- **진정성 있는 역할 맡기** 진정성 있고 정직을 유지할 수 있는 투명한 구조의 직무를 선택한다. 조직에서 솔직하고 단도직입적인 소통을 필요로 하는 역할을 찾는다.

- **도덕적 신념 사용하기** 자신의 가장 굳건한 도덕적 신념을 선택한다(예: 자신이 맡은 업무에 최고 효율로 최선을 다하는 것). 그리고 어떻게 하면 이런 신념을 평소 자신의 삶에서 부족하다고 느꼈던 부분에 접목할 수 있을지 고민해본다(예: 교통신호 지키기, 친환경 제품 사용하기, 부당한 대우를 받는 이들을 돕기). 측정 가능한 작은 목표를 만들어 자신이 부족한 부분을 보완하는 동시에 정직성을 발전시킬 수 있도록 노력한다.

영화

- Separation (2011, Iran)-During the dissolution of a marriage, this film presents an inspiring display of integrity and honesty by a person who is accused of lying
- Erin Brockovich (2000)-The lead character's deep sense of integrity to bring the truth to light eventually results in one of the biggest class-action lawsuits in U.S. history
- The Legend of Bagger Vance (2000)-Rannulph Junnah, once the best golfer in Savannah, Georgia, overcomes alcoholism to reconstruct both his golf game and his life through the strengths of authenticity and integrity
- Dead Poet Society (1989)-English teacher John Keating, teaches boys about the joys of poetry, but in essence, they learn and eventually show the strengths of honesty and integrity

강연
www.ted.com

- Brené Brown: The power of vulnerability
- Malcolm McLaren: Authentic creativity vs. karaoke culture
- Heather Brooke: My battle to expose government corruption

책

- Brown, B. (2010). The Gifts of Imperfection: Let Go of Who You Think You're Supposed To Be and Embrace Who You Are. Center City, MN: Hazelden
- Cloud, H. (2006). Integrity: The Courage to Meet the Demands of Reality. New York: Harper
- Simons, T. (2008). The Integrity Dividend Leading by the Power of Your Word. San Francisco: Jossey-Bass

웹사이트

- Profiling voices, victims and witnesses of corruption and work toward a world free of corruption: www.transparency.org
- The International Center for Academic Integrity works to identify, promote, and affirm the values of academic integrity among students, faculty, teachers, and administrators: www.academicintegrity.org/icai/home.php

9. 열정(열의/활기)

서론

열정은 에너지와 환희, 흥, 활기의 진정한 가치를 깨닫고 사는 삶의 자세로 만족, 기쁨, 희열 같은 긍정 정서를 수반한다. 심리치료 관점에서 볼 때 열정 부족은 우울증과 소극성, 무료함을 유발한다. 열정과 활기가 대표강점 중 하나라면 당신은 인생을 언제나 전심으로 살아갈 것이다. 일과를 처리하는 과정에서도 감정적·신체적 활력을 추구하고 이런 느낌으로부터 영감을 받아 창의적인 프로젝트나 계획에 반영한다. 또한 업무에 최선을 다하고, 그 적극성은 다른 사람들의 열정을 북돋운다. 활력적인 삶은 스트레스 감소와 건강 호전을 동시에 경험할 수 있는 바탕이다.

중용

열정도 다른 강점과 마찬가지로 적당량 있는 것이 중요하다. 하지만 적절한 양의 열정과 과도한 양의 열정을 구분하기란 쉽지 않다. 두 상태 모두 그저 열정처럼 보이기 때문이다. 하지만 과도한 열정은 결국 내면 깊은 곳에 자리 잡아 자기 정체성의 일부가 된다. 반대로 열정이 부족하면 소극적인 자세와 동기 부여 부족이 잇따른다. 열정을 올바르게 사용하려면 열정이 자기 성격의 일부가 되어야지 전부가 되어선 안 된다. 또한 모든 일에 적극적으로 임하되 자신의 다른 책무들을 잊어서는 곤란하다.

- 사용 남용: 과잉 활동
- 사용 부족: 수동적 태도, 억압

통합

열정은 다른 미덕에 포함된 신중함, 자기 통제력, 호기심, 감상력 강점과 좋은 조합을 이룬다. 이 강점들은 열정과 함께 건전한 경험을 만들어낼 수 있다. 예를 들어 악기 연주를 위해선 체계적인 반복 연습이 필요하고(자기 통제력), 음악의 가치를 아는 것도 중요하며(감상력), 배움의 과정을 즐겨야 하고(호기심), 실력 향상 등 발전이 있어야 한다(창의성). 그리고 무엇보다 음악을 하면서도 자신의 책무를 잊어서는 안 된다(신중함).

치료 작용

- **'골칫거리' 해결하기** 하고 싶지 않지만 꼭 해야 하는 골칫거리 과업(과제, 운동, 설거지 등)을 꼽은 후 창의성을 발휘해 그 일을 색다르고 신나게 할 수 있는 방법을 찾아본다. 배우자나 친구와 함께하는 것도 좋다.
- **야외로 나가기** 매주 최소 한 시간씩 산책, 사이클링, 조깅, 등산 같은 야외활동을 한다. 바깥 공기를 만끽하는 동시에 자기 내면의 기쁨을 즐긴다. 자연은 엄청난 심리치료 잠재력을 지니고 있다.
- **숙면 취하기** 수면 패턴을 정확히 확립해 수면의 질을 개선한다. 잠들기 3~4시간 전부터는 음식물 또는 카페인 섭취나 침실에서 업무 처리 등을 자제한다. 이 같은 규칙을 지키고 난 후 일상에서 열정의 차이를 실감한다.

- **사교 모임 가입하기** 콘서트를 보러 가거나 최소 월 1회 활동할 수 있는 댄스클럽, 공연예술팀 등 사교 모임에 가입한다. 노래나 춤과 관련된 활동이면 더욱 좋다.
- **행복한 이들과 시간 보내기** 호쾌하게 웃을 줄 아는 친구들과 시간을 보낸다. 그들의 웃음이 자신에게도 전염되는 것에 주목한다. 대안으로 시트콤을 시청하거나 친구와 코미디영화를 보러 가도 좋다.

영화

- Hector and the Search for Happiness (2014)-This movie presents a quirky psychiatrist's quest to feel alive and search for the meaning of life. The film displays a number of character strengths including zest, curiosity, love, perspective, gratitude, and courage
- Silver Lining Playbook (2012)-The main character, Pat, has a motto-excelsior (which is a Latin word meaning forever upward)-which embodies zest and vitality, as Pat recovers from setbacks and becomes determined, energetic, and more attentive
- Up (2009)-An uplifting story (literally and metaphorically) of 78- -year- -old Carl, who pursues his lifelong dream of seeing the wilds of South America, along with an unlikely companion
- My Left Foot (1993)-Born a quadriplegic in a poor Irish family, Christy Brown (with the help of his dedicated mother and teacher) learns to write using the only limb he has any control over: his left foot. This character displays vitality, zest, and enthusiasm for life

강연

www.ted.com

- Dan Gilbert: The surprising science of happiness
- Ron Gutman: The hidden power of smiling
- Meklit Hadero: The unexpected beauty of everyday sounds
- Matt Cutts: Try something new for 30 days

책

- Buckingham, M. (2008). The Truth About You. Nashville, TN: Thomas Nelson
- Elfin, P. (2014). Dig Deep & Fly High: Reclaim Your Zest and Vitality by Loving

Yourself from Inside Out. Mona Vale, NSW: Penelope Ward

• Peale, V. N. (1967). Enthusiasm Makes the Difference. New York: Simon & Schuster

웹사이트

• Robert Vallerand explains what passion is and what differentiates obsessive passion from harmonious passion: https://vimeo.com/30755287

• Website of self-determination theory, which is concerned with supporting our natural or intrinsic tendencies to behave in effective and healthy ways: www.selfdeterminationtheory.org

• Four Reasons to Cultivate Zest in Life: https://greatergood.berkeley.edu/article/item/four_reasons_to_cultivate_zest_in_life

미덕: 사랑과 인간애

사람을 보살피고 관계가 친밀해지는 것과 관련된
대인관계 강점들

10. 사랑

서론

사랑은 상대방을 소중하게 여기고 아끼는 마음으로, 주는 것은 물론 받을 수 있는 능력이다. 그래서 상대방이 같은 마음으로 화답해주는 관계인 것도 매우 중요하다. 사랑이 대표강점 중 하나라면 사랑을 주고받는 것을 자연스럽게 여긴다. 자신이 의지하고 낭만적/성적/심적으로 사랑하는 이들에게 감정을 표현할 수 있다. 사랑은 상대를 신뢰할 수 있도록 도와주고 인생에서 뭔가를 선택할 때 그들을 우선순위에 두게 한다. 사랑하는 이들에게 진심을 다해 헌신할 때 깊은 만족감을 느낀다.

중용

사랑은 많은 강점의 원천이라 해도 과언이 아니다. 하지만 그만큼 사랑과 다른 강점을 적절히 조절하는 일은 매우 어렵다. 특히 자신이 불안감, 슬픔 같은 감정을 느끼고 있을 때 사랑은 몹시 다루기 힘든 강점이다. 평소 자신을 괴롭히는 이에게 항의하지 않고 받아주기만 하는 사람이라면 사랑 강점을 사용해 상대방의 행동을 눈감아주거나 용서하려 들 것이다. 마찬가지로 상대방으로부터 정당하지 못한 대우를 받아도 사랑을 핑곗거리 삼아 애써 참을 수도 있다. 상대방(이성관계, 부모, 자식, 남매, 친구)을 향한 편향되거나 선택적인 사랑은 당신 주위의 다른 이들에게 상처를 주기도 한다.

균형 있는 사랑의 정의는 문화적 배경에 따라 달라진다는 사실도 유념할 필요가 있다.

집단주의 문화권에서 균형 있는 사랑은 가족 구성원 모두를 평등하게 대하는 모습이다. 반면 개인주의 문화권에서 균형 있는 사랑은 보통 업무와의 적절한 균형을 의미한다.

- 사용 남용: 정서적 문란
- 사용 부족: 정서적 고립, 무심함

통합

상호 호혜적인 관심과 배려를 뜻하는 사랑은 보편적 욕구인 동시에 거의 모든 강점을 통합하는 '초강력 접착제' 같은 역할을 한다. 3장 '3회기: 실용지혜'에는 강점들을 통합하는 데 유용한 여러 전략이 서술돼 있다. 다만, 사랑은 모든 것을 아우르지만 사람들은 저마다 특유의 사랑 방식을 가지고 있기에 어떤 강점 조합을 사용해야 하는지에 대한 고정 가이드라인은 존재하지 않으며, 상황과 문제에 따라서도 달라질 수 있다. 예를 들어 대인관계로 스트레스를 받는 경우 당신은 사랑, 사회성 지능, 용감성으로 문제를 해결하는 반면, 비슷한 상황의 다른 이는 사랑, 창의력, 유머의 조합으로 문제를 해결하기도 한다.

치료 작용

- **사랑은 배울 수 있는 기술** 사랑 때문에 스트레스를 받고 있다면 그 스트레스의 근원과 결과에 대해 생각해본다. 사랑은 습득해야 하는 기술이고 연습을 필요로 한다. 그 연습 중 하나는 사랑하는 이의 강점을 찾아주는 것일 수 있다(12회기: 긍정 관계 회기 중 긍정 관계 나무, 13회기: 긍정 소통 참고).
- **배우자, 사랑하는 이들과 소통하기** 사랑하는 이들과 지속적으로 소통하는 것은 중요하다. 5분을 투자해 간단한 전화 통화나 문자메시지로 하루(특히 기념일이나 중요한 날)가 어땠는지 묻는다. 또한 수시로 스트레스와 근심, 어려움, 업무, 희망, 꿈, 친구 등에 대해 물어본다.
- **'대인관계 피로증' 극복하기** 대인관계는 대부분 긍정적으로 시작된다. 하지만 부부는 어느 시점부터 서로를 완벽하게 파악했다고 추정해 긍정적 요소를 최소화하고 부정적 요소를 강조하는 경향이 있다. 이런 편견 어린 시선은 관계의 발전을 막고 분노와 원망만 키울 뿐이다. 사랑, 창의력, 호기심을 사용해 배우자의 새로운 점을

찾으려 노력하고 둘이 함께해보지 않은 일들을 시도한다.

- **서로에게 의미 있는 것을 깊이 있게 공유하기** 사랑하는 관계는 서로 놀고 웃을 때, 그리고 서로 의미 있는 것을 공유할 때 더욱 돈독해진다(예: 독립성, 가족 간 화합, 출세에 대한 열정 등 개인에게 가치 있는 것을 공유).
- **시간 공유하기** 가족과 함께하는 산책, 등산, 사이클링, 캠핑 등 정기적인 여가시간을 만들거나 단체로 스포츠 경기, 콘서트, 문화 행사 등을 관람한다. 이 같은 경험은 값지고 행복한 사랑의 추억을 만들어줄 것이다.

영화

- Doctor Zhivago (1965)-An epic story showing love-the capacity to love and be loved-of a physician who is torn between love of his wife and love of his life, set amidst the Russian Revolution
- The English Patient (1996)-Set during World War II, this film tells a powerful story of love, when a young nurse cares for a mysterious stranger
- The Bridges of Madison County (1995)-Francesca Johnson, a married mother, falls in love with a traveling photographer; the romance lasts only four days, but it changes her life drastically
- Brokeback Mountain (2005)-This film presents the deep love story between two cowboys who fall in love almost by accident, set in the conservative landscape and social milieu of the 1960s, when gay love was still largely unaccepted

강연

www.ted.com

- Robert Waldinger: What makes a good life? Lessons from the longest study on happiness
- Helen Fisher: Why we love, why we cheat
- Yann Dall'Aglio: Love-you're doing it wrong
- Mandy Len Catron: Falling in love is the easy part

책

- Fredrickson, B. L. (2013). Love 2.0. New York: Plume

- Gottman, J. M., & Silver. N. (1999). The Seven Principles for Making Marriage Work. New York: Three Rivers Press
- Pileggi Pawelski, S., & Pawelski, J. (2018). Happy Together: Using the Science of Positive Psychology to Build Love That Lasts. New York: TarcherPerigee
- Vaillant, G. E. (2012). Triumphs of Experience: The Men of the Harvard Grant Study. Cambridge, MA: Belknap Press of Harvard University Press

웹사이트

- The Gottman Institute offers research-based assessment techniques and intervention strategies as well as information about training in couple's therapy: www.gottman.com
- The Attachment Lab: The Research on attachment focuses on understanding the conscious and unconscious dynamics of the attachment behavioral system: https://psychology.ucdavis.edu/research/research-labs/adult-attachment-lab
- The Centre for Family Research, at the University of Cambridge, has a worldwide reputation for innovative research that increases understanding of children, parents and family relationships: www.cfr.cam.ac.u

11. 친절(배려)

서론

친절 강점은 배려심과 정중함, 세심함 같은 특성을 지닌다. 만약 친절이 대표강점 중 하나라면 이 같은 특성을 행동으로 옮겨 타인을 위해 봉사하면서도 보상을 바라지 않는다. 친절을 베풀 때는 단순히 행하는 것이 아니라 자신의 동기, 능력, 그리고 자신의 행동이 불러올 영향까지 생각한 후 실천한다. 친절은 무엇인가를 받기 위해 베푸는 것은 아니지만, 심리치료 관점에서 볼 때 친절은 받는 이와 베푸는 이 모두가 긍정 정서를 경험할 수 있다. 또한 친절은 자신보다 상대방에게 주목함으로써 자신의 스트레스로부터 거리를 둘 수 있기에 일종의 완충재 역할도 한다. 친절이 강점이라면 당신은 타인을 돕는 것에 기쁨을 느끼고, 타인이 구면인지 초면인지 여부와 무관하게 조건 없이 친절을 베푼다.

중용

상대방이 긴급하게 필요로 할 때 즉흥적으로 친절을 베푸는 것은 당연히 값지고 소중한 일이다. 이런 행동은 상대방이 쓰는 기기의 기술적 결함을 해결해주는 것일 수도 있고, 다친 이를 응급처치하는 일일 수도 있다. 또한 스트레스 받은 이야기를 경청하거나 아픈 친구를 위해 요리를 하는 것일 수도 있다. 다만, 많은 노력과 에너지, 시간을 투자해야 하는 친절을 베풀 때는 행동으로 옮기기 전 한 번 더 고민할 필요가 있다. 잠재적 리스크나 행동의 결과도 당연히 고려해야 할 부분이다.

자신의 도움이 정말로 요긴한지 재차 확인하는 것도 매우 중요하다. 상대방이 도움을 받아들일지, 상대에게 도움을 제안할 때 정중하게 접근했는지, 도움이 실용적인지, 도움으로 자신에게 직간접적 또는 이차적 이득이 생기지는 않는지도 생각해봐야 한다. 여기에 더해 도움을 받는 이에게 정확한 과정과 실행 계획을 설명해 중간에 오해나 차질이 생기지 않도록 하는 것 또한 필수다.

마지막으로 지속적인 도움이 상대방의 의존도를 높이는 결과를 초래해서는 안 된다. 친절은 상대방에게만 베푸는 것이 아니고 스스로에게도 적용할 수 있다. 자기애에 빠지지 않는 범위에서 스스로에게 베푸는 관대함은 내면의 가혹한 비평가를 잠재우는 데 유용하다. 균형 있는 친절은 자신에게도 친절을 베풀 줄 아는 것이다.

- 사용 남용: 참견
- 사용 부족: 무관심, 잔혹함, 옹졸함

통합

친절은 수많은 강점과 함께 쓰이곤 한다. 예를 들어 사회성 지능은 더 좋은 결과를 위해 필요한 강점이 친절인지, 아니면 다른 것인지 그 미묘한 차이를 평가할 수 있다. 그리고 자신이 줄 수 있는 도움이 한정돼 있다면 다른 이에게 도움을 청할 수도 있을 것이다(팀워크). 또한 자신의 기술에 한계가 있는 경우 도움을 받는 이에게 그 한계를 솔직히 말하고 또 다른 도움을 청하는 것도 가능하다(정직). 자신이 상대방을 도울 적합한 기술을 갖고 있지만 실수가 두려워 주저하고 있다면 도움을 받는 이와 소통하면서 신중성, 판단력, 개방성 같은 강점을 사용해 자신의 도움을 최적화할 수 있다.

치료 작용

- **자기효능감 키우기** 타인에게 하루 최소 1회 이상 친절을 베푼다. 아무것도 바라지 않고 진실된 마음으로 누군가를 도울 때 기쁨과 보람을 느끼고 일상의 스트레스도 줄일 수 있다.

- **스스로에게 친절하기** 우울증을 포함한 각종 스트레스에 시달리는 사람은 스스로를 가혹하게 비판하고 자신이 스트레스의 주원인이라고 생각한다. 만약 당신이 그렇다면 스스로에게 좀 더 관대해질 필요가 있다. 자신의 부족한 부분에 중점을 두기보다 자신의 강점에 집중하는 편이 도움이 될 것이다.

- **소통을 통해 친절 전하기** 이메일, 편지, 통화, SNS 등을 통해 상대방과 소통할 때 더 상냥하고 부드러운 언어를 사용한다. 어떻게 하면 SNS에서 더 친절해질 수 있을지 목록을 작성해 타인들과 공유하고 조언을 구한다.

- **친절 범위를 넓히고 문화적 교류하기** 자신의 문화권 외 다른 문화권을 하나 선택해 그 문화권과 자신의 문화권 간 소통에서 생기는 흔한 오해 사례를 찾아본다. 사례들을 목록으로 작성한 후 자신의 공동체와 공유한다.

- **즉흥적 친절 베풀기** 운전 중 양보하고 특히 보행자를 정중히 배려한다. 건물을 들어가고 나올 때 뒤따라 오는 사람을 위해 문을 잡아준다. 누군가의 차에 문제가 생긴 것을 목격하면 그 차를 세워 문제를 알려주고, 누군가 길을 잃어 휴대전화 사용이 필요하다면 자신의 것을 기꺼이 빌려준다.

- **자신의 소지품 또는 기술 나누기** 자신의 물건을 타인과 나누고 작동법도 기꺼이 알려준다(예: 잔디깎이, 제설기 등).

영화

- Blind Side (2009)-Based on a true story of kindness and compassion, Michael Oher, a homeless and traumatized boy, is adopted by Sean and Leigh Anne Tuohy-a connection that leads Michael to play in the National Football League

- Children of Heaven (1997, Iran)-This movie shows kindness and compassion, rather than traditional sibling rivalry, between a brother and sister who share a pair of shoes

- The Secret Life of Bees (2008)-A moving story that shows a powerful connection between strangers. A 14-year-old girl escapes a troubled world to find care and love in the home of the Boatwright sisters and their engrossing world of beekeeping
- The Cider House Rules (1999)-Homer, a youth residing in an orphanage in Maine, learns both medicine and the value of kind actions over blind deference to rules

강연

www.ted.com

- Karen Armstrong: Charter of Compassion
- Matthieu Ricard: How to let altruism be your guide
- Robert Thurman: Expanding our circle of compassion
- Hannah Brencher: Love letters to strangers
- Abigail Marsh: Why some people are more altruistic than others

책

- Keltner, D., & Marsh, J., & Smith, J. A. (Eds.). (2010). The Compassionate Instinct: The Science of Human Goodness. New York: W. W. Norton
- Rifkin, J. (2009). The Empathic Civilization: The Race to Global Consciousness in a World in Crisis. New York: Penguin
- Ferrucci, P. (2007). The Power of Kindness: The Unexpected Benefits of Leading a Compassionate Life. Paperback edition. New York: Penguin

웹사이트

- A list of 35 little acts of kindness you can do: www.oprah.com/spirit/35-Little-Acts-of-Kindness
- The Random Acts of Kindness, an internationally recognized non-profit organization that provides resources and tools that encourage acts of kindness: www.randomactsofkindness.org
- The Roots of Empathy and Compassion; Paul Ekman describes some of the necessary components of empathy and compassion: https://youtu.be/3AgvKJK-nrk
- Evidence-based article showing the benefits of a compassionate mind: www.psychologicalscience.org/index.php/publications/observer/2013/may-

june-13/thecompassionate-mind.html

- How to Increase Your Compassion Bandwidth: Bandwidth: https://greatergood. berkeley.edu/article/item/how_to_increase_your_compassion_bandwidth

12. 사회성 지능(감성 지능, 인성 지능)

서론

사회성 지능(감성 지능과 인성 지능 포함)을 가진 사람은 자신과 타인의 감정, 의도를 읽는 것에 능하다. 사회성 지능이 대표강점 중 하나라면 자신과 타인의 감정, 동기, 행동을 예리하게 포착하고 판단할 수 있다. 뛰어난 직감으로 상대방의 감정선을 제대로 읽어내기에 일촉즉발의 상황에 개입해 평화를 유지하곤 한다. 조직에서 협업할 때는 편안한 분위기를 조성하고 상대방이 존중감과 소속감을 느낄 수 있게 해준다. 심리치료 관점에서 볼 때 사회성 지능은 자신과 타인의 감정을 이해하는 길을 터주는 특성이 있어 인간관계를 시작하고 유지하며 발전시키는 데 큰 도움이 된다.

중용

사회성 지능을 균형 있게 사용하면 타인들 사이에 존재하는 미세한 차이를 알아차릴 수 있다. 특히 상대방의 기분이나 내적 동기가 변할 때 이 강점은 빛을 발한다. 또한 사회성 지능이 높은 사람은 상황에 맞게 대처할 수 있으며, 자신을 타인과 연결하는 것이 자연스럽다. 상황에 맞게 상대를 동정하고 공감대를 형성해 그 사람 입장에서 생각할 수 있다. 예를 들어 친구가 슬픔에 잠겨 있다면 자신의 사회성 지능을 사용해 그 감정을 파악하고 친구를 더 큰 근심에 빠뜨릴 언행을 자제할 것이다. 이처럼 사람의 본질을 이해할 수 있는 능력인 사회성 지능은 사랑이나 친절 강점과 같이 풍요로운 삶을 사는 데 필요한 필수 요소다.

균형이 깨진 사회성 지능은 심리 문제로 진전될 수 있다. 사회성 지능이 부족한 사람은 상대방과 깊이 있는 공감대를 형성하기 어렵다. 그럼 자신이 스트레스, 슬픔, 불안을 느낄 때 자신을 지지하고 치유해주는 인간관계를 맺기 힘들고, 슬픔과 불안 같은 부정 요소는 상대방과 거리를 더 벌려놓기 때문에 악순환이 반복된다.

사회성 지능이 부족한 사람은 자신의 심리적 고통을 부끄러워하거나 남에게 누를 끼친다고 생각해 자신의 상태를 타인과 나누지 못할 수 있다. 반면, 사회성 지능이 높은 사람은 상대방에게 자신의 마음을 여는 것에 긍정적이라서 더 쉽게 정신적 지지를 얻곤 한다. 그런 의미에서 사회성 지능은 개인이 힘든 시기를 보낼 때 일종의 완충재 역할을 한다고 볼 수 있다.

극단적인 사회성 지능 결핍은 자폐증, 아스퍼거 증후군, 조현병 같은 정신질환 형태로 나타나기도 한다. 이런 질환들은 유전적 원인이 크고 전문치료를 필요로 하지만 부분적 사회성 지능 개발을 통해 효과를 볼 수도 있다.

사회성 지능의 남용 또한 문제가 된다. 예를 들어 타인을 알고 이해하는 과정은 사회적으로 복잡하고 많은 시간을 필요로 하며 감정적인 투자 역시 만만치 않다. 이런 한정된 자원을 과다하게 사용하다 보면 자신을 위한 시간이 사라진다. 또한 당신이 상대방에게 시간을 투자할 여유가 있다는 것이 주위 사람들에게 알려지면 그들은 당신에게 비현실적인 기대치를 가질 수도 있다. 그렇게 '동네 심리상담가'가 돼버린 당신은 감정적으로 지칠 가능성이 크다. 즉 당신의 강점이 오히려 무거운 부담으로 작용해 예민함이나 공감 부족이 나타날 수 있고, 상대방에게 지속적으로 같은 지적을 받으면 자신이 무능하다는 생각을 하게 된다. 따라서 강점을 적절히 사용하는 것만이 진정으로 자신의 행복을 챙기는 길이다.

- 사용 남용: 헛소리꾼(정신병자), 자기기만, 지나친 분석
- 사용 부족: 둔감함, 아둔함

통합

사회성 지능을 균형 있게 사용하려면 예견력을 포함한 다른 강점과의 적절한 조합이 매우 중요하다. 인성 지능과 사회성 지능을 효율적으로 사용하기 위해선 언제나 큰 그림(의미와 목적)을 중심에 두어야 한다. 또한 판단력과 개방성은 상황을 모든 각도에서 바라보고 편견에서 벗어나게 해주기 때문에 사회성 지능과의 시너지 효과가 상당하다. 열정/활력 또한 동기 부여와 희망이 필요한 상황에서 사회성 지능을 더욱 강조하는 역

할을 한다. 마지막으로 긴장이 고조된 민감하고 심각한 상황에서 유쾌하고 재미있는 부분을 찾아내는 유머/쾌활함을 사회성 지능과 접목하면 슬기롭게 대처할 수 있다.

치료 작용

- **감성 지능을 사용해 불편한 상황 해결하기** 평상시 사회생활을 하면서 자신을 불안하거나 우울하게 만드는 상황에 직면해본다(예: 사내 미팅에서 반대 입장 밝히기, 해결되지 않은 오래된 문제점을 가족 구성원과 논의하기, 반대 입장인 친구에게 자신의 소신 표현하기 등). 인성 지능과 사회성 지능을 발휘해 명확하게 이해하지 못했던 부분을 완벽히 이해한 후 문제를 대면하는 것이 중요하다. 다른 이들과 당신 자신의 동기나 가치관을 나누고 그들도 당신과 같이 행동할 수 있도록 응원한다. 이 같은 도전은 적어도 모두가 자신의 가치관을 더 굳건하게 만드는 계기가 될 수 있다.

- **방해 없이 오로지 경청하기** 평소에도 자주 진솔한 대화를 나누는 사랑하는 이의 말을 끝까지 경청한다. 상대에게 대화 시작부터 끝까지 방해하거나 반론하지 않겠다고 약속하고, 하고 싶은 이야기는 상대방의 말이 다 끝났을 때 한다. 이 경험을 통해 느낀 점을 상대방에게 말하고 의견도 물어본다.

- **개인적 감정과 패턴 분석하기** 4주 동안 매일 다섯 가지 감정을 기록하고 그 패턴을 분석해본다. 예를 들어 '손해를 감수하면서까지 남을 기쁘게 해주려는 경향이 강했지만 먼저 자신에게 친절하고 자신을 위해 시간을 할애해야만 친구나 가족과도 잘 지낼 수 있음을 깨달았,고 기록할 수 있다.

- **개인 피드백 받기** 상대방에게 당신이 그의 감정을 이해하지 못했던 사례를 알려달라고 부탁하고, 어떻게 하면 다음엔 그를 더 잘 이해할 수 있을지 솔직하게 물어본다.

- **진솔하고 단도직입적으로 소통하기** 자신과 가까운 이들과 소통할 때 진솔하고 단도직입적으로 자신이 필요로 하는 것과 소원하는 것에 대해 말한다. 상대방도 당신과 똑같이 표현할 수 있도록 편견이나 섣부른 판단 없이 그의 의견을 경청한다.

영화

- Monsieur Lazhar (2011)-Bahir Lazhar, an Algerian immigrant and replacement teacher, uses his social intelligence to connect with students in a class that just lost their teacher in a traumatic way
- Children of a Lesser God (1986)-This film beautifully depicts social and personal intelligence as the relationship between a speech therapist and a woman with hearing challenges evolves in understanding one another's emotions, intentions, and actions
- K-Pax (2001)-A mysterious patient in a mental hospital claims to be an alien from a distant planet, demonstrating a remarkable display of social intelligence in relating to the other patients
- I am Sam (2002)-Sam, a man with significant psychological challenges, fights for custody of his young daughter, arguing successfully that it is not brains but love and relationships that count the most

강연

www.ted.com

- Daniel Goleman: Why aren't we more compassionate?
- Joan Halifax: Compassion and the true meaning of empathy
- David Brooks: The social animal

책

- Cassady, J. C., & Eissa, M. A. (Eds.) (2008). Emotional Intelligence: Perspectives on Educational and Positive Psychology. New York: P. Lang
- Goleman, D. (2006). Social Intelligence: The New Science of Human Relationships. New York: Bantam Books
- Livermore, D. A. (2009). Cultural Intelligence: Improving Your CQ to Engage Our Multicultural World. Grand Rapids, MI: Baker Academic

웹사이트

- Yale's Center for Emotional Intelligence: https://ei.yale.edu
- Emotional Intelligence Consortium: www.eiconsortium.org
- Marc Brackett-Yale Center for Emotional Intelligence: https://youtu.be/62F9z1OgpRk

미덕: 정의감

개인과 집단 간 상호작용을 건강하게 만드는
공동체 생활과 관련된 사회적 강점들

13. 시민의식(팀워크 / 협동심)

서론

시민의식, 팀워크, 협동심으로 불리는 이 강점은 조직의 일원으로서 대의를 위해 일하는 자세를 뜻한다. 시민의식이 강점인 사람은 자신을 희생해 지역과 종교집단, 학교, 직장, 문화권 등의 공익을 위해 행동할 수 있다. 즉 자신의 지역구, 도시, 국가에 적절한 정도의 소속감(다른 지역 사람들을 차별하지 않을 정도)을 느끼며 자신이 소속된 공동체를 자기 존재의 일부로 받아들인다. 또한 시민의 책임을 철저히 이행함으로써 자신의 강점을 드러낸다.

이들은 보편적으로 가치관이 비슷한 사람들과 활동하기 때문에 정신건강 지수가 높고 사회적 신뢰도 또한 높은 편이다. 사회적 신뢰는 자신이 살아가는 이 세상이 위험하지 않다는 안정감을 준다. 또한 이들은 사회활동을 통해 높은 자기효능감을 얻는다.

중용

시민의식과 팀워크를 성공적으로 사용하기 위해서는 자신의 강점, 전문성, 지식, 자원을 사용해 공익에 이바지할 집단이나 팀을 찾아야 한다. 하지만 시민의식은 권력 앞에서 맹목적으로 규칙과 통제에 순종만 하는 것이 아니다. 시민의식을 균형 있게 사용하려면 집단 내 모든 개인이 내재적 동기를 바탕으로 집단의 성공을 위해 헌신해야 한다. 시민의식과 팀워크는 개인의 차이를 뒤로하고 팀의 목표를 우선순위에 둘 때 비로소 최적의 효과를 낼 수 있다. 물론 모든 구성원은 자신들만의 개성을 유지하겠지만 집단 정체성은 집단의 화합과 연대를 이끌 것이다.

또한 균형 있는 시민의식의 사용은 스스로 방관자가 되는 것을 용납하지 않는다. 만약 집단 내 다른 몇 명이 당신의 역할을 가져간다면 용감성, 공정성 같은 강점을 사용해 집단의 화합을 유지하는 동시에 문제를 해결해야만 한다. 시민의식과 팀워크 부족은 사회나 소속 집단에서 멀어지게 하고 지지받지 못하고 있다는 생각이 들게 한다.

- 사용 남용: 맹목적 복종, 의존
- 사용 부족: 이기심, 나르시시즘(자기애)

통합

시민의식과 팀워크를 최적화하려면 다른 강점을 적절히 사용해야 한다. 예를 들어 팀워크를 위해선 자신과 상대방을 잘 파악해야 하고(사회성 지능), 다양한 팀원(인종, 교육 배경, 성격, 선호도)들과 함께하려면 개방성과 공정성의 자세를 가지고 서로의 차이를 존중할 줄 알아야 한다.

거의 모든 조직이 갈등과 충돌을 경험한다. 그럴 때 조직 구성원들의 창의성을 사용해 해결책을 브레인스토밍해보면 최상의 실적을 위한 많은 아이디어가 나올 것이다. 또한 적절한 유머와 쾌활함은 조직의 갈등을 완화하며, 모든 구성원이 공동 목표를 공유하고 연대하면(예견력) 업무가 더욱 수월해질 수 있다. 구성원의 강점들을 발견하고 인정하고 지지해주면 조직의 팀워크는 한층 더 견고해진다.

치료 작용

- **소외된 시민 되지 않기** 많은 이가 자신이 참여해도 변화를 이끌 수 없다는 생각에 시민적 참여를 거부하고 거리를 둔다. 이처럼 희망이 없는 비관적 사고는 우울증의 주범이 된다. 그러니 지역사회 사업에 관여하고, 가능하다면 친구들도 참여하게 한다. 당신의 헌신은 집단에 이득을 가져다줄 테고, 좋은 대의명분으로 관련 업무를 하는 조직들과 당신을 연결해줄 것이다.
- **온라인 커뮤니티 만들기** 온라인 커뮤니티를 만들어 구성원과 함께 멸종위기 동물

보호, 난민구호기금 모금, 인종이나 성소수자 차별 반대운동 같은 대의명분을 추진한다. 홍보를 통해 커뮤니티 규모도 키운다.

• **커뮤니티에 참여하기** 자신에게 안전하고 차분한 환경을 제공해줄 수 있는 커뮤니티를 시작하거나 가입한다. 정신적 문제로 어려움을 겪는 사람들, 그렇지 않은 사람들과 교류한다. 공간과 과제를 나누면서 일하다 보면 자연스럽게 그 분야 또는 지역사회 일부가 될 것이다.

• **경험을 바탕으로 공공장소에서 예술공연을 하기** 심리적 어려움을 겪는 이들이 자신의 많은 경험을 예술로 승화시켜 나눌 수 있도록 이용 가능한 공공장소에 초대한다. 예술작품을 온라인을 통해 제출하는 것도 좋다.

• **정신건강지원센터 가입하기** 지역사회 위주의 정신건강지원센터에 가입한다. 센터에서 제공하는 교육과정이나 매체를 활용해 다른 이들이 정신건강 문제를 어떻게 다루는지, 특정 문제를 다루는 가장 효율적인 방법은 무엇인지 스스로 학습한다.

영화

• Field of Dreams (1989)-An excellent depiction of citizenship and teamwork, this film shows the collaborative efforts of an Iowa farmer who interprets a mysterious message, if you build it, they will come
• Invictus (2009)-This is the inspiring true story of a rugby team that wins the World Cup on the field and also unites post-apartheid South Africa off the field
• Hotel Rwanda (2004)-An extraordinary display of social responsibility by Paul Rusesabagina, a hotel manager who, during the Rwanda Genocide, housed over a thousand Tutsi refugees, shielding them from the Hutu militia
• Blind Side (2009)-A homeless and traumatized boy becomes an All American football player and first round NFL draft pick with the help of a caring woman and her family

강연

www.ted.com

• Jeremy Rifkin: The empathic civilization
• Douglas Beal: An alternative to GDP that encompasses our wellbeing

- Hugh Evans: What does it mean to be a citizen of the world?
- Bill Strickland: Rebuilding a neighborhood with beauty, dignity, hope

책

- Putnum, R. (2001). Bowling Alone: The Collapse and Revival of American Community. New York: Simon & Schuster
- Kielburger, C., & Keilburger, M. (2008). Me to We: Finding Meaning in a Material World. New York: Simon & Schuster
- Ricard, M. (2015). Altruism: The Power of Compassion to Change Yourself and the World. New York: Little Brown

웹사이트

- Me to We, a non-profit organization that advocates connecting with others, building trust, and getting involved in community building initiatives: www.metowe.com
- Harvard sociologist, Robert Putnum's websites on the decline and rise of community, with resources: https://bowlingalone.com robertdputnam.com/better-together

14. 공정성

서론

공정성은 모든 사람을 보편적인 평등과 정의 기준에 맞춰 대하는 자세다. 공정성이 대표강점 중 하나라면 타인에 대한 도덕적 결정을 내릴 때 개인적 감정이 아닌 보편적으로 납득할 수 있는 기준에 따른다. 공정성에는 도덕적 가이드라인에 대한 존중과 상대방을 배려하는 자세가 포함된다. 공정성 강점은 일상과 업무, 집단 활동 외에도 당신의 삶 모든 부분에서 사용될 수 있다.

중용

균형 있는 공정성의 사용을 위해선 타인(자신이 모르는 이도 포함)의 복지(welfare)를 고려하는 기본 원칙을 언제나 명심해야 한다. '복지'의 정의를 내리는 것은 생각보다 어려울 수 있다. 다양한 문화권에서 추구하는 주요 가치관 중 무엇이 공정하고 무엇이 올바른지 결정하는 데 큰 어려움을 겪을 수도 있을 것이다. 예를 들어 여성의 옷차림과 겸손은 문화권마다 대단히 큰 차이가 있다. 보수적인 이슬람국가에서 여성이 비키니를 입는다면 무례하고 천박한 행위로 간주될 수 있지만, 서방국가에선 대체로 대수롭지 않게 여긴다. 비슷한 예로 이슬람 여성이 히잡을 착용하는 것은 이슬람국가에서는 존중받을 행동일지 모르나 서방국가 시선에서는 종교적·문화적 압박으로 인한 강요된 선택처럼 보일 수도 있다.

이 같은 이유로 상반되는 권리와 의식, 가치관 사이에서 공정성을 추구하려면 언제나 상황을 명확히 판단할 수 있어야 한다. 그리고 공정성을 적용하기 전 사회문화적 제스처를 해석할 때 반드시 조언을 구하는 것이 현명하다. 공정성은 다른 강점에 비해 흑백 경계가 더 불명확할 수 있기에 언제나 애매한 영역을 탐험할 각오를 해야 한다.

공정성을 사용하기 전 궁극적 목표가 무엇인지를 먼저 생각할 필요가 있다. 예를 들어 형평과 평등을 살펴보면 공정성 관점에서 형평성은 모두의 차이를 고려하지만, 평등성은 모두 같다는 가정하에서 똑같이 대한다. 모든 이가 같은 수준의 지원이 필요하지 않더라도 말이다. 당신이 유토피아적 사회에서 살고 있지 않다면 모두를 평등하게 대한다 하더라도 그것만으로 공정성이 이뤄지는 것은 아니라는 사실을 알아야 한다. 그렇기 때문에 공정성은 절대적 정의를 두기보다 상황에 맞는 유연성이 필요하다.

- 사용 남용: 공감과 이해 없는 공정함, 무심함, 거리 둠
- 사용 부족: 편견, 당파심

통합

공정성의 원활한 사용을 위해선 리더십과 시민의식, 팀워크 같은 강점이 필요하다. 정직과 진정성도 공정성을 여러 방면으로 강화해준다. 상황에 따라 친절 같은 강점 역시 공정성과 함께 응용할 수 있다. 예를 들어 교사가 ADHD 학생이 과잉행동을 한다고 무작정 벌을 준다면 벌의 효과가 점차 사라질 뿐 아니라, 아이를 더 화나게 하고 억울하게 만들 것이다. 벌 대신 친절을 베풀어 설명해주는 것이 아이를 진정시키는 데 더 큰 도움

이 될 수 있다.

치료 작용

- **편견과 선입견 이해하기** 공정성을 추구하기 위해선 자신이 목격하거나 직접 겪은 차별의 성격을 이해할 줄 알아야 한다. 차별은 성(性), 노인, 장애인, 외국인 등 많은 부류에서 드러날 수 있다. 공정성을 사용해 이런 편견과 선입견을 멈출 수 있는 방법을 찾아본다.

- **일상에서 공정성 늘리기** 일상에서 공정성을 사용할 수 있는 상황을 목록으로 작성한다. 공정성이 발휘되지 않을 경우 스트레스 요인이 될 상황을 중심으로 작성한다 (예: 배우자에게 가사 분담 요구하기 등). 공정성을 추구할 때 문화적, 상황적으로 적합한 방식으로 접근해 스트레스 해소 목표를 달성한다.

- **자신을 불편하게 하는 사회 이슈 찾아보기** 자신을 불편하게 만드는 사회 이슈를 찾아 목록으로 작성한다. 공정성을 사용해 해당 사회 이슈가 해결될 수 있는지 생각해 본다(예: 성별 간 급여 차이, 방치되는 불우이웃의 빈곤율, 시장에서 버젓이 판매되는 인체에 해로운 가공식품).

- **자신의 판단 분석하기** 스스로를 관찰해 평상시 자신의 판단력이 개인적 성향에 치우치는지, 아니면 공정성과 정의를 배경으로 원칙주의를 고수하는지 확인한다. 미래에는 개인적 선호도를 판단 과정에 주입시키지 않도록 주의한다.

- **자신의 공동체를 위해 나서기** 다른 공동체도 존중하는 자세로 자신의 공동체 권리를 위해 힘쓴다.

영화

- The Emperor's Club (2002)-William Hundert, a principled Classics professor, comes into conflict with a pupil at a prestigious academy, as his attempts to teach the young man to act fairly and morally have mixed results

- Philadelphia (1993)-Andrew Beckett, fired from his law firm for being both gay and HIV-positive, hires homophobic lawyer Joe Miller to act on his behalf. During the

legal proceedings, Miller comes to view Beckett as a person worthy of respect and fair treatment, rather than as a stereotype
• The Green Zone (2010)-This is a chilling depiction of fairness and social justice. Roy Miller, a senior CIA officer, unearths evidence of weapons of mass destruction in the Iraq war and realizes that operatives on both sides of the conflict are attempting to spin the story in their favor
• Suffragettes (2015)-This film is an excellent depiction of fairness. It tells a story of ordinary women during the first part of the 20th century who are loving wives, mothers, and daughters. Their main concern is gender inequality. They face sexual harassment in the workplace, domestic violence, and violation of their parental rights, and their salaries are much lower than those of their male colleagues

강연

www.ted.com
• Daniel Reisel: The neuroscience of restorative justice
• Paul Zak: Trust, morality-and oxytocin?
• Jonathan Haidt: The moral roots of liberals and conservatives
• Bono: My wish: Three actions for Africa

책

• Sun, L. (2009). The Fairness Instinct: The Robin Hood Mentality and Our Biological Nature. New York: Prometheus Books
• Harkins, D. (2013). Beyond the Campus: Building a Sustainable University Community Partnership. Charlotte, NC: Information Age
• Last, J. (2014). Seven Deadly Virtues: 18 Conservative Writers on Why the Virtuous Life Is Funny as Hell. West Conshohocken, PA: Templeton Press

웹사이트

• The difference between equality and equity: https://everydayfeminism.com/2014/09/equality-is-not-enough
• With more than 100 national chapters worldwide, Transparency International works with partners in government, business, and civil society to put effective measures in place to tackle corruption: www.transparency.org
• Roméo Antonius Dallaire: commandeered the United Nations Assistance Mission

for Rwanda in 1993. Since his retirement, he has become an outspoken advocate for human rights, genocide prevention, mental health, and war-affected children: www.romeodallaire.com

15. 리더십

서론

리더십은 그룹 구성원을 조직화·활성화하고 방향성을 제시해 그룹의 공동목표를 이룰 수 있게 도와주는 능력이다. 리더십이 대표강점 중 하나인 사람은 사회에서 타인들과 관계하며 두드러지는 역할을 맡지만, 훌륭한 리더는 다른 구성원의 의견과 감정 또한 아우를 수 있어야 한다. 즉 리더 위치에서 그룹이 화합하며 활기차고 효율적인 상태로 목표를 달성할 수 있도록 그룹과 구성원을 돕는다.

중용

훌륭한 리더십은 서로 다른 구성원을 아우르며 공통점을 찾는 모습을 보인다. 이 공통점은 효율적인 여러 방식으로 구성원에게 소통되어 동기를 유발한다. 어떤 리더는 팀원들에게 희망과 활기를 불어넣는 일에는 뛰어날지 몰라도 자신의 비전을 명확하고 구체적인 과정이나 결과물로 만들어내는 기술은 부족할 수 있다. 그렇기에 훌륭한 리더십은 의지와 동기 부여뿐 아니라 구체성도 필요하다.

리더십이 성공하려면 이끄는 것도 중요하지만 따를 수 있는 것도 매우 중요하다. 겸손과 경청이 없는 리더는 독재자로 변질되기 마련이다. 또한 리더는 구성원과 진정성 있고 신뢰할 수 있는 관계를 맺어야 한다. 서로에 대한 신뢰가 바탕인 그룹은 성공할 가능성도 그만큼 크다. 권력 남용이나 두려움이 기반이 된 그룹은 불신이 가득할 수밖에 없다.

- 사용 남용: 독재, 권력 남용
- 사용 부족: 순종, 묵인

통합

리더십과 여러 강점의 조합을 통해 행복과 회복력을 키울 수 있다. 사회성 지능, 팀워크, 친절은 조직관계를 더 굳건하게 하고 겸손, 감사는 리더십을 더 인간적이면서 접근성 좋게 만든다. 이런 강점으로 형성된 시너지 효과는 조직의 움직임을 적절히 조율하도록 도와준다.

치료 작용

- **타인 돕기나 대의를 위해 나서기** 부당한 대우를 받는 이를 위해 적극적으로 나서본다. 다른 리더들에게도 그룹 내 공정성을 지속적으로 강조한다. 자신에게 의미 있는 대의를 위해 나서는 것도 방법이다. 주제는 미성년자 노동, 실업률, 학교 폭력 등 다양하다.

- **정신건강 문제를 겪은 리더의 전기 읽기** 정신질환을 겪었지만 강인한 리더십으로 이를 극복한 위인들의 전기나 영화를 찾아 감상한다(예: 빅토리아 전 영국 여왕, 에이브러햄 링컨 전 미국 대통령, 윈스턴 처칠 전 영국 총리). 그들의 삶을 통찰력 있게 살피고 어떤 모습을 자신의 리더십에 접목할 수 있을지 생각해본다.

- **어린이의 멘토 되기** 방과후 수업 등에서 당신의 기술이 도움이 될 만한 어린이들을 찾아 도와준다. 멘토 교육 전과 후 자신의 감정 상태에 주시하고 아이들의 변화 또한 관찰한다.

- **관계가 나쁜 두 친구 사이에서 개입 역할 수행하기** 관계가 좋지 않은 두 친구를 불러 개입 역할을 자청한다. 대화 전 기본 원칙을 몇 가지 정한 후 한 사람씩 의견을 말할 수 있도록 유도한다. 토론을 통해 문제 해결 방법을 찾겠다고 강조한다.

- **가족 행사 마련하기** 친인척을 모두 초대해 가족 행사를 주선한다. 사이가 좋지 않은 친인척이 있더라도 리더십을 발휘해 한자리에 모이게 한 후 모두가 대화에 동참할 수 있는 분위기를 조성한다. 연령대가 같은 이들끼리 대화하는 것을 막고 모든 연령대가 공감할 수 있는 대화를 이어나가도록 노력한다.

영화

- Gandhi (1982)-The life of Mohandas Gandhi offers the model of leadership based on the ethos of nonviolence, social justice, and humility, ideas that inspired the likes of Martin Luther King Jr
- Iron Lady (2011)-This movie is based on the life of Margaret Thatcher, the British stateswoman and politician who became the first ever female (and longest-serving) prime minister of the United Kingdom in the 20th century
- Mandela: Long Walk to Freedom (2013)-This film chronicles Nelson Mandela's epic leadership journey, starting from his early life, through his coming of age, education, and 27 years in prison, to become the president of post-apartheid South Africa
- Lincoln (2012)-This movie about Abraham Lincoln recounts his extraordinary number of strengths, especially his leadership and courage to go against the current and emancipate slaves despite continuing unrest on the battlefield and strife within his own ranks

강연

www.ted.com

- Roselinde Torres: What it takes to be a great leader
- Simon Sinek: How great leaders inspire action
- Simon Sinek: Why good leaders make you feel safe

책

- Avolio, B. & Luthans, F. (2006). The High-Impact Leader. New York: McGraw-Hill
- Csikszentmihalyi, M. (2004). Good Business: Leadership, Flow, and the Making of Meaning. New York: Penguin
- Rath, T. & Conchie, B. (2009). Strengths-Based Leadership. New York: Gallup Press

웹사이트

- The top 10 qualities that make good leaders: www.forbes.com/sites/tanyaprive/2012/12/19/top-10-qualities-that-make-a-great-leader
- 20 ways to become a leader right now: www.inc.com/john-brandon/20-ways-to-become-a-better-leader-right-now.html

- Uma Jogulu's work on leadership, and its cultural influences: www.buseco.monash.edu.my/about/school/academic/management/uma-jogulu-dr
- Kim Cameron's work revolves around organizational structures and positive leadership: https://michiganross.umich.edu/faculty-research/faculty/kim-cameron
- Gilad Chen studies team and leadership effectiveness, as well as work motivation: www.rhsmith.umd.edu/directory/gilad-chen
- Centre for Health Leadership and Research led by Dr. Ronald R. Lindstrom: https://sls.royalroads.ca/centre-health-leadership-and-research

미덕: 절제력

지나치지 않게 조절하는 능력으로,
독단에 빠지지 않게 하고 무절제를 막아주는 중용적 강점들

16. 용서(자비)

서론

용서는 한 번의 결정이나 계기가 아닌 점진적 변화의 과정이다. 결국 용서는 복수할 권리와 욕구를 스스로 내려놓음으로써 복수의 굴레에서 벗어나고, 결과적으로 자기성장을 성취하는 계기가 된다. 이 강점은 과오를 범한 상대를 용서하고, 이를 통해 상대방의 부족함을 이해하며, 그에게 다시 한 번 기회를 주는 동시에 분노를 들끓게 하거나 다른 강점을 사용하는 길을 막는 자멸적인 부정 정서를 스스로 해결할 수 있도록 도와준다. 용서에는 자비가 필요하기에 용서의 과정을 걷기 위해선 자비를 베푸는 법을 먼저 연습해야 한다. 잘못을 저지른 상대의 결점을 이해하고 그를 위한 정신적·감정적 공간을 제공할 수 있어야 한다. 자비는 용서를 시작할 때만 필요한 것이 아니라 용서의 과정을 유지할 때도 지속적으로 필요하다.

중용

진정으로 용서하려면 용서가 자비를 의미하는 것은 아니라는 사실을 알아야 한다. 용서 강점을 사용하는 사람은 상대방이 범한 과오를 잊는 것도, 무시하는 것도 아니다. 정의구현의 필요성을 최소화하는 것도 아니며, 부정 정서를 긍정 정서로 뒤바꾸는 것도 아니다. 종교에 모든 것을 맡기는 것도, 또 일방적으로 문제를 해결하는 것도 아니다. 용서는 결과가 아닌 친사회적 변화의 과정이다. 점진적이고 복잡한 이 과정은 피해자가 복수의 순환을 끊고, 과오를 잊지는 않았지만 그것을 뛰어넘었기에 더는 그로 인해 고통받지

않는다는 특징을 가진다.

용서는 극도로 어려운 일이다. 하지만 용서를 추구하는 일은 언제나 가치 있다. 만약 용서하지 못한다면 이는 곧 종결되지 않은 과거 기억에 대한 씁쓸함이 남아 있는 냉소적인 사람이 된다는 뜻일 것이다. 자비와 친절이 함께하는 경우 용서 과정이 좀 더 수월해질 수 있다. 용서와 자비가 없다는 것은 신뢰가 한 번 깨지면 되돌릴 수 없다는 뜻이기에 타인과 관계에서도 문제가 생기곤 한다. 누군가 당신에게 실수를 한 번 한다면 당신은 수없이 많은 날을 부정 기억에 사로잡혀 감정을 소비하는 데 쓸 것이다. 반대로 용서와 자비가 과할 때는 자기주장도 밝히지 못하는 나약한 '동네북' 취급을 당할 수 있다. 그리고 당신이 용서받지 못할 행위(지속적인 학대, 인권유린 등)를 이해하려 드는 경우 용서의 과정이 원활하게 진행되지 못할 가능성이 크다.

- 사용 남용: 지나친 관대함
- 사용 부족: 무자비함, 복수심

통합

감사는 당신의 정신과 마음을 삶에서 있었던 진실된 긍정적 순간으로 채워 아픈 기억을 상쇄해준다. 용서하기로 마음먹었을 때 가장 먼저 필요한 강점은 용감성이다. 용감성은 내면에 있는 두려움과 분노, 복수심을 내려놓는 데 필수적인 강점이다. 판단력과 개방성은 상황을 모든 관점에서 바라볼 수 있는 지혜를 안겨준다. 또한 친절은 이타적인 마음으로 상대에게 용서를 권할 수 있는 능력을 준다. 끈기와 사회성 지능을 사용하면 그 마음을 지속적으로 유지할 수 있다.

치료 작용

- **용서 못 하는 자신 관찰하기** 용서하지 못하는 것이 얼마나 큰 감정적 고문인지 느껴보자. 그 과정에서 분노와 두려움, 근심, 슬픔, 불안, 질투 같은 파괴적인 감정이 생기는가? 이런 감정이 자신에게 어떤 영향을 끼치는지 적어본다. 그리고 전체적으로 봤을 때 자신의 정신건강에 미치는 영향도 기록한다.
- **용서를 통해 부정 정서 내려놓기** 용서에 대해 다룬 6회기를 복습한다. 용서를 통해

부정 정서를 긍정 정서로 바꾸는 방법을 집중적으로 학습한다. 예견력과 용서를 결합해 부정 정서를 내려놓는 것이 자신에게 얼마나 큰 이득인지 생각해본다.

- **용서를 베풀 동기 찾기** 용서는 내면에서 의지가 생길 때 할 수 있는 일이다. 용서하지 못했을 때 기분과 용서를 베풀었을 때 기분을 비교해보자.

- **자신이 용서받았던 순간 기억하기** 자신이 저지른 과오를 용서받았던 순간을 최대한 생생하게 기억해낸다. 만약 당신을 용서한 이가 당신이 사랑하는 사람 중 한 명이라면 어떻게 용서할 수 있었는지 물어보자. 그리고 자신은 비슷한 상황에서 어떻게 용서할 수 있을지 고민해본다.

- **상대방이 과오를 범할 때 어떻게 대처할지 계획해두기** 미리 계획을 세워두고 가능하다면 연습을 해본다. 주기적으로 스스로에게 "상대가 나에게 어떤 식으로 과오를 범하든 나는 계획한 대로 실행하겠다"고 외친다.

- **분노를 내려놓고 공감하기** 우울한 기억을 곱씹고 있는 자신의 모습이 용서의 길을 방해하는가? 우울함은 부정 감정이 다른 생각을 방해하도록 방치한다. 자신의 감정을 내려놓고 자신에게 상처를 준 사람이 왜 그렇게 행동했는지 입장을 바꿔 생각해본다. 그리고 자신의 현재 감정이 상대방보다 자신을 더 다치게 하고 있는 것은 아닌지 곰곰이 되짚어본다.

영화

- Incendies (2010, France/Canada)-In a series of flashbacks, twins (a brother and sister) uncover the mystery of their mother's life, which unsettles them, but the strength of forgiveness helps them to reconcile with the past
- Pay it Forward (2000)-Seventh-grader Trevor McKinney undertakes an intriguing assignment-to change the world for the better-which starts a chain of acts of kindness and forgiveness
- Dead Man Walking (1995)-This film tells the tale of a convicted murderer on death row who befriends a nun, who helps him understand that forgiveness is possible even under the worst circumstances
- Terms of Endearment (1983)-Amidst the ups and downs of life, a mother and daughter find ways to see past resentments and transgressions and find joy in their

relationship

강연

www.ted.com

- Aicha el-Wafi and Phyllis Rodriguez: The mothers who found forgiveness, friendship
- Joshua Prager: In search of the man who broke my neck
- Shaka Senghor: Why your worst deeds don't define you

책

- Enright, R. D., & Fitzgibbons, R. (2001). Forgiveness Is a Choice: A Step-by-Step Process for Resolving Anger and Restoring Hope. Washington, DC: APA Books
- Nussbaum, M. C. (2016). Anger and Forgiveness: Resentment, Generosity, Justice. New York: Oxford University Press
- Tutu, D. (2015). The Book of Forgiving: The Fourfold Path for Healing Ourselves and Our World. New York: HarperOne
- McCullough, M. (2008). Beyond Revenge: The Evolution of the Forgiveness Instinct. New York: Wiley

웹사이트

- Psychologist Evertt Worthington, a leader in the forgiveness research: www.evworthington-forgiveness.com
- Ten Extraordinary Examples of Forgiveness: https://listverse.com/2013/10/31/10-extraordinary-examples-of-forgiveness
- Ten Inspiring Stories of Extreme Forgiveness: https://incharacter.org/archives/forgiveness/ten-great-moments-in-forgiveness-history
- Great Moments in Forgiveness History: https://incharacter.org/archives/forgiveness/ten-great-moments-in-forgiveness-history

17. 겸손(겸양)

서론

겸손과 겸양은 자신의 업적이나 성공이 스스로 빛날 수 있도록 굳이 나서지 않는 자세를 뜻한다. 겸손이 대표강점인 사람은 업적이나 성공을 스스로 인지하고 있으면서도 남들에게까지 알릴 필요가 없다고 생각한다. 또한 자신의 한계도 잘 알고 있다. 겸손과 겸양이 대표강점 중 하나라면 단호한 자부심을 지니고 있으면서도 스스로를 남보다 더 낫다고 여기지 않으며, 스스로의 업적과 행복을 소셜미디어나 여러 매체를 통해 전해야 속이 풀리는 현대사회에서 오히려 주목받기를 피하는 편이다. 겸손을 갖춘 사람은 스스로에게 정직하고, 자신이 완벽하지 않다는 것을 알며, 자신의 한계를 직시하면서 상대방에게 도움을 요청하는 것을 두려워하지 않는다.

중용

겸손의 좋은 점은 앞서 언급한 것과 같다. 하지만 여기서 주의해야 할 부분은 겸손과 겸양의 남용은 생각보다 알아채기 어렵다는 점이다. 겸손이 균형을 이루는지 파악하려면 특정 상황을 살펴보고 당신이 정말 괜찮은 것인지, 아니면 당신이 정신건강 문제로 소극적인 태도를 보일 때 그런 상황을 활용해 이점을 취하는 상대방을 그냥 방관하고 있지는 않은지 잘 생각해봐야 한다. 리더 역할을 맡을 자격이 충분한데도 겸손 때문에 앞에 나서 자신을 홍보하지 못하거나, 자신의 능력에 대해 지나치게 겸손하거나, 자신의 겸손과 겸양이 더 높은 자리로 올라가는 것을 용납하지 못해 상대에게 기회가 넘어가도록 방치하는 것이 그 예다. 이런 상황에서 겸손의 균형을 맞추는 방법은 현 위치에 정말 만족하는지 스스로에게 묻는 것이다. 만족하지 못한다면 겸손을 조금 줄이고 자신의 권리를 챙길 필요가 있다. 만약 혼자 선택하지 못하겠다면 현명하고 공정한 지인을 찾아 조언을 구하는 것이 바람직하다.

반대로 겸손과 겸양이 부족하다면, 그리고 평소 주위에서 그런 이야기를 들었다면 신뢰할 수 있는 친구에게 정직한 의견을 물어본다. 이때 당신에게 피드백을 주는 것을 두려워하지 않고 당신도 의견 듣는 것이 두렵지 않은 상대를 선택하는 것이 중요하다. 그 친구가 무슨 의견을 제시할지 깊이 생각해보고 자신이 발전할 수 있는 부분을 떠올려본다(예: 자신의 업적을 친한 친구가 아닌 남들에게 과시하는 경향 저지하기). 인정받고 싶은 강한 욕구는 꼭 겸손의 부족에서만 오는 것은 아니다. 과거에 형제와 부모로부터 무시당했거나 다른 가족 구성원과 비교해 자신이 부족하다는 이야기를 지속적으로 들으며 자랐다면 그것에 대한 트라우마가 욕구를 키웠을 공산이 있다. 또한 넘치는 열정과 활력의 표현이 겸손과 겸양 부족으로 비쳤을 개연성도 배제할 수 없다. 따라서 겸손과 겸양의 진정한 중용은 상황의 미묘한 차이를 하나하나 인지할 때 비로소 진가가 드러난다.

- 사용 남용: 자기비하
- 사용 부족: 어리석은 자존심, 오만함

통합

겸손은 친절과 사회성 지능, 자기 통제력, 신중성 같은 강점과 함께 사용할 때 효과가 극대화된다. 하지만 여기서 주의해야 할 점은 강점의 조합에 따라 현 상태가 지속적으로 유지되는 상황이 발생할 수도 있다는 것이다. 예를 들어 직장에서 당신이 겸손한 사람으로 알려져 있고 대표강점이 친절, 신중함, 겸손과 겸양이라면 이 강점들의 조합이 당신을 건실하지만 자기주장이 없고 주제를 넘지 않는 이미지로 만들 수 있다. 따라서 이 같은 강점의 조합보다는 열정, 호기심을 겸손과 함께 사용해 업무에서 더 적극적으로 최적의 결과를 내는 편이 훨씬 낫다. 겸손과 겸양을 겸비한 사람은 주변인들의 관점까지 수긍할 수 있다. 이 경우 상대방에게 당신에 대한 정직한 의견을 물어본다면 아마 당신의 기량을 진심으로 칭찬할 것이다. 칭찬받을 때는 품위 있게, 그리고 당연히 겸손하게 받아들여야 한다.

치료 작용

- **다른 강점을 통해 겸손 키우기** 다른 강점을 사용하면 겸손을 키울 수 있다. 예를 들어 세심함(사회성 지능)을 발휘하면 자신의 의도치 않은 자랑에 상대방이 어떻게 반응했는지 알아볼 수 있다. 즉 자신의 업적을 친인척이나 친구들과 함께 나눈 후 신뢰할 수 있는 친구에게 사람들이 그 소식을 어떻게 받아들였는지 물어보자. 그들은 당신의 소식을 듣고 잘난 척이라고 느꼈는가? 의도치 않게 자신과 비교된 누군가

불편해하거나 상처받지는 않았는가? 답을 들은 후 자신의 겸손을 어떻게 더 발전시킬 수 있을지 생각해본다.

- **경청하고, 적게 말하기** 어느 날 당신이 집단에서 가장 말이 많다는 것을 깨달았다면 상대방이 말할 때 자기 차례를 기다리기보다 상대방 말을 경청하도록 노력한다.
- **자신의 실수 인정하기** 자신의 잘못을 인정한다. 특히 사랑하는 이와 자신의 사이를 멀어지게 만든 계기가 된 실수가 있다면 더욱 그래야 한다. 상대가 자신보다 어리다 해도 정중한 사과가 필요하다. 자신이 다음 세대의 롤모델 위치에 있다는 것을 명심해야 한다.
- **당신의 기술, 능력, 업적을 상대방이 직접 찾게 놔두기** 자신의 업적과 능력, 기술을 떠벌리는 것을 자제한다. 상대방이 스스로 그것을 알아보게 놔두는 것이 중요하다.
- **진심을 담아 칭찬하기** 상대방이 당신보다 월등한 점이 있다면 진심으로 칭찬한다. 반대로 상대방이 칭찬할 땐 겸손하게 받아들일 줄 알아야 한다.

영화

- Forest Gump (1994)-Despite a low IQ, Forest Gump accomplishes a lot: meeting presidents, winning an All American football player award, receiving the Congressional medal of honor, and being featured on magazine covers. Displaying humility, he experiences all of his accomplishments in stride
- Peaceful Warrior (2006)-Dan, brimming with pride for being an elite gymnast, thinks that he has figured out life, until a surprising mentor, Socrates, teaches him humility and wisdom
- The Passion of the Christ (2004)-This film shows the final hours of Jesus Christ and numerous, moving examples of humility

강연

www.ted.com

- Feisal Abdul Rauf: Lose your ego, find your compassion
- Robert Wright: Progress is not a zero-sum game
- Graham Hill: Less stuff, more happiness
- Sam Richards: A radical experiment in empathy

책

- Hess, E. D., & Ludwig, K. (2017). Humility Is the New Smart: Rethinking Human Excellence in the Smart Machine Age. Oakland, CA: Berrett-Koehler
- Nielsen, R., Marrone, J. A., & Ferraro, H. S. (2014). Leading with Humility. New York: Routledge
- Worthington, E. L. (2007). Humility: The Quiet Virtue. West Conshohocken, PA: Templeton Press

웹사이트

- How to develop and maintain humility: www.bigquestionsonline.com/content/how-do-we-develop-and-maintain-humility
- Best Leaders are Humble Leaders: Harvard Business Review: https://hbr.org/2014/05/the-best-leaders-are-humble-leaders
- How we develop and maintain humility: www.bigquestionsonline.com/content/how-do-we-develop-and-maintain-humility

18. 신중함

서론

신중함은 미래의 목표를 향한 현실적인 방향성이다. 신중함이 대표강점 중 하나인 사람은 일반적으로 무엇을 선택할 때 상당히 조심하는 편이다. 리스크를 무모하게 떠안지 않고, 단기 결정을 내릴 때 장기 목표를 생각한다. 그래서 예상치 못한 상황에도 훌륭하게 대처하는 좋은 플래너가 될 수 있다. 또한 약속 장소에 일찍 도착하는 편이다. 부득이하게 늦을 경우에는 기다리는 이들을 위해 미리 연락을 취한다. 운전할 땐 조심성 있고 교통법규를 준수한다. 결정을 내리거나 계획을 짤 땐 집중을 방해하는 불필요한 요소를 사전에 모두 제거한다. 생각을 정리하고 정신을 맑게 해야 할 순간에는 시간을 들인다. 그리고 자신의 충동적인 행동을 통제하고, 통제하지 못했을 때 결과를 예측한다. 마지막으로 성급한 판단을 자제하며 새로운 제안이나 아이디어를 쉽게 받아들이지 않는다.

중용

신중함을 올바르게 사용한다는 것은 어떤 결정을 내리거나 중요한 업무를 볼 때 심사숙고한다는 의미다. 그러나 신중함이 과하면 세부적인 것과 분석에 사로잡혀 일종의 강박관념이 될 위험이 있다. 물론 극도로 세부적인 것을 요구하는 업무도 있을 것이다(예: 뇌수술, 신용카드 번호 입력, 기사를 내기 전 맞춤법 검사 등). 하지만 식기세척기를 완벽하게 채우고 책상을 정리하는 데 업무보다 많은 시간을 쓴다거나, 중대한 보고서를 작성할 때 내용보다 양식 만드는 데 시간을 더 많이 들이는 등 크게 중요하지 않은 세부적인 일에 시간을 낭비하는 경우가 생길 수 있다. 이런 일에 신중함을 사용하는 것은 명백한 강점 남용이다. 신중함의 균형 있는 사용은 계획하는 일을 돕고, 제시간에 목적지에 도착하게 하며, 규칙과 법규를 준수하게 하고, 예상치 못한 일이 발생했을 때 공황 상태에 빠지는 것을 방지한다.

이 강점은 인색함, 소심함과 동의어로 쓰일 수 없다. 신중함은 인생 목표를 현명하고 효율적으로 이뤄가도록 도와주는 강점이다. 하지만 과도한 신중함은 우유부단함을 불러와 당신의 의사 결정을 마비시킬 위험이 있다. 반대로 신중함 부족은 성급한 선택, 간과된 리스크, 규칙 준수에 대한 해이한 자세 등을 불러올 수 있다. 간혹 참작할 수 있는 예외 상황을 제외하고 신중함이 부족한 사람은 일반적으로 상황을 충분히 분석할 여유가 없고 필요 이상으로 빠른 결정을 내릴 가능성이 매우 높다. 예를 들어 누군가 입사지원서 제출 기간의 연장을 요청할 때 신중함이 부족하다면 연장을 허락함으로써 생길 수 있는 불공평함에 대해 미리 고려하지 못할 것이다.

- 사용 남용: 우유부단함, 답답함
- 사용 부족: 무모함, 자극 추구 성향

통합

신중함도 많은 강점과 함께 사용될 수 있다. 사회성 지능은 상대방의 동기를 파악하는 것을 돕고, 호기심은 신중한 선택을 하기 전 상황을 탐구하는 것을 돕는다. 끈기와 자기 통제력은 신중한 결정을 내렸을 때 마음이 바뀌지 않고 유지될 수 있도록 해준다. 또한 개방성, 친절 강점을 함께 사용하면 비용 편익 분석을 철두철미하게 하는 것은 물론, 자신이 내린 결정의 인간적 요소를 고려할 수 있다.

치료 작용

- **안정된 상태에서 중요한 결정 내리기** 결정을 내릴 때 안정된 상태는 모든 가능성을 고려하게끔 도와주고 역효과를 낳을 수 있는 충동적 결정을 예방한다. 만약 압박과 긴장 속에서 결정해야 하는 상황이라면 몇 초라도 투자해 숨을 크게 쉬고 마음을 비운 후 결정을 내린다.

- **방해 요소 제거하기** 관련 없는 모든 방해 요소를 치운 후 앞으로 가장 중요한 세 가지 결정을 내린다. 시간을 들여 마음을 비우고 생각을 정리한다.

- **상기적 결과물 예견하기** 선택의 결과를 1년, 5년, 10년 단위로 예상해본다. 단기 선택을 하기 전 이런 장기적 결과를 고려한다.

- **생각하고 말하기** 말하기 전 두 번 생각한다. 한 주에 최소 열 번 실습하고 그 영향력을 기록한다.

- **교통법규를 준수하고 안전운행하기** 인생에는 한시가 급한 긴급사태가 생각보다 많지 않다는 것을 인지하고 안전운행을 한다. 고속도로 안전운행을 우선사항으로 두고 통근시간이나 명절날은 특히 유의한다.

영화

- Shawshank Redemption (1995)-Andy Dufresne, wrongly convicted of a double murder and serving his sentence at the Shawshank State Prison in Maine, uses his strengths of prudence, social intelligence, and resilience to improve the conditions of the prison, which enhances the dignity of the prisoners
- Driving Miss Daisy (1989)-Daisy Werthan, a wealthy 72-year-old Jewish widow, slowly builds trust and friendship with her African-American chauffer, Hoke Colburn. Their friendship develops through the mutual strength of prudence
- The Queen (2006)-Helen Mirren portrays Queen Elizabeth II and brilliantly captures her strengths, especially her prudence, sense of duty, and stoicism

강연

www.ted.com

- Naomi Klein: Addicted to risk
- Paolo Cardini: Forget multitasking, try monotasking
- Gary Lauder's new traffic sign: Take Turns

책

- Hariman, R. (2003). Prudence: Classical Virtue, Postmodern Practice. University Park: Pennsylvania State University Press
- McKeown, G. (2014). Essentialism: The Disciplined Pursuit of Less. New York: Crown
- Gracian, J., & Robbins, J. (2011). The Pocket Oracle and Art of Prudence. London: Penguin

웹사이트

- Virtue First Foundation: https://virtuefirst.org/virtues/prudence
- In Praise of Prudence, by Kathryn Britton: https://positivepsychologynews.com/news/kathryn-britton/2013031225590

19. 자기 통제력

서론

자기 통제력은 목표를 달성하거나 일정 기준에 맞추기 위해 스스로를 통제할 수 있는 능력을 말한다. 자기 통제력이 대표강점 중 하나인 사람은 내면에서 나오는 공격성이나 충동성을 제어할 수 있고 심사숙고한 후 행동한다. 심리학적 관점에서 볼 때 자기 통제력이 대표강점이라면 자신의 감정, 생각, 행동을 효과적으로 조정할 수 있고 감정이 몰아치는 상황에서도 정신적으로 건강한 방향을 선택하곤 한다. 또한 상대방이 흥분해도 침착하게 평정심을 유지한다. 즉 쉽게 자극받지 않고 평온을 유지하는 방법을 알고 있는 것이다.

중용

자기 통제력의 적절한 사용은 상황에 따라 달라진다. 심각한 상황을 과소평가하면서 문제가 해결될 것이라고 안일하게 생각하는 것은 금물이다. 물론 반대로 상황을 과대평가해 공황 상태에 빠져서도 안 된다. 자기 통제력을 효율적으로 사용하려면 자신이 무엇을 통제하고 있는지부터 반드시 알아야 한다. 일상적인 사례 세 가지로 ①체중 감량을 위한 구체적인 목표 세우기, ②부정 정서에 치우치지 않기, ③건전하지 않은 연인관계 시작하지 않기를 들어보자. 체중 감량을 위해선 자기 통제력을 적절히 사용해 건강한 식품을 섭취하고 운동을 병행해야 한다. 그렇다고 특정 상표에 과도하게 집착하거나 저녁 식사 초대를 받았을 때 자신과 맞지 않는 식단이 나왔다고 실망한 모습을 보여서는 안 된다. 부정 성서에 대응하려면 자신이 통제할 수 없는 지나간 경험에서 초점을 옮겨와 자신이 통제 가능한 경험이나 사건 또는 부정 정서를 밀어낼 수 있는 긍정 기억에 초점을 맞춘다. 마지막으로 건전한 교제관계를 맺으려면 외모나 피상적 요소보다 상대방의 인격이나 가치관에 중점을 둔다.

자기 통제력을 올바르게 사용하기 위해서는 육체적·정신적 자해 요소가 포함되지 않은 적용 가능한 구체적인 목표가 필요하다. 건강한 방식의 체중 감량은 괜찮을지 모르나 과도한 운동이나 극단적 식단은 사람을 병들게 할 수 있다. 과한 감정 통제 또한 사람을 고독하게 만들곤 한다. 반대로 자기 통제력 부족은 흡연, 마약, 성적 문란함 같은 충동적인 행동 패턴을 초래할 위험이 있다. 심리학 관점에서 보면 자기 통제력이 부족할 때 감정에 휩쓸리게 되고 현명하지 못한 선택을 반복해 부정 감정이 만들어진다. 또한 통제되지 않은 충동적인 언행으로 상대방에게 해를 끼치고 관계가 악화될 수 있다.

- 사용 남용: 억제, 과묵함
- 사용 부족: 방종, 충동성

통합

자기 통제력은 일정한 강점과 함께 사용될 때 좋은 효과를 내는데, 그중에서도 가장 중요한 강점이 끈기다. 끈기 없는 자기 통제력은 존재하는 것조차 불가능하다. 그 밖에도 신중함, 공정성, 정직, 예견력, 용감성 강점이 효율적인 자기 통제를 돕는다. 바람직한 행동이 무엇인지 이론적으로만 아는 것은 아무런 의미가 없다. 이론을 구체적인 행동으로 옮기는 것이 중요하다. 목표를 향해 나아갈 때 앞을 가로막는 장애물을 넘으려면 적정 수준의 희망과 낙관성, 창의력, 용감성이 자기 통제력과 함께 필요하다.

치료 작용

- **유혹 요소 제거하기** 다이어트를 할 때 패스트푸드를 주위에 두지 말자. 사랑하는 이와 시간을 더 보내고자 한다면 텔레비전을 끄자. 술을 끊고 싶다면 술이 제공되는 행사나 클럽에 가는 것을 자제하자. 금연하고 싶다면 껌이나 씹을 수 있는 다른 대체 음식을 찾아보자. 쇼핑을 자제하길 원한다면 현금과 신용카드를 두고 외출하자. 하지만 한 달에 한 번쯤은 맛있는 디저트를 먹고 신용카드를 들고 외출하는 것이 좋다. 스스로에게 어느 정도 보상을 하지 않으면 의지가 꺾일 수도 있기 때문이다. 또한 주위 사람들에게 자신의 의지를 알리고 자신이 더 건강한 라이프스타일을 추구하는 것을 응원해달라고 부탁한다.

- **'방아쇠' 기록하기** 감정을 격하게 촉발해 통제불능 상태로 만드는 상황을 목록으로 작성한다. 이 상황을 중화할 수 있는 방법을 최소 한 가지 이상 개발한다. 같은 방법을 다음 통제불능 상태가 올 때 사용할 수 있게끔 만든다.

- **감정 통제하기** 화가 나는 상황이 발생했을 때 감정을 추스르고 상황의 긍정적 요소를 생각해본다. 자신의 기분과 행동을 어느 정도 통제할 수 있는지 인식한다.

- **규칙적인 패턴 만들기** 규칙적으로 따를 수 있는 생활 패턴을 만든다. 생활 패턴은 일정 시간에 잠자리에 들거나 운동을 하는 등 심리치료에 도움이 되는 것으로 정한다.

- **스트레스 줄이기** 평소 자신에게 스트레스를 주는 것들을 목록으로 작성한다. 그리고 점진적으로 스트레스를 줄이거나 없애는 목표를 세운다. 직장 동료의 못마땅한 행동 또는 늦게 도착하는 만원 전철이 스트레스를 준다면 어떻게 하면 줄일 수 있을지 생각해본다. 그리고 스트레스를 줄일 수 있는 측정 가능한 구체적인 방법을 제시한다. 예를 들어 직장 동료를 피하는 것은 업무에 지장을 줄 수 있으니 동료의 개인 성향보다 업무에 최대한 초점을 맞춘 후 함께 작은 프로젝트를 진행해본다. 만약 사춘기 아들의 생활습관이나 음악 취향, 옷차림이 마음에 걸린다면 그런 것에 중점을 두기보다 아들의 사랑스러운 점에 초점을 맞춰보자.

- **최상의 시간 찾기** 자신의 생체시계를 주의 깊게 관찰한 후 가장 효율적인 시간대를 찾아 그때 중요한 업무를 처리한다.

영화

- Twelve Years a Slave (2013)-Solomon (Chiwetel Ejiofor), a free black man from upstate New York, is abducted and sold into slavery. He displays extraordinary strength of selfregulation and poise for 12 years, enduring abuse and cruelty, yet retaining his dignity
- Black Swan (2010)-This psychological thriller shows the electrifying, and at times scary, journey of a young ballerina who displays an extreme sense of self-regulation and discipline to give a near-perfect performance
- The King's Speech (2010)-England's Prince Albert ascends the throne as King George VI and has to overcome a severe speech impediment. The movie shows the king's strengths of courage and self-regulation in learning to speak with confidence

강연

www.ted.com

- Judson Brewer: A simple way to break a bad habit
- Carol Dweck: The power of believing that you can improve
- Michael Merzenich: Growing evidence of brain plasticity
- Arianna Huffington: How to succeed? Get more sleep

책

- Berger, A. (2011). Self-Regulation: Brain, Cognition, and Development. Washington, DC: American Psychological Association
- Shanker, S. (2012). Calm, Alert and Learning: Classroom Strategies for Self-Regulation. Toronto: Pearson
- Vohs, K. D., & Baumeister, R. F. (Eds.). (2016). Handbook of Self-Regulation: Research, Theory, and Applications (3rd ed.). New York: Guilford Press

웹사이트

- Canadian Self-Regulation Initiative: www.self-regulation.ca/about-us/canadian-self-regulation-initiative-csri
- How to develop focus and feel better: www.psychologytoday.com/blog/anger-in-the-age-entitlement/201110/self-regulation
- Wilhelm Hofman studies self-regulation in different contexts as well as looking at why people act impulsively in certain contexts: https://hofmann.socialpsychology.org/publications
- The MEHRIT Centre presents books, videos, info sheets, and other resources highlighting Dr. Shanker's work in self-regulation: www.self-reg.ca

미덕: 영성과 초월성

현상과 행위에 의미를 부여하고,
좀 더 큰 우주와 관계를 맺는 강점들

20. 감상력(심미안)

서론

감상력이 풍부한 사람은 자신 앞에 펼쳐진 경치와 패턴에 감동받는다. 그래서 자연과 외적 아름다움을 관찰하는 것을 즐길 뿐 아니라, 상대방의 기술과 능력을 진심으로 존경할 줄도 안다. 또한 신념과 도덕성에서 피어나는 내면적 아름다움을 발견하고 존중한다. 그것이 자연이든, 예술작품이든, 수학이든, 과학이든 일상의 모든 곳에서 아름다움을 발견한다.

심리치료 관점에서 볼 때 아름다운 것을 관찰하고 사랑할 줄 아는 마음은 긍정 정서를 많이 생산한다. 그 긍정 정서는 부정 정서에 아주 효과적으로 대응한다. 누군가 용기 있는 행동을 하거나 대의를 위해 희생할 때, 또는 스트레스 받는 상황에서도 평정심을 유지하고 더 나아가 친절과 상냥함을 잃지 않을 때 우리는 그런 모습에 존경심이 생기고 그를 닮고 싶다는 생각이 든다. 이렇듯 감상력은 상대방의 훌륭한 모습을 발견하고 자신도 그 모습을 닮고 싶다는 동기 부여를 안겨준다. 이런 마음은 유기적인 긍정 행동의 동기가 되어 부정 감정을 이겨내는 힘이 된다.

중용

감상력 강점을 적절히 사용한다는 것은 긍정 경험을 섬세하게 인식하고, 감사한 마음을 가지며, 관찰할 줄 안다는 뜻이다. 이런 감상력은 세세한 측면에서 개인별로 차이가 있으며 문화적 배경에 따라서도 다를 수 있다. 예를 들어 당신은 모차르트나 베토벤 음악을 듣고 감동받을 수 있겠지만 다른 사람은 인도 전통음악이나 그레고리오 성가 또는 아르헨티나 탱고나 아일랜드 스텝댄스에 감동할 수 있다. 탄생과 죽음, 기적 같은 회복, 상상도 못 한 엄청난 업적처럼 삶을 바꾸는 사건도 문화적 배경에 따라 달리 이해할 필요가 있다. 즉 이 사건들을 최대치로 음미하려면 해당 문화적 배경을 거시적(예: 아일랜드식 장례식 같은 문화적 규범)이나 미시적(예: 아일랜드 한 가정의 장례식 전통)으로 이해해야 한다.

만약 사교모임에서 누군가 깊은 감명을 받았는데 자신은 아무것도 느끼지 못했다면 용기를 내 정중하게 자신이 놓치고 있는 중요한 무언가에 대해 물어본다. 개인적인 위험을 무릅쓰고 타인을 돕는 도덕적 용기는 개인의 배경이나 언어와 상관없이 보편적인 이해를 가능케 하고 감동을 선사한다. 예술적 표현(음악, 무용, 연기, 미술 등) 또한 우리에게 영감을 준다. 이런 영향은 미술관이나 콘서트장에서는 물론, 텔레비전 프로그램 같은 대중적 콘텐츠에서도 받을 수 있다. 다만 감상력을 사용해 자신의 감정을 표현하고 공유할 때 허세스러운 모습을 보이지 않는 것이 중요하다. 또한 자신이 느끼는 것을 표현할 때 누군가의 인정을 받으려고 해서는 안 된다. 반대로 감상력 부족은 지루한 일상과 고갈된 동기 부여를 불러올 수도 있다.

- 사용 남용: 허영, 허세스러움, 완벽주의
- 사용 부족: 망각, 무의식

통합

감상력은 창의성, 감사 등 많은 강점과 자연스럽게 연결될 수 있다. 감상력을 지닌 사람은 그림, 조각, 예술공연 등이 필요로 하는 창의성에 감탄할 줄 안다. 그리고 무엇인가에 감탄할 수 있는 자세 그 자체가 감사의 특징이기도 하다. 감탄과 감사는 언제나 우리를 연결해주고, 연결은 사회적 신뢰와 영감을 낳는다. 이런 강점은 누군가 역경을 무릅쓰고 타인을 위해 나설 때, 응급구조사가 자신의 목숨을 걸고 조난자를 구할 때, 미처 몰랐던 예술가의 아름다운 예술공연을 목격할 때와 같은 경험에서 발휘된다. 이 같은 경험은 내면에 동기, 열정, 끈기를 불어넣기에 우리는 경험한 것을 깊이 이해하고 본보기로 삼을 수 있다.

치료 작용

- **자기감정 탐험하기** 자신의 부정 감정을 인지하고 그 감정들이 얼마나 집요하게 지속되며 자신의 행동에 영향을 미치는지 주시한다. 그리고 적어도 하루에 한 번은 주위에서 목격할 수 있는 자연의 아름다움을 찾는다(예: 해돋이, 노을, 구름, 햇살, 눈, 무지개, 나무, 흩날리는 나뭇잎, 지저귀는 새 등). 일과를 마무리하는 시간에 하루 동안 했던 긍정적이고 부정적인 생각을 돌아보고 어떻게 하면 긍정적인 생각을 늘릴 수 있을지 고민해본다.

- **부정 정서에 완충재 역할을 해줄 프로젝트 시작하기** 시간과 공을 들여 창의력, 끈기, 감상력 강점을 사용할 수 있는 과제를 세 가지 선별한다. 스트레스에 짓눌리거나 근심 또는 걱정을 할 시간에 과제에 집중한다. 집중도가 높은 과제를 선별해 부정 정서가 스며들 틈이 없게 한다.

- **상대방의 표현에 집중하기** 다른 사람들이 언어, 제스처, 행동 등으로 자신의 감상력을 어떻게 표현하는지 관찰한다. 그리고 그들이 당신이 평소 미처 생각지 못했던 삶의 일부에 감사함을 느끼며 살고 있는지 살펴본다. 만약 그런 부분이 있다면 당신도 그 부분에 대해 감사할 줄 아는 마음을 배운다.

- **감상 목록 만들기** 자연의 아름다움 세 가지, 인간의 창의성이나 예술적 표현을 담은 사례 세 가지, 그리고 자신도 따라 할 수 있는 타인의 긍정 행동 세 가지를 목록으로 작성한다.

- **감상력을 가까운 대인관계에 접목하기** 감상력을 일상에 접목하면 부정 감정을 완화할 수 있다. 만약 당신이 특정 인물에게 약간의 편견이나 부정 감정을 가지고 있다면 그 사람의 긍정적인 부분을 찾고 진정성 있게 존중하는 마음을 길러본다. 이 과정을 통해 부정 정서가 오히려 신뢰와 친밀함으로 뒤바뀔 수도 있다.

영화

- Avatar (2009)-The human/Na'vi hybrids, called Avatars, connect with human minds to explore the beauty of Pandora because the environment is otherwise toxic to humans

- Out of Africa (1985)-Karen Blixen goes to Africa from Denmark in order to start a coffee plantation. Amidst a dysfunctional marriage, she begins to appreciate the beauty of her surroundings
- The Color of Paradise (1999, Iran)-The film centers on a visually impaired boy who explores beauty in nature through his remaining senses, with a dramatic and emotionally powerful ending

강연

www.ted.com

- Louie Schwartzberg: Nature. Beauty. Gratitude
- Bernie Krause: The voice of the natural world
- Mac Stone: Stunning photos of the endangered Everglades

책

- Cold, B. (2001). Aesthetics, Well-Being, and Health: Essays within Architecture and Environmental Aesthetics. Aldershot, UK: Ashgate
- Murray, C. A. (2003). Human Accomplishment: The Pursuit of Excellence in the Arts and Sciences, 800 B.C. to 1950. New York: HarperCollins
- Wariboko, N. (2009). The Principle of Excellence: A Framework for Social Ethics. Lanham, MD: Lexington Books

웹사이트

- Fringe Benefits of Appreciation of Beauty and Excellence: https://positivepsychologynews.com/news/sherri-fisher/2014091529973
- How to appreciate beauty and enjoy its benefits: https://feelhappiness.com/how-to-appreciate-beauty

21. 감사

서론

감사는 인생의 좋은 것을 인식하고 고마워하는 마음을 가질 줄 아는 자세다. 감사가 대표강점 중 하나인 사람은 자신에게 주어진 것에 감사하는 마음을 표현하는 데 시간과 공을 들인다. 자신의 인생을 돌아볼 때 부정적인 과거에 사로잡히지 않고 오히려 한 걸음 더 나아가 그런 경험에서도 의미를 찾는다. 또 주어진 것을 당연하게 생각지 않으며, 개인이나 신 또는 자연에도 감사함을 느낀다. 그런 마음가짐이 있기에 세상을 부정적이기보다 긍정적으로 바라보고, 그런 믿음은 타인을 향한 다른 감사를 만들어내기도 한다.

감사 강점은 대부분 '상대방 중점'이라고 볼 수 있다. 상대방과 공유하는 감사는 상대방의 존재 자체에 대한 것일 수도, 상대방의 행동에 대한 것일 수도, 상대방과 함께 느끼는 마음일 수도 있다. 이런 과정은 긍정관계를 발전시키는 것을 돕고 상대방을 대할 때 긍정적인 면에 더 주목하게 한다.

중용

균형 있는 감사의 마음은 개인적 이득이나 긍정적 결과를 바라지 않는다. 또한 일반적으로 부정 정서를 동반하지도 않는다. 진정성 있는 감사는 분노와 씁쓸함, 질투, 욕심, 열등, 거만 같은 감정이 담겨 있지 않다. 하지만 예외도 존재한다. 예를 들면 임신을 위해 몇 년 동안 노력해 가진 아이가 심각한 장애를 가지고 태어날 것이라는 사실을 알았을 때, 학대에서 벗어났다는 안도와 자신을 아직도 괴롭히는 일이 공존할 때, 큰 사고에서 기적적으로 생존했지만 전신마비가 됐을 때처럼 긍정 감정과 부정 감정이 공존하는 상황이 존재하기도 한다.

감사 강점을 남용하다 보면 상대방이 그것에 적응해 더는 그 마음을 알아주지 않을 수 있다. 또 상대방이 직설적이고 개방적인 감사 표현에 부담감을 느낄 개연성도 있다. 따라서 감사를 표현할 때는 상대방의 개인 성향과 상황을 파악하는 것이 중요하다. 반대로 감사 표현이 너무 적으면 상대방이 당신을 모든 것을 당연시 여기고 자신밖에 모르는 사람이라고 오해할 수도 있다.

올바른 감사는 균형 있는 자아상을 유지하는 것을 돕고, 상대방과 자신을 비교하지 않으면서 자신이 가진 것에 만족할 수 있게 해준다. 다만, 이것은 발전의 여지가 없거나 현상태에 안주한다는 뜻이 아니다. 상대적 비교로 스트레스를 받기보다 내면의 절대적 가치를 통해 성장하는 것을 의미한다.

- 사용 남용: 아부, 아첨
- 사용 부족: 모든 것을 당연시 여기는 마음, 극렬한 개인주의

통합

감사를 친절, 사랑, 사회성 지능 강점과 함께 발휘할 때 통찰력과 섬세함으로 상대방의 필요를 파악하고 자신의 생각을 행동으로 옮길 수 있다. 또한 감사는 긍정 경험을 음미할 수 있게 해준다.

치료 작용

- **감사 키우기** 감사의 표현과 부정 정서는 공존할 수 없다. 그러므로 매사 감사하는 마음을 가진다면 분노, 혼란, 슬픔 같은 스트레스 요인으로 고생할 일이 없다. 감사를 표현하고 자기연민을 하지 않는 결단을 통해 매일 감사의 마음을 키워보자. 긍정 정서가 넘칠수록 부정 정서는 적을 수밖에 없고, 부정 정서에 갇혀 있는 시간도 그만큼 줄어들게 된다.
- **감사 표현하기** 성공에 도움을 준 모든 이에게 공로의 크기와 상관없이 진심 어린 감사를 보내자. 자신의 성공은 상대방의 생산적인 영향과 자신의 공로로 이룬 것임을 기억해야 한다. 단, 그저 "감사합니다"라고 말하기보다 좀 더 구체적으로 "어떤 일에 대해 어떤 식으로 도와주셔서 감사합니다" 같은 방식으로 상대방에게 감사를 전달한다. 그때 상대방이 감사 표현을 어떻게 받아들이는지도 관찰한다.
- **자기연민 내려놓기** 감사는 자신이 가진 것과 지금까지 이뤄온 것, 그리고 자신을 둘러싼 지지와 후원을 인지하고 그것에 대해 고마움을 느끼는 것이다. 이런 마음은 자신감을 키워주며, 자기연민과 피해의식 같은 부정 정서를 멀리하도록 도와준다.
- **트라우마 극복하기** 감사는 트라우마와 스트레스를 극복할 때도 탁월한 효능을 발휘한다. 감사의 마음은 자신을 괴롭히던 과거의 사건도 긍정적인 프레임을 통해 재해

석하도록 도움을 준다.

• **매일 감사 연습하기** 하루에 10분씩 투자해 자신이 겪은 긍정 경험을 만끽한다. 이 시간만큼은 다른 생각을 하지 않고 이것에만 집중한다.

영화

• The Fault in Our Stars (2014)-Two teenagers with cancer fall in love, rather miraculously. This movie is a reminder to be grateful for the love and beauty around us, as we may not be around forever to enjoy it
• Amélie (2001, France)-Amélie approaches life with an inquisitive nature and an appreciation for the little things. She befriends a shut-in neighbor, plays pranks, and returns lost items to their owners
• Sunshine (1999)-This epic film follows the lives of three generations of Jewish men living in Hungary. The movie ends with the grandson's ultimate realization of his gratitude toward his family and his heritage, regardless of the pain of the past

강연

www.ted.com
• David Steindl-Rast: Want to be happy? Be grateful
• Laura Trice: Remember to say thank you
• Chip Conley: Measuring what makes life worthwhile

책

• Emmons, R.A. (2007). THANKS! How the New Science of Gratitude Can Make You Happier. Boston: Houghton-Mifflin
• Sacks, O. (2015). Gratitude (1st ed.). Toronto: Alfred A. Knopf
• Watkins, P. C. (2013). Gratitude and the Good Life: Toward a Psychology of Appreciation. Dordrecht: Springer

웹사이트

• A practical guide to cultivating gratitude: www.unstuck.com/gratitude.html
• Robert Emmon's lab on Gratitude: https://emmons.faculty.ucdavis.edu

- Alex Wood studies the good in other people, as well as himself: www.alexwoodpsychology.com
- Adam Grant studies the advantages of give and take in workplace interactions, and for success: https://adam-grant.socialpsychology.org/publications

22. 희망과 낙관성

서론

희망과 낙관성은 미래에 일이 잘될 것이라고 기대하는 자세를 뜻한다. 희망과 낙관성은 때로 동의어로 사용되기도 하지만, 연구에 따르면 이 두 단어엔 미묘한 차이가 있다. 심리치료 관점에서 볼 때 개인이 실패의 원인을 부정적 요소에서 찾는 행위는 우울증을 유발할 수 있지만, 낙관적인 사람은 실패를 다른 시선으로 바라본다. 예를 들어 우울증을 겪는 사람은 한 번의 실패가 인생의 끝이고, 같은 실패가 인생의 모든 분야에 영향을 끼치며, 영원히 자신을 따라다닐 것이라고 생각한다. 반면 낙관적인 사람은 한 번의 실패가 앞으로도 있을 도전의 실패를 뜻하는 것이 아니고, 인생의 끝을 의미하는 것도 아니며, 결국 다 지나가리라는 것을 알고 있다. 따라서 우울증이 있는 사람이 희망을 강점으로 키운다면 의지가 상승하는 것은 물론, 의지와 동기를 행동으로 실천하는 전략을 세우는 데도 도움이 된다. 또한 희망과 낙관성은 자신의 가장 나은 모습을 스스로 기대하게 하는 강점이다.

중용

희망과 낙관성을 올바르게 사용하려면 비현실적인 목표를 세우지 않는 것이 매우 중요하다. 특히 심리적으로 스트레스를 받는 상황에서 이룰 수 없는 목표를 세우는 것은 특히 바람직하지 못하니 도움을 받을 수 있는 현실적이고 접근하기 쉬운 목표부터 차근차근 밟아 나간다.

긍정심리치료의 기본 원칙은 자신의 강점을 믿는 것과 타인에게 도움을 청할 줄 아는 것이다(도움을 청하는 것은 희망과 낙관성의 사용이기도 하다). 다른 사람의 도움이 필요하다는 것을 인정할 용기가 있다면 그것만으로도 아주 좋은 출발이 될 것이다. 긍정심리치료는 개인 목표를 정하고 달성하기 위한 노력이기도 하다. 강점을 사용해 치료자와 내담자 모두에게 의미 있는 개인 목표를 세울 수 있고, 치료 과정을 거치면서 목표의 진행 정도도 계속 관찰할 수 있다. 목표가 현실적일수록 회복도, 행복의 성취도 빠르다. 목표를 하나하나 이룰 때마다 스스로를 축하하고 격려하는 것도 잊지 않는다.

희망과 낙관성 강점을 효율적으로 사용하려면 심리치료 과정 초반에 자신의 치료 목표를 확실히 정하는 것이 중요하다. 치료를 시작하고 첫 몇 주 사이에 증상 변화가 나타날 가능성이 가장 크기 때문이다. 목표를 달성하지 못하거나 너무 즉흥적으로 목표를 설정한다면 스스로 변화할 동기를 잃고 증상이 악화될 수도 있다. 자신의 긍정적인 미래 모습을 글로 적어보는 것도 현실적인 목표를 정하거나 조정하는 데 도움이 된다. 마지막으로 희망과 낙관성 역시 다른 강점과 마찬가지로 문화적 차이가 존재할 수 있음에 유의한다.

- 사용 남용: 비현실적 낙관성
- 사용 부족: 비관성, 절망, 부정성

통합

수많은 강점이 희망, 낙관성과 함께 사용될 때 시너지 효과를 낸다. 희망과 낙관성을 구체적인 목표로 만드는 것은 매우 중요한데, 용감성과 끈기를 함께 발휘하면 목표를 포기하지 않고 진전시킬 수 있다. 타인의 비판이나 내면에서 오는 자기비판에 노출되면 좌절을 경험할 수도 있기에 이런 경우에는 특히 많은 용기와 열정이 필요하다. 그렇지 못하면 강점에 대한 믿음을 저버리고 자신의 약점이나 결점에 초점을 맞출지도 모른다.

치료 작용

- **희망과 낙관성 접목하기** 자신의 희망과 낙관성을 고갈시키는 세 가지 요소를 적는다. 지금까지 배운 강점들을 사용해 어떻게 하면 희망과 낙관성을 유지하고 스트레스를 줄일 수 있을지 방법을 찾아본다.
- **낙관적인 친구 찾기** 자신의 주위를 낙관적이고 미래지향적인 사람들로 채운다. 특

히 당신이 어려움을 겪고 있을 때 그들의 격려와 도움을 감사하게 받아들이고, 그들이 어려움을 겪을 때 당신도 그들의 곁을 지키겠다는 의지를 표현한다.

- **고생 후 성공 만끽하기** 자신이나 지인이 어려움을 극복하고 성공한 사례를 찾아본다. 미래에 또 다른 어려움이 닥쳤을 때 이 사례를 기억하고 활용하도록 한다.
- **자신의 미래 상상하기** 1년, 5년, 10년 후 자신이 어디서 무엇을 하고 싶은지 상상하면서 그 목표를 이루기 위한 과정을 진지하게 생각해본다.
- **역경 떠올리기** 역경에 부딪혔다면 과거 역경에 처했을 때 어떻게 처신했는지 떠올려본다. 자신의 성공 사례가 미래의 도전에 거름이 될 수 있도록 한다.

영화

- The Diving Bell and the Butterfly (2007)-This is the remarkable tale of Jean-Dominique Bauby, a French editor, who suffered a stroke and became paralyzed; his only way of communicating with the outside world was by blinking one eye. His hope and optimism helped him learn to speak through his seemingly irrelevant gestures, and he began to produce words
- Cinderella Man (2005)-During the depths of the Great Depression, legendary athlete Jim Braddock-a once-promising light heavyweight boxer-uses his hope and optimism to find his way back into the ring and pull off a surprising third-round win
- Gone with the Wind (1939)-Scarlett O'Hara is living during the tumultuous years of the Civil War in a society torn by every sort of strife. In addition, she must contend with the trials of unrequited love and romantic frustration. In spite of all these obstacles, Scarlett maintains her sense of hope and continues to strive toward a better future for herself
- Good Will Hunting (1997)-Will Hunting, a janitor at MIT, has a gift for mathematics. To deal with his difficult past and articulate his sense of hope and optimism, he needs the good counsel of a compassionate therapist who believes in him

강연

www.ted.com

- Tali Sharot: The optimism bias
- Martin Seligman: The new era of positive psychology
- Douglas Beal: An alternative to GDP that encompasses our well-being
- Laura Carstensen: Older people are happier
- Carlos Morales Finds Hope After Tragedy While Raising Quadruplets on His Own

책

- Gillham, J. (2000). The Science of Optimism and Hope: West Conshohocken, PA, Templeton Press
- Seligman, M. (2006). Learned Optimism: How to Change Your Mind and Your Life. New York: Vintage Books
- Tali Sharot, T. (2011). The Optimism Bias: A Tour of the Irrationally Positive Brain. Toronto: Knopf
- Snyder, C. R. (1994). The Psychology of Hope: You Can Get There from Here. New York: Free Press
- Seligman, M. (2018). The Hope Circuit: A Psychologist's Journey from Helplessness to Optimism. New York: Hachette Book Group

웹사이트

- Overview of hope research: www.thepositivepsychologypeople.com/hope-research
- Shane J. Lopez, PhD: www.hopemonger.com

23. 유머(쾌활함)

서론

유머는 크게 웃을 줄 알고, 친근감 있는 장난을 칠 줄 알며, 자신과 타인에게 행복을 선사할 줄 아는 모습이다. 사회생활의 필수 요소인 유머는 새로운 관점을 제시한다. 유머와 쾌활함이 대표강점인 사람은 스트레스를 받는 상황에서도 집단 결손력을 손상시키지 않는 범위에서 분위기를 완화할 줄 안다. 심리치료 관점에서 봤을 때 유머는 부정 정서를 배출할 수 있는 훌륭한 방법들을 알려준다. 이 강점을 사용하면 인생의 많은 상황에서 유쾌한 요소를 찾아내고, 어려움에 낙심하기보다 활력을 유지할 수 있다. 유머는 농담할 줄 아는 것에 한정된 강점이 아니라, 인생 전체를 쾌활하고 상상력 있게 바라볼 수 있는 능력이다.

중용

과도한 유머는 사람을 우스꽝스럽게 만든다. 반대로 유머가 부족하면 너무 진지하고 지루해 보인다. 유머와 쾌활함의 균형을 맞추는 것은 생각보다 쉬운 일은 아니지만 성취할 수 있다면 매우 매력적인 능력이다. 공감 능력과 문화적 이해심을 유지할 수 있는 상태에서 재치 넘치는 농담이나 말 한마디는 새롭고 신선한 시선을 제공해 깊이 있는 생각을 돕고 자존감을 높인다.

하지만 많은 강점과 마찬가지로 유머도 상황이 매우 중요하다. 짧은 유머 후 진지한 상황으로 빠른 전환이 필요한 순간에 유머가 지나치면 상대방은 당신이 일에 진지하게 임하지 않는다는 인상을 받을 뿐 아니라 신뢰할 수 없는 사람이라고 생각할 것이다. 반대로 가벼운 농담도 통하지 않는 무뚝뚝함은 스스로를 고립시키고, 다른 사람들과 자연스럽게 마음을 트고 생각이나 감정을 나누는 기회를 차단한다.

- 사용 남용: 어리석음, 경솔함
- 사용 부족: 음울함, 엄격함

통합

유머를 다른 강점과 접목하는 것은 어렵지 않다. 사회성 지능, 열정, 호기심, 팀워크, 친절, 정직, 공정성 등 많은 강점이 유머, 쾌활함과 함께 쓰일 수 있다. 적절한 유머는 긴장이 고조된 상황에서 모든 이의 스트레스를 해소하고 새로운 돌파구를 제시하곤 한다. 단, 유머를 사용할 때는 자신의 농담이나 즐거운 이야기가 상황과 연관성이 있고, 사람들의 마음을 끌 수 있으며, 사회적으로 민감한 부분을 건드리는 일이 없어야 한다.

치료 작용

- **집중을 분산하는 유머 요소 찾기** 스트레스를 받거나 우울할 때 유튜브나 다른 매체를 활용해 재미있는 목록을 만들고 시청한다. 부정 정서를 잠시나마 잊을 수 있을 정도로 몰입도가 높은 콘텐츠를 선택한다. 그리고 목록을 자주 업데이트한다.

- **우울한 친구 격려하기** 무엇을 좋아하고 싫어하는지 잘 아는 친한 친구를 격려한다. 남을 격려하는 일은 의외로 자신의 스트레스를 완화해준다.

- **재미있는 사람을 친구로 두기** 유머감각이 있는 친구를 사귀고 가까이한다. 그 친구가 어려운 상황을 자신의 강점을 사용해 어떻게 극복하는지 주시한다.

- **진지한 상황에서 유쾌한 요소 찾기** 심각한 상황이 발생했을 때 그 상황에서 유쾌한 요소를 찾아본다. 진지함을 유지하는 동시에 너무 엄격하지 않게 균형을 맞추는 것이 관건이다.

- **야외에서 재미 찾기** 적어도 한 달에 한 번씩 친구들과 야외로 나가 조깅, 스키, 등산, 사이클링 같은 육체적 활동을 즐긴다. 그들과 함께 웃고 즐길 때 집단관계가 어떻게 향상되는지 주시한다.

영화

- Patch Adams (1999)-Patch Adams commits himself to a psychiatric ward and finds joy in helping his fellow patients. Disturbed by the staff's cold approach to the patients, he vows to change the system and enrolls in medical school. His unorthodox blend of medicine and humor brings him both praise and at times condemnation

- Life is Beautiful (1998, Italy)-Guido, a charming Jewish man, never loses his cleverness, hope, or humor, especially in protecting his young son from the horrors of the Holocaust by pretending the whole affair is a game

- Amadeus (1984)-This film depicts the humor and laughter of young Mozart, who in addition to his creativity and perseverance shows his lighter side when engaging in practical jokes

강연

www.ted.com

- Jane McGonigal: The game that can give you 10 extra years of life
- Liza Donnelly: Drawing on humor for change
- John Hunter: Teaching with the World Peace Game
- Cosmin Mihaiu: Physical therapy is boring-play a game instead
- Ze Frank: Nerdcore comedy

책

- Akhtar, M. C. (2011). Play and Playfulness: Developmental, Cultural, and Clinical Aspects. Lanham, MD: Jason Aronson
- McGonigal, J. (2011). Reality Is Broken: Why Games Make Us Better and How They Can Change the World. New York: Penguin Press
- Schaefer, C. E. (2003). Play Therapy with Adults. Hoboken, NJ: Wiley
- Russ, S. W., & Niec, L. N. (2011). Play in Clinical Practice: Evidence-Based Approaches. New York: Guilford Press

웹사이트

- Cognitive neuroscientist Scott Weems talks about his book HA! The Science of When We Laugh and Why: www.scientificamerican.com/podcast/episode/humor-science-weems
- Scientists discover the secret of humor: www.telegraph.co.uk/news/science/science-news/7938976/Scientists-discover-thesecret-of-humour.html
- The Science of Humor: This website contains detailed information on humor research: https://moreintelligentlife.com/story/the-science-of-humour;
- Signs you have a good sense of humor: www.huffingtonpost.com/2014/08/29/good-sense-of-humor_n_5731418.html

24. 영성(종교성)

서론

영성은 범우주적 틀 안에서 자신의 위치를 알아가는 과정으로, 종교의 믿음과 의식을 포함할 수도 있지만 그것에만 제한된 것은 아니다. 또한 영성을 발휘하면 성스럽거나 세속적인 일상의 요소를 자각할 수 있다. 특히 이 강점은 역경을 겪을 때 마음에 평안과 행복을 가져다주고 현세를 초월해 진리에 다가서는 경험을 하게 해준다. 영성이 대표강점 중 하나인 사람은 우리보다 큰 존재가 있고 그 존재를 믿을 수 있다는 사실에 안정감을 느끼며, 이런 느낌을 통해 역경을 이겨낼 감정적 지지를 얻기도 한다. 영성 강점을 키우고 싶을 땐 일반적으로 알려진 정신적 또는 종교적 기준을 따르면 된다. 이 같은 과정을 통해 인생의 의미를 깨달을 수 있다.

중용

균형 있는 영성은 인생에 의미와 목적을 부여한다. 물론 그 의미와 목적이 웅장하고 거창할 필요는 없다. 무료급식소, 장애아동센터, 양로원 등에서 하는 구체적인 사회 환원이나 봉사를 통해서도 의미와 목적을 찾을 수 있다. 종교기관, 전문협회, 스포츠클럽, 비영리집단, 인권집단 등에서 활동하는 것도 우리를 자신보다 큰 존재와 연결해준다. 영적이고 의미 있는 인생을 살기 위한 방식이 무엇이든 중요한 점은 목표와 의미를 확실히 하는 것이다. 영성으로 통하는 길은 여러 갈래가 있고, 그 길들은 당신을 목표로 이끈다. 단, 그 길들 가운데 하나를 걷기 전 길 끝에 무엇이 있을지 생각해봐야 한다. 반면 영성 강점의 부족은 공허함과 목적성 상실로 초조함을 유발할 수도 있다.

- 사용 남용: 광신주의, 급진주의
- 사용 부족: 무질서, 고립

통합

감사, 자기 통제력, 끈기, 정직, 감상력, 희망과 낙관성 강점은 영성과 자연스러운 조합을 만들어낸다. 강점 외에 특정 행동을 통해서도 영성을 경험할 수 있다(예: 멘토링, 배우자나 친구와 떠나는 수련회, 타인과 같은 공간에서 하는 명상이나 기도, 자신의 인생 의미에 대한 관철과 그 의미에 맞는 행동의 실천 등).

치료 작용

- **자신을 세상과 연결하거나 고립되게 했던 경험 쓰기** 매주 또는 매달 세상에서 고립 됐던 경험을 적는다. 그 경험 옆에 어떤 방법을 통해 끊긴 고리를 다시 연결할 수 있을지 써본다.
- **자유로운 탐구하기** 슬픔, 스트레스, 분노 같은 부정 감정에 억눌려 있다면 스스로를 자연, 예술, 음악, 시, 문학에 빠져들게 만들어 내면의 경외심을 불러일으킨다. 세상에 대한 경외심을 통해 영적인 연결을 얻을 때도 있다.
- **휴식 연습하기** 매일 10분씩 투자해 숨을 깊게 쉬고 안정을 취하면서 명상을 즐긴다. 이때 근심과 걱정을 내려놓고 호흡에 집중한다. 명상이 끝난 후 어떤 느낌이 들었는지 생각해본다.
- **종교에 대해 알아보기** 종교를 가진 누군가와 함께 종교행사에 참여하고 종교인을 만나 그들을 인간으로서 알아가는 경험을 한다. 관련 강의나 인터넷 검색도 도움이 된다.
- **목적 찾기** 만약 길을 잃고 공허한 느낌이 든다면 인생의 목적이 무엇인지 생각해보고 그 목적에 맞는 행동을 실천한다. 매일 목적을 향해 한 걸음씩 나아가고 있는지 스스로에게 물어본다.
- **추도문 작성하기** 자신의 추도문을 스스로 작성해보거나 사랑하는 이들에게 당신을 어떻게 기억하고 싶은지 물어본다. 혹시 그들이 당신의 대표강점을 언급했는가?

영화

- Contact (1997)-Dr. Eleanor Arroway, a scientist working on the search for extraterrestrial intelligence, discovers a signal from a faraway star. This discovery throws society into turmoil as the age-old conflict erupts between reason and belief

- Priest (1994, Britain)-Fr. Greg Plinkington lives two lives, one as a conservative Catholic priest and the other as a gay man with a lover. When a girl in his confessional tells him about sexual abuse at the hands of her father, his frustration with the laws of the Catholic Church boils over, and he must reconcile his inner beliefs with the tenets of his doctrinal faith
- Eat Pray Love (2010)-Despite having a home and successful career, Liz's divorce leaves her confused and at a crossroads. She ventures out on a quest of self-discovery and travels to different places in the world, where she steps out of her comfort zone to learn more about herself

강연

www.ted.com

- Lesley Hazleton: On reading the Koran
- Dan Dennett: Let's teach religion-all religion-in schools
- Julia Sweeney: Letting go of God
- Kwame Anthony Appiah: Is religion good or bad? (This is a trick question)

책

- Aslan, R. (2017). God: A Human History. New York: Random House
- Newberg, A., & Waldman, M. R. (2006). Why We Believe What We Believe: Uncovering Our Biological Need for Meaning, Spirituality, and Truth. New York: Free Press
- Valliant, G. (2008). Spiritual Evolution: How We Are Wired for Faith, Hope, and Love. New York: Broadway

웹사이트

- How to get in touch with your spiritual side: www.actionforhappiness.org/take-action/get-in-touch-with-your-spiritual-side
- Research on spirituality by Michael McCullough: www.psy.miami.edu/faculty/mmccullough
- Research on spirituality by Kenneth I. Pargament: www.bgsu.edu/arts-and-sciences/center-for-family-demographic-research/about-cfdr/research-affiliates/kenneth-i-pargament.html

표 D2 균형 잡힌 성격강점 사용

강점과 미덕	사용 남용 (지나치게 과함)	사용 부족 (부족하거나 거의 없음)	중용	통합 (다른 강점과 상호작용)
지혜와 지식 더 나은 삶을 위해 지식을 습득하고 활용하는 것과 관련된 인지적 강점들				
창의성	특이함, 기괴함	단조로움, 지루함, 순응	적응적이고 긍정적이며 혁신적인 방식으로 행동함	호기심, 개방성, 열정
호기심	집요함, 참견	지루함, 냉담, 무관심	따분하지 않고, 주제 넘게 참견하지도 않는 탐구와 개방성을 가짐	끈기, 개방성, 용감성
개방성 (판단력, 비판적 사고)	냉소주의, 회의주의, 편협함	독단주의, 고지식함, 단순함, 무분별함	필요할 경우 적응적 변화를 추구하기 위해 편견 없이 탐구함	예견력, 호기심, 공정성
학구열	모든 것을 다 안다고 착각하는 오만	안주, 잘난 척	자아와 사회를 더욱 잘 이해하기 위해 지식을 깊이 있게 파헤침	호기심, 개방성, 끈기
예견력 (예지력, 지혜)	엘리트주의, 과도한 현학적 성향 (박식한 척하기), 고압적 태도	천박함, 얕은 생각	문맥을 이해하기 위해 지식을 통합하며, 삶에서 가장 중요하고 복잡한 문제들을 잘 헤쳐 나감	정직, 사회성 지능, 용감성
용기 내적·외적 난관에 직면하더라도 목표를 성취하고자 하는 의지를 실천하는 강점들				
용감성 (용기)	위험 감수 경향, 어리석음, 무모함	두려움에 굴복, 비겁함	안전과 행복을 위태롭게 하지 않으면서 위협과 공포에 맞서 대응함	자기 통제력, 정직, 끈기
끈기 (인내)	집요함, 집착, 불가능한 것 추구	나태함, 무관심	끝내야 하는 일이라면 시작한 일은 반드시 끝냄	용감성, 예견력, 열정
정직 (진정성)	독선, 당위	천박함, 위선	외적 압력이나 보상 없이도 진실하고 진정한 모습을 보임	공정성, 용감성, 예견력
열정 (열의/활기)	과잉 활동	수동적 태도, 억압	강박적이지도, 지나치게 억제되지도 않은 열정	자기 통제력, 희망과 낙관성, 용감성
사랑과 인간애 사람을 보살피고 관계가 친밀해지는 것과 관련된 대인관계 강점들				
사랑	정서적 문란	정서적 고립, 무심함	극단적인 희생을 하지 않고도 다른 사람들을 진정으로 사랑하고 돌봄	친절, 사회성 지능, 희망과 낙관성
친절 (배려)	참견	무관심, 잔혹함, 옹졸함	부탁받지도 않았고 보상이 없어도 도움이 필요한 사람들을 위해 행동함	사회성 지능, 예견력, 시민의식(팀워크)
사회성 지능(감성 지능, 인성 지능)	헛소리꾼(정신병자), 자기기만, 지나친 분석	둔감함, 아둔함	강점과 정서, 동기, 그에 상응하는 변화의 미묘한 차이를 잘 파악함	친절, 사랑, 자기 통제력

정의감 개인과 집단 간 상호작용을 건강하게 만드는 것과 관련된 사회적 강점들				
시민의식 (팀워크/협동심)	맹목적 복종, 의존	이기심, 나르시시즘(자기애)	공동선늘 위해 포용과 조화를 추구함	사회성 지능, 리더십, 희망과 낙관성
공정성	공감과 이해 없는 공정함, 무심함, 거리 둠	편견, 당파심	개인적 편견과 사회적 편견에 상관없이 옳은 일을 함	정직, 용감성, 개방성
리더십	독재, 권력 남용	순종, 묵인	긍정적인 공동선을 염원하면서 다른 사람들을 그 대의에 끌어들임	열정, 사회성 지능, 시민의식(팀워크)
절제력 지나치지 않게 조절하는 능력으로, 독단에 빠지지 않고 무절제를 막아주는 중용적 강점들				
용서(자비)	지나친 관대함	무자비함, 복수심	기꺼이 복수를 그만두려고 함	친절, 사회성 지능, 정직
겸손(겸양)	자기비하	어리석은 자존심, 오만함	소홀함 없이 자신을 돌보지만 마땅히 받아야 하는 주목은 받으려고 하지 않음	감사, 정직, 영성
신중함	우유부단함, 답답함	무모함, 자극 추구 성향	잠재적인 위험과 실제 위험에 사로잡히지 않고, 또 무심하지 않으면서 신중하게 행동함	끈기, 자기 통제력, 호기심
자기 통제력	억제, 과묵함	방종, 충동성	억눌려 있거나 자제하고 있다는 느낌 없이 감정과 행동을 잘 조절함	예견력, 끈기, 희망과 낙관성
영성과 초월성 현상과 행위에 의미를 부여하고, 좀 더 큰 우주와 관계를 맺는 강점들				
감상력(심미안)	허영, 허세스러움, 완벽주의	망각, 무의식	속물 근성 없이 본질적으로 감상하는 아름다움과 탁월함	감사, 열정, 창의성
감사	아부, 아첨	모든 것을 당연시 여기는 마음, 극렬한 개인주의	특권이나 의무감을 느끼지 않고 진정으로 깊이 감사하는 마음	친절, 사랑, 사회성 지능
희망과 낙관성	비현실적 낙관성	비관성, 절망, 부정성	현실적 한계를 벗어나지 않고 낙관적임	개방성, 용감성(용기), 열정
유머(쾌활함)	어리석음, 경솔함	음울함, 엄격함	어떤 상황에서 좀 더 가볍고 장난스러운 측면을 좋은 의도로 전달함	열정, 사회성 지능, 정직
영성(종교성)	광신주의, 급진주의	무질서, 고립	의미 있는 행동을 하면서 적응적인 방도를 추구함	감사, 겸손, 친절